Alec Bristow
Wie Pflanzen lieben

Alec Bristow

Wie Pflanzen lieben

Ein Blick in die Seele der Natur

CARL HABEL VERLAG

Titel des Originals: The Sex Life of Plants
Lizenzausgabe mit Genehmigung des Scherz Verlag, Bern und München

Einzig berechtigte Übersetzung aus dem Amerikanischen:
Roland Fleissner
Einbandgestaltung: Marietta Frommberger
Gesamtherstellung: Carl Habel GmbH, Darmstadt
Printed in West Germany
ISBN: 3-87179-125-3

Inhalt

Einführung

Die Liebe wurde im Pflanzenreich erfunden. Lange bevor in den dampfenden Urmeeren die ersten primitiven Formen tierischen Lebens entstanden, hatte sich in den Dschungeln über Millionen Jahre hin eine phantastische Vielfalt an Pflanzen entwickelt. Von den riesenhaften Baumfarnen, den Vorfahren unserer Bäume, bis zu den mikroskopisch kleinen Moosen, die mit bloßem Auge nicht erkennbar gewesen wären – wenn es da schon Augen gegeben hätte! –, hatten die Pflanzen auf sexuellem Gebiet bereits reiche Erfahrungen gesammelt, ja, es wird sich zeigen, daß sie von Anfang an jede nur denkbare Möglichkeit erprobt haben. Und manche ihrer geschlechtlichen Praktiken sind denn auch so ausgeklügelt, daß nur ganz wenige Vertreter der Tierwelt über genug Phantasie oder die notwendigen Werkzeuge verfügen, um es den Pflanzen nachmachen zu können.

In der Bibel ist zu lesen, daß die Pflanzen am dritten Schöpfungstag erschaffen wurden, kurz nachdem Gott die Wasser und das trockene Land voneinander getrennt hatte: »Es lasse die Erde aufgehen Gras und Kraut, das sich besame, und fruchtbare Bäume, auf daß ein jeglicher nach seiner Art Frucht trage und habe seinen eigenen Samen bei sich selbst auf Erden. Und es geschah so. Und Gott sah, daß es gut war.«

Es dürfte heutzutage nicht mehr viele Menschen geben, die diese Worte für bare Münze nahmen, als faktische

Wirklichkeit. Doch noch vor wenig mehr als hundert Jahren wurden sie von vielen intelligenten Leuten ohne Zögern akzeptiert. In ihrer *Flora* aus dem Jahr 1860 schrieben zwei hochgeachtete Botaniker, Hooker und Arnott: »Viele Arten wurden gleichzeitig am dritten Tag der Schöpfung ins Leben gerufen, jede deutlich von den anderen verschieden und dazu bestimmt, es zu bleiben.« Dabei hatte im Jahr zuvor ihr Landsmann Charles Darwin sein Werk *Die Entstehung der Arten durch natürliche Zuchtwahl* veröffentlicht, das dem orthodoxen Glauben den Garaus machen sollte, Gott habe vor sechstausend Jahren, in einer knappen Woche, die Erde mit allen ihren Lebewesen erschaffen, und zwar eine bestimmte Zahl von Arten, die unveränderbar sei. Es war wohl vorwiegend das Ergebnis seiner botanischen Studien, speziell seiner Untersuchungen über die Mannigfaltigkeit, mit der die Pflanzen ihre sexuellen Bedürfnisse befriedigen, das Darwin zu der Schlußfolgerung veranlaßte, die Zahl der Arten sei keineswegs festgelegt, sondern in ständigem Wandel begriffen, so daß neue Arten entstehen und alte Arten aussterben könnten, je nach ihrer Anpassungsfähigkeit an die Lebensumstände.

Heute stimmen die Wissenschaftler nahezu einhellig darin überein, daß die Geschlechtlichkeit eine Schlüsselrolle in der Evolution gespielt hat; und andererseits war die Evolution unvermeidlich geworden, seit die Sexualität entdeckt war, denn die natürliche Auslese beruht vorwiegend auf einer geschlechtlichen Auslese.

Biologen sind im Grund »Voyeure« und beziehen ihre berufliche Befriedigung aus der Beobachtung des Verhaltens von Lebewesen, ganz besonders des sexuellen Verhaltens. Darwin war einer der größten Voyeure aller Zeiten. Die minuziös genaue Registrierung aller Einzelheiten bereitete ihm offenbar großes Vergnügen.

Allerdings blieb es noch viele Jahre nach der Veröffentlichung der Darwinschen Beobachtungen unter wahrhaft Frommen ein unbestrittener Glaubensartikel, daß jede Pflanzenart am dritten Schöpfungstag von Gott höchstpersönlich geschaffen worden sei und daß sich seitdem keine neuen Arten entwickelt hätten. Angehörige einiger fanatischer Sekten glauben dies zwar heute noch, aber sie sind dabei gezwungen, die Augen bewußt vor den Tatsachen zu verschließen, insbesondere vor den Tatsachen der Sexualität in der Natur. Die Leute glaubten weiterhin, daß der liebe Gott »seinerzeit« die Pflanzen in vollkommener Form und für ewig unveränderlich vom Himmel fallen oder aus der Erde sprießen ließ. Nach der Bibel geschah dies einen Tag, bevor die Sonne, der Mond und die Sterne erschaffen wurden. Am fünften Tag erst wurden dann die Tiere des Wassers und die Vögel geschaffen und am sechsten, dem letzten Schöpfungstag, die Landtiere, darunter auch der Mensch, und hier endlich tauchen die Worte auf: »Und Gott schuf den Menschen... schuf einen Mann und ein Weib.«

Da es leider kein entsprechend klares, auf eine Zweigeschlechtlichkeit der Pflanzen hinweisendes Schöpfungswort gibt, konnte im 17. und 18. Jahrhundert ein erbitterter theologischer Streit entstehen, als einige Botaniker zu behaupten wagten, die Pflanzen besäßen ein Geschlechtsleben. Vergeblich untersuchten die Naturforscher mit ihren neumodischen Instrumenten, den Mikroskopen, die Pflanzenstruktur und beschrieben die Geschlechtsorgane, die sie dort entdeckten. Boshafte Lügen, erklärten die Bibelgelehrten kurz, boshafte und überdies »schmutzige« Lügen! Die Bibeltexte ließen keinen Zweifel zu: Da hieß es eben *nicht* von den Pflanzen, daß Gott »sie als einen Mann und ein Weib« geschaffen habe. Und ohne Mann und Weib konnte, ja, *durfte* es keine Geschlechtlichkeit geben. Also waren Pflanzen geschlechtslos, und damit basta! Es war dies nicht das erstemal – noch sollte es das letztemal sein –, daß Wissenschaftler angegriffen wurden, weil sie Tatsachen enthüllten, die gegen die Heilige Schrift verstießen. Knappe vierzig Jahre, ehe in einem Vortrag vor den gelehrten Mitgliedern der Royal Society in London erstmals die Andeutung fiel, daß Pflanzen möglicherweise Geschlechtswesen sein könnten, zwang die Inquisition in Rom den berühmten Astronomen Galilei unter Androhung der Folter, seine Behauptung (er stützte sie ebenfalls auf Beobachtungen mit Hilfe eines neumodischen Instruments, eines sogenannten Teleskops nämlich) zu widerrufen, daß sich die Erde um die Sonne drehe. Die theologischen Berater des Heiligen Offiziums hatten dem Papst erklärt, solche Feststellungen widersprächen der biblischen Lehre und seien demzufolge ketzerisch.

Als allerdings zum erstenmal vor der Royal Society angedeutet wurde, daß Pflanzen geschlechtlich sein könnten, war die einstige »Irrlehre« des Galilei schon fast zur orthodoxen Lehre geworden. Interessanterweise dauerte es geraume Zeit länger, bis man sich mit der Vorstellung von der Geschlechtlichkeit der Pflanzen abfand. Zum Teil mag dies daher rühren, daß auf diesem Gebiet noch sehr viel zu entdecken blieb, ja, bis heute noch zu entdecken ist. Doch eine weit größere Rolle spielte die Tatsache, daß Sexualität ein äußerst emotionsgeladenes Thema war und somit bei den Angehörigen des religiösen Establishments zwangsläufig auf heftige Mißbilligung stieß, auf Angst- und Ekelgefühle. Astronomische und physikalische »Neuerungen« konnte man kurzerhand als Ketzerei abtun. Neuentdekkungen auf sexuellem Gebiet dagegen glaubte man als »obszön« disqualifizieren zu müssen.

Im ersten Kapitel dieses Buches werden einige Beispiele für die Unwissenheit, die Vorurteile und die verklemmte Prüderie angeführt, gegen die die Entdecker der Geschlechtlichkeit der Pflanzen zu kämpfen hatten, ehe man ihre Behauptungen als Fakten anerkannte. Der Widerstand gegen die Hypothese einer Sexualität der Pflanzen erfolgte gewissermaßen dreigleisig. Zunächst sind neue wissenschaftliche Erkenntnisse dem Establishment grundsätzlich unwillkommen, weil sie die herkömmlichen Überzeugungen in Zweifel ziehen, oder doch zumindest unvoreingenommenes Denken erfordern – und nichts beeinträchtigt die Fähigkeit, objektiv zu denken, mehr als der blinde Glaube. Zweitens wird in der Bibel die Einteilung in Geschlechter nicht vor dem sechsten Schöpfungstag erwähnt. Wie könnte sie also den Pflanzen zustehen, die doch bereits am dritten Tag erschaffen wurden? fragten die Rechtgläubigen. Und schließlich scheint der Begriff »Sexualität« in bezug auf Pflanzen allein schon aus psychologischen Gründen als anstößig empfunden zu werden. Für Menschen, die Sexualität überhaupt nur mit Zähneknirschen zur Kenntnis nehmen, sind Pflanzen etwas Reines, Jungfräulich-Unbeflecktes. Die Vorstellung, daß es Sexualität im Pflanzenreich geben könnte, war für diese Menschen ebensosehr ein tiefwirkender Schock wie die Entdeckung Freuds und anderer Psychologen, daß »sogar« Kinder einen Sexualtrieb haben.

Mißbilligung gegenüber der Sexualität im allgemeinen und neuem Wissen auf diesem Gebiet im besonderen wird erfahrungsgemäß vorwiegend von psychisch und sexuell Gehemmten geäußert. Es sind, um den russischen Philosophen Peter D. Ouspensky zu zitieren*, die sexuell am wenigsten aktiven Mitglieder der Gesellschaft – sozusagen der »infra-sexuale« Bevölkerungsanteil –, die dazu neigen, das Sexualverhalten der anderen zu bestimmen, um sich auf diese Weise einen Ausgleich, einen Ersatz oder auch ein

* Vgl. *Tertium Organum*, O. W. Barth Verlag, Weilheim/München 1973.

Alibi für ihre eigene Unzulänglichkeit auf diesem Sektor zu verschaffen.

Aufklärung stößt bei solchen Menschen grundsätzlich auf Widerstand. Immerhin, so pflegen sie zu sagen, wurde die Vertreibung aus dem Paradies dadurch herbeigeführt, daß der Mensch von der Frucht des Baumes der Erkenntnis aß – also ist das Streben nach Erkenntnis, nach Kenntnis und Wissen, in sich selbst schon vom Übel und vom Teufel eingeblasen... Wie dem auch sei, die wissenschaftliche Forschung geht weiter, ob vom Teufel inspiriert oder nicht.

Während der drei Jahrhunderte seit der Entdeckung der Sexualität der Pflanzen hat sich reiches Material zu diesem Thema angesammelt. In diesem Buch können nur einige der bisher sichergestellten Fakten dargelegt werden. Es bleibt noch vieles zu untersuchen, und ohne Zweifel werden künftige neue Forschungsergebnisse manche unserer derzeitigen Überzeugungen als fragwürdig erscheinen lassen.

Zweierlei allerdings sollte klar sein: erstens, daß Sexualität ein besonderes Merkmal höherer Lebensform, sei sie pflanzlich oder tierisch, darstellt; die geschlechtslosen Wesen sind jene, die wir als »primitiv« einstufen. Und zweitens: Als die Pflanzen den Sex erfanden, erfanden sie damit auch die Schönheit. Jede Form von Schönheit – sei es in Gestalt oder Farbe, sei sie durch Berührung, Geruch oder Geschmack erfahrbar – beruht auf sexueller Anziehung, und dafür schulden wir den Pflanzen Dank.

I

Die Entdeckung der Sexualität

Im Jahre 1916 erschien in der Zeitschrift der Französischen Gesellschaft für Hortikultur ein Artikel unter dem Titel *Einige Merkwürdigkeiten bezüglich der Mimikry bei Orchideen.* Darin wurde beschrieben, wie ein Franzose namens Pouyanne in Algier etwas Seltsames festgestellt hatte. Von Beruf war dieser Monsieur Richter am Appellationsgericht, doch in seinen freien Stunden betätigte er sich als eifriger Amateur-Naturwissenschaftler. Der Zeitschriftenartikel führte aus, daß Pouyanne die Blüten einer bestimmten Orchisart, nämlich der Spiegel-Orchis (*Ophrys speculum*), studiert und sich gefragt hatte, warum die Lippe dieser Blüte jener bestimmten Wespenart so ähnlich sah, von der die Orchidee häufig besucht wurde, und warum es ausschließlich männliche Wespen waren, die sich einfanden. Er beobachtete Wespenmännchen bei der Landung auf den Orchisblüten, wie sie sich an ihr festklammerten und heftige, zuckende Bewegungen ausführten. Offensichtlich waren die Wespen in höchster Erregung – aber das war gewissermaßen auch der Richter Pouyanne.

Was ging hier vor? Welche Befriedigung konnte das Wespenmännchen – beziehungsweise die Orchidee – aus einer solchen Begegnung gewinnen? Auf den ersten Blick hätte es den Anschein haben können, als greife die Wespe aus irgendwelchen Gründen die Orchisblüte an, doch unser Untersuchungsrichter war ein genauer Beobachter, und er fand heraus, daß die treibende Kraft hinter dem Verhalten des Wespenmännchens nicht Gewalttätigkeit war, sondern Sexualität, nicht Haß, sondern Liebe. Etwas Derartiges hatte er bereits bei anderer Gelegenheit geargwöhnt, jedesmal, wenn er ein Wespenmännchen während der Begattung in gleicher Position auf einem Wespenweibchen hocken sah. So kam er auf des Rätsels Lösung.

Pouyanne fand als erster die Antwort auf die Frage, die bis dahin viele Naturfreunde verwirrt hatte: Warum sahen diese Orchisblüten aus wie Wespen? Nun, die Ähnlichkeit zielte darauf ab, Wespenmännchen zu täuschen, so daß diese die Blüten für weibliche Wespen hielten. Was Monsieur Pouyanne beobachtete, war der Versuch von Wespenfreiern, sich mit der Orchisblüte zu paaren. Mit anderen Worten: Das Ganze war eine raffinierte Betrugsaktion, zu dem Zweck, den starken Sexualtrieb des Wespenmännchens für die Kreuzbefruchtung der Blüten einzusetzen und auf diese Weise eine neue Orchisgeneration zu zeugen.

Die Entdeckung des Richters aus Algier bedeutete möglicherweise den letzten großen Anstoß für die Anerkennung des Sexuallebens der Pflanzen, doch, wie alle früheren Erkenntnisse auf diesem Gebiet, stieß auch diese auf eine Mischung aus Prüderie, Unglauben und Gleichgültigkeit. Sicher, als unser Naturforscher 1916 seine Entdekkungen veröffentlichte, kämpften die Franzosen in einem bitteren und blutigen Krieg. Die Tageslosung lautete Gewalt, nicht Sexualität. Und es kam noch etwas anderes hinzu: Poyanne war ein Amateur, und Botaniker lieben ebensowenig wie die ehrenwerten Vertreter anderer Wissenschaften, von einem Außenseiter auf Fakten hingewiesen zu werden, auf die sie eigentlich selbst hätten kommen müssen. Also ignorierten sie die Entdeckung erst einmal. Hatte nicht der große Charles Darwin einem Mr. Price, der ihn auf »Angriffe« von Bienen gegen ihnen ähnlich sehende Orchisarten aufmerksam machte, geantwortet, er sehe sich außerstande, in diesem Verhalten irgendeinen Sinn zu erkennen.

Eine Reihe von Biologen taten Pouyannes Beobachtung als das Hirngespinst eines alten Mannes mit schmutziger Phantasie ab. Sie meinten, daß manche Leute Sexualität eben in allem sähen; das hänge mit dieser neumodischen Sexomanie der Psychologen zusammen. Man hätte die zweideutigen Äußerungen des Richters niemals in einem seriösen Publikationsorgan abdrucken dürfen, das sich dem reinen und gesunden Gebiet der Hortikultur widme. Die Entdeckung wurde mit Achselzucken übergangen, und sie geriet in Vergessenheit. Noch 1926, genau zehn Jahre nach Pouyannes Veröffentlichung, brachte es der Wiener Naturschriftsteller Raoul Heinrich Francé fertig, das Pferd sozusagen am Schwanz aufzuzäumen, indem er einen Botanikexperten zitierte: »Kein Wunder, daß die Insekten die Blüten der *Ophrys* meiden! Die Zeichnung der Blütenlippe trägt wahrhaftig dazu bei, unerwünschte Gäste abzuschrecken. Die Blüte will keine Besucher, darum imitiert sie ein sie bereits besuchendes Insekt.« Das bedeutet, daß man die Augen und den Verstand gegenüber den Tatsachen der Geschlechtlichkeit nur fest zu verschließen braucht, und schon landet man beim Gegenteil der Wahrheit: Was die Blüte als Aufforderung aufgefaßt wissen will – »Komm zu mir und liebe mich!« –, wird mißverstanden als »Bleib mir bloß vom Leibe!«

Nur wenige scharfsichtige Naturfreunde, so etwa der Oberst M. J. Godfery, waren unbefangen genug, sich mit Pouyannes Erkenntnis zu befassen und ihrer Überzeugung Ausdruck zu verleihen, daß seine Beobachtungen und die Schlußfolgerungen, die er aus ihnen zog, korrekt waren. Doch sollte es noch fast ein halbes Jahrhundert dauern, bis er in jeder Einzelheit Recht erhalten sollte, und zwar durch die gewissenhafte Arbeit des schwedischen Biologen Bertil Kullenberg, der das Problem streng wissenschaftlich anging und die botanischen, zoologischen und chemischen Zusammenhänge untersuchte. Kullenberg veröffentlichte seine Forschungsergebnisse 1961 in einem mittlerweile schon beinahe klassischen Buch. *Studies in Ophrys Pollination* (»Untersuchungen über die Pollination der Ophrys«), das gelegentlich als »Roman« bezeichnet wurde, weil es genau wie ein Roman jene musterhafte Mischung aus Geheimnis, Spannung, Aufklärung und Sex enthalte.

Die meisten neuen Entdeckungen im Zusammenhang mit der Geschlechtlichkeit der Pflanzen (und, um es genau zu sagen, auch auf dem Gebiet des tierischen und menschlichen Sexualverhaltens) stießen auf ähnliche Reaktionen, d. h. auf besonders feindselige seitens des wissenschaftlichen und des kirchlichen Establishments; dies erstens, weil solche Entdeckungen das bestehende Lehrgebäude ins Wanken zu bringen drohte, zweitens, weil die religiösen Autoritäten in jedweder Kultur der Sexualität zumindest mit gerunzelten Brauen begegnen. Letzteres rührt nicht zuletzt daher, daß diese Autoritäten sich großenteils aus jener Gruppe von Menschen rekrutierten, die alles Fleischliche für verabscheuenswürdig halten und die natürlichen Tatsachen des Lebens rundweg für unanständig halten.

Bis zum heutigen Tag sagt man, nachdem eine Jungfrau durch Geschlechtsverkehr zur Frau geworden ist, sie sei jetzt »defloriert«, wobei unausgesprochen die Vorstellung mitschwingt, daß sie die geschlechtslose »Reinheit« einer Blüte verloren habe. Ein solches Denken reicht direkt zurück bis zu den Mythen der Antike, in denen Pflanzen anscheinend nicht nur als primär geschlechtslos, sondern auch als letzte Zuflucht vor der Sexualität mit all ihren Leiden und Leidenschaften betrachtet wurden. Als der römische Dichter Ovid etwa um das Jahr der Geburt Christi sein Liebesbrevier *Ars Amatoria* verfaßte – ein Buch, das in früheren Ausgaben der berühmten *Encyclopaedia Britannica* als das »wohl unmoralischste Buch, das je ein genialer Mensch schrieb«, bezeichnet wurde –, da schockierte er die Gesellschaft seiner Zeit tief, besonders den Kaiser Augustus, der ihn denn auch im Verlauf seiner »Säubert-Rom-Kampagne« prompt in die Verbannung schickte. In der fernen Walachei versuchte Ovid, sein Image zu verbessern, indem er ein anständiges, gottesfürchtiges (oder besser götterfürchtiges) Werk verfaßte: die *Metamorphosen*. Darin setzte er alle griechischen und römischen Legenden über wundersame Verwandlungen von Göttern und Göttinnen, von sterblichen Männern und Frauen, von Tieren und Pflanzen in Poesie um. Und in jedem Gedicht, in dem Pflanzen auftraten, verkörperten sie »Reinheit«, was für die Traditionalisten seiner Zeit – und jeder Zeit – »Geschlechtslosigkeit« bedeutete.

Da lesen wir von Narkissos, der aus Gründen körperlicher oder seelischer Impotenz die Annäherungsversuche der Quellennymphe Echo zurückwies, sich daraufhin in sein Spiegelbild im Wasser verliebte und in eine Blume verwandelt wurde, die Narzisse, die seither seinen Namen trägt. Aus dem Verhalten des jungen Mannes leiteten später die Psychologen den Begriff *Narzißmus* ab, der in einigen einschlägigen Wörterbüchern noch immer als »eine Sexualperversion« bezeichnet wird, »bei der das von ihr befallene Subjekt den eigenen Körper als Liebesobjekt bevorzugt«. Normale Menschen und Nicht-Psychoanalytiker nennen dergleichen schlicht Selbstliebe. Für den, der darunter leidet, ist der Zustand allerdings nicht eine Manie, sondern ganz einfach »das Wahre«.

Dann gab es da noch jene Daphne, in die sich der griechische Sonnengott Apollon verliebte. Laut Ovid wurde der Gott von ihrer Schönheit so entflammt, daß »sein ganzes Herz ihm brannte«. Die hungrigen Blicke und die wohl ebenso begehrlichen Einflüsterungen des Gottes verschreckten Daphne derart, daß sie davonlief, »wie das Lamm vor dem Wolfe, wie das Reh vor dem Löwen oder wie die Tauben vor dem Adler fliehen«. Apollon war natürlich hinter ihr her. Sie »spürte, wie sein heißer Atem ihren Nacken berührte«. Voll Entsetzen rief das jungfräuliche Wesen den Flußgott Peneios, ihren Vater, um Hilfe an: »Vernichte meine Schönheit, die mich so verführerisch macht!« Also verwandelte Peneios sie in einen Lorbeerbaum und schützte so ihre Jungfräulichkeit für immer.

Der Gott Pan, ein ewig unbefriedigter Lüstling, hatte ein Auge, oder beide, auf die Wassernymphe Syrinx (das »Schilfrohr«) geworfen, und da er ein ziemlich rauher Bursche war und nichts von der Kunst der Verführung und des Vorspiels hielt, versuchte er sie zu vergewaltigen. Sie flehte die Himmelsgötter an, sie zu beschützen, und gerade rechtzeitig wurde sie in ein Bündel Schilf verwandelt. Da Pan seine Lust nun nicht direkt befriedigen konnte, schnitt er sich aus dem Schilfrohr Pfeifen und spielte fortan auf seiner »Panflöte« sehnsüchtige Klagen nach der verlorenen Nymphe.

Hyakinthos wiederum war ein bildschöner Knabe, der das Verlangen Apollons erregte (der Gott scheint nicht nur weibstoll, sondern auch noch bisexuell gewesen zu sein). Doch Zephyros, der Gott des Westwindes, war ebenfalls in den Jungen verliebt und hatte bei sich beschlossen, daß, wenn er ihn nicht »haben« könnte, Apollon ihn auch nicht »kriegen« sollte. Und als dann Apollon bei einem Wettkampf seinen Diskus warf, blies Zephyros aus vollen Backen und lenkte die Scheibe so ab, daß sie Hyakinthos am Kopf traf und ihn tötete. Apollon war über das, was er für seine eigene Ungeschicklichkeit hielt, dermaßen traurig, daß er das verströmte Blut des Jünglings in jene schöne, süß duftende Blume verwandelte, die bis heute nach ihm genannt wird: die Hyazinthe. So bewahrte also auch Hyakinthos seine unbefleckte Reinheit in Form einer Pflanze. Zwar wurde er umgebracht, doch mußte er immerhin nicht das erleiden, was die Moralapostel späterer Tage als »ein Schicksal schlimmer als der Tod« bezeichneten.

Es besteht kein Zweifel, daß Ovid sein Werk zugleich als Dichtung und als Tatsachenbericht verstanden wissen wollte. Die Legenden von der Erschaffung der vorerwähnten Pflanzen durch diesen oder jenen Gott des Olymps waren fest etablierte Wahrheiten. Entsprechendes stand auch in den dreihundert Jahre vor den *Metamorphosen* verfaßten Lehrbüchern des Naturforschers und Philosophen Theophrastos von der Insel Lesbos. Seine *Geschichte der Pflanzen* und *Der Ursprung der Pflanzen* galten vom 3. Jahrhundert v. Chr. bis ins 16. Jahrhundert, also fast zweitausend Jahre lang, unbestritten als Standardwerke der Botanik. Der Schüler des Aristoteles hat es vermutlich bewußt vermieden, die alten Mythen anzuzweifeln. Schließlich war nur wenige Jahre vor seiner Geburt der große griechische Philosoph Sokrates zum Tode verurteilt worden, weil er den Göttern nicht den gebührenden Respekt erwiesen und sich eigene Gedanken über die Religion gemacht haben soll. Die wirklichen Hintergründe dieses Todesurteils waren sicherlich komplizierter, da vor allem politischer Natur, doch die Traditionalisten hatten wieder einmal einen Sieg errungen. Jeder, der damals unvorsichtig genug gewesen wäre, die wortwörtliche Wahrheit der alten Legenden in Zweifel zu ziehen, hätte sich einem Prozeß wegen Blasphemie ausgesetzt gesehen.

Es kann uns daher nicht erstaunen, daß in den botanischen Werken des Theophrastos nirgendwo ernsthafte Zweifel gegen den herrschenden Glauben an die Geschlechtslosigkeit der Pflanzen erhoben werden. Es gibt zwar ein paar Sätze über die Palmbäume, aus denen man vielleicht schließen könnte, daß dieser Philosoph vielleicht etwas vom Geschlechtsleben der Pflanzen geahnt haben mag, doch sind seine diesbezüglichen Anspielungen so behutsam und ungenau gehalten, daß sie weder Anlaß zu Aufregung noch zu Kritik boten.

Wie auch immer, als Theophrastos seine Pflanzenbeobachtungen machte, gab es keine Möglichkeit, der wahren Rolle der Sexualität auf die Spur zu kommen. Das Kernprinzip, daß nämlich der weibliche Partner eine mindestens ebenso bedeutende Rolle spielte wie der männliche, lag damals völlig jenseits der menschlichen Erkenntnismöglichkeiten; und so blieb es auch während der nächsten zweitausend Jahre – bis zur Erfindung des Mikroskops und der Entdeckung der Zellen. Selbst hinsichtlich des Tierreiches, in dem das Wirken der Geschlechtlichkeit nicht übersehen werden konnte, besagte die offizielle Lehre, daß das Weibchen außer der Bereitstellung der »schützenden und nährenden Mutterhöhle« für den Nachwuchs keinerlei Beitrag leiste. Das Weibchen war ausschließlich das Empfangsgefäß, in das das Männchen seinen »Samen« ergießt, der bereits den Embryo enthielt.

Die sekundäre Bedeutung des weiblichen Geschlechts war ein Glaubensartikel, den niemand Geringerer als Aristoteles selbst formuliert hatte. Und auch er vertrat damit eigentlich nur das allgemeingültige Dogma, das mit der Autorität eines Gottbegnadeten hundert Jahre zuvor der Vater der griechischen Tragödie bereits auf der Bühne propagiert hatte. In seinen *Eumeniden* läßt Äschylos durch den Gott Apollon als unumstößliches Faktum verkünden: »Die Mutter ist nicht Ursprung ihres Kindes – wie wir sagen –, sie ist nur Amme einer neugesäten Saat. Der Mann, der diesen Samen legte, er ist der Lebensspender; sie indessen pflegt nur den Keim, ist Heimstatt nur für einen Gast ...«

Knapp dreihundert Jahre nach dem Tod des Theophrastos begriff der römische Naturwissenschaftler Plinius der Ältere wohl etwas von der Existenz einer pflanzlichen Geschlechtlichkeit, wie sein Riesenwerk *Naturalis Historia* erkennen läßt: »Es ist bewiesen, daß die *weiblichen* Palmen ohne die Mitwirkung der *männlichen* Palmenbäume keine Frucht tragen können, deshalb neigen die weiblichen Bäume ihre Zweige den männlichen zur Umarmung entgegen. Der männliche Palmbaum vermählt sich mit ihnen vermittels sanfter Seufzer, zärtlicher Blicke und der Verströmung eines *Staubes*. Wird der *männliche* Baum geschlagen, so sind hernach die weiblichen Witwen unfruchtbar. Diese *Liebe* zwischen Pflanzen wurde vom Menschen beobachtet, der sie zu imitieren versucht, indem er Blüten und Flaum, ja, sogar ausgestreuten *männlichen* Staub zu den *weiblichen* Bäumen bringt.« Nicht zum erstenmal, und wohl auch nicht zum letztenmal, scheinen hier Gärtner, die ständig mit der Natur in Berührung standen, Tatsachen des Lebens erkannt und verwendet zu haben, um den Fruchtertrag zu steigern, ohne sich den Kopf über die Theorien von Botanikern, Philosophen oder anderen sogenannten Gelehrten zu zerbrechen.

Doch von der winzigen Bruchstelle in der feststehenden Doktrin von der Geschlechtslosigkeit der Pflanzen sind diese Bemerkungen des Plinius bis in die Neuzeit hinein der letzte Verstoß gegen die Lehre geblieben. Allzu viele Traditionen wären in Gefahr geraten, hätte man ein derart »modernes« Denken unkontrolliert durchgehen lassen. Denn nicht nur philosophische Systeme, sondern ganze Religionsgebäude waren auf der Basis der Geschlechts- und Körperfeindlichkeit errichtet worden – nicht zufällig, wohl aus der Furcht davor, das Weib könnte eventuell doch eine dem Manne adäquate wichtige Funktion erfüllen.

Vielleicht dämmerte es ja der von Männern beherrschten

Gesellschaft bereits, daß das Eingeständnis, die Mutter sei an der Entstehung neuen Lebens kreativ beteiligt, automatisch dazu führen müsse, daß sie, die Mutter, als sehr viel wichtiger angesehen werden würde als der Vater, weil sie dem Embryo nicht nur Wohnung und Nahrung gab, sondern auch genetisch zur Hälfte an dem neuen Lebewesen beteiligt war. (Tatsächlich tragen die weiblichen Elternteile, sowohl im Tierreich wie im Pflanzenreich, weit mehr als nur die Hälfte zum Nachwuchs bei.)

Während der nächsten fünfzehnhundert Jahre nach dem Erscheinen der *Naturgeschichte* des Plinius – während der Glaube an die alten Götter zerbröckelte, die Zivilisation Roms in Trümmer fiel und das Christentum seine Vormachtstellung eroberte – scheint kein Mensch neue Beobachtungen über die Geschlechtlichkeit der Pflanzen gemacht zu haben. Dicke Bände voller Beschreibungen der Kräuter und ihrer medizinischen Anwendungsmöglichkeiten wurden von Klostermönchen verfertigt, die während des »dunklen Mittelalters« wenigstens eine Spur von Gelehrsamkeit weitertrugen. Doch waren Menschen, die es zum mönchischen Leben zog, noch weniger als andere befähigt, auf die rings um sie von jeder Lebensform unablässig betriebene Geschlechtsaktivität zu achten; viele von ihnen hatten der Welt ja gerade deswegen den Rücken gekehrt, um »von diesen Dingen« loszukommen.

Daß Pflanzen, diese unschuldig-reinen *Dinge*, die Gott vor dem Sündenfall (der auch schon wieder voller Sexualität steckt!) erschuf, ihre Blüten entfalten und sich durch sie zur Schau stellen, nicht um das Menschenauge zu erfreuen, sondern frech zur Erregung sexueller Begierde – eine derartige Vorstellung hätte die Frommen mit Entsetzen erfüllt und sie veranlaßt, sich für ihre sündhaften Gedanken sogleich Bußübungen aufzuerlegen.

Als dann die Geschlechtlichkeit der Pflanzen vor knapp

drei Jahrhunderten endlich entdeckt wurde, geschah dies nicht durch die Mönche und Scholastiker, die ein Leben der Entsagung, das heißt der Abkehr von der alltäglichen Wirklichkeit der Welt, führten. Nein, den Durchbruch erzielten Ärzte, deren Beschäftigung mit den Pflanzen sehr praktischer Natur war, weil sie mit ihnen Krankheiten zu heilen suchten, und deren anatomische Ausbildung ihnen genau die richtigen Kenntnisse und die nötige Unbefangenheit verschafft hatten.

Im 16. Jahrhundert kam plötzlich ein starkes Interesse auf an der menschlichen Anatomie und an den physiologischen Körpervorgängen. Angeregt durch die anatomischen Zeichnungen von Renaissance-Künstlern wie Leonardo da Vinci und Medizinern wie Andreas Vesalius, begannen die Ärzte den Organismus des Menschen selbst zu untersuchen, statt sich weiter auf die Autorität antiker Philosophen zu verlassen. Unter größtem persönlichem Risiko – wegen der bigotten Frömmler, die dies als Blasphemie betrachteten – schnitten sie Leichen auf, um herauszufinden, wie sie im lebendigen Zustand funktioniert hatten. Die Gründe für dieses Erwachen der naturwissenschaftlichen Forschung sind vielfältig und zahlreich: Anregung boten die Entdeckung neuer Länder und neuer Menschenrassen, neuer Heilpflanzen – und neuer Krankheiten.

Gegen Ende des 15. Jahrhunderts hatte sich die Syphilis epidemisch über ganz Europa ausgebreitet und entsetzliches Elend mit sich gebracht. Es wird behauptet, daß keine Familie königlichen oder zumindest adeligen Geblüts (also jene Familien, die sich einen Leibarzt leisten konnten) von der Lustseuche frei geblieben waren. Es mußte daher etwas geschehen, und zwar rasch. Und es ergab sich, daß die Kenntnis über ansteckende Krankheiten rapide zunahm, weil reiche Leute große Summen bezahlten, damit Behandlungsmethoden gefunden werden konnten. Man stellte fest, daß die »schleichende Krankheit« durch den Geschlechtsverkehr übertragen wird, und diese Erkenntnis führte zu einer verstärkten Beschäftigung mit der Sexualität und den Geschlechtsorganen. Um gegen die Seuche anzugehen, mußte man die scheinheilige Keuschheit aufgeben, und die Ärzte begannen, auch die Intimbereiche der weiblichen Patienten zu untersuchen. Bald konnten männliche Ärzte sogar Entbindungen durchführen, was die Hebammen furchtbar erbitterte, deren Unwissenheit, Aberglaube und Unsauberkeit zu der hohen Säuglingssterblichkeit während des Mittelalters nicht unwesentlich beigetragen hatten.

Mit dem 17. Jahrhundert setzte auf medizinischem Gebiet ein intensiver Gärungsprozeß um neue Ideen und Entdeckungen ein. Im Jahre 1628 hatte der englische Arzt William Harvey seinen *Traktat über den Blutkreislauf* veröffentlicht, und trotz heftigen Widerstandes seitens der puritanischen Gesellschaft fegte diese Entdeckung sehr bald jene vagen antiken Vorstellungen hinweg, nach denen im Körper »Temperamente« und »Flüssigkeiten« walten. Dreiundzwanzig Jahre später, 1651, veröffentlichte Harvey seinen *Traktat über die Fortpflanzung* und versetzte die Welt in Aufregung, weil darin ein wahres Wort über die Sexualität gesagt wurde: *Omne vivum ex ovo.* Denn genau dies war seine Überzeugung: »Alles, was lebt, selbst jene Tiere, die ihre Jungen lebend gebären, und auch der Mensch, entspringen dem Ei.«

Mit diesem Satz begann die Erforschung der Sexualität. Schrittweise wurde nun die bis dahin umstrittene Überzeugung widerlegt, daß jegliche Form von Leben durch einen Akt spontaner Selbstfortpflanzung entstünde. Plötzlich wurde Leben nicht mehr in einem Schöpfungsakt »geschaffen« – es entstand durch die Befruchtung eines Eis.

Nachdem die Wahrheit über die geschlechtlichen Vorgänge bei Tieren nachgewiesen war, dauerte es auch nicht mehr lange, bis man die Sexualität der Pflanzen entdeckte. Marcello Malpighi, ein italienischer Medizinprofessor in Bologna, war einer der ersten, der für seine Untersuchungen an Tierkörpern ein Mikroskop verwendete, und bald ergriff ihn die Neugierde, zu erfahren, was wohl Pflanzenstrukturen, vergrößert, verraten mochten. Seine *Anatomia Plantarum* wurde im Jahr 1672 veröffentlicht; er beschreibt darin ausführlich und sorgfältig seine Erkenntnisse über die Anatomie und Physiologie der Pflanzen. Im gleichen Werk berichtet er – obwohl es dort eigentlich nicht hingehört – auch von »Beobachtungen über das befruchtete Ei« und illustriert den Entwicklungsprozeß des Kükens im Hühnerei mit hervorragend klaren Zeichnungen. Allerdings ging er den Schritt nicht weiter; er gelangte nicht zu der Schlußfolgerung, daß in Pflanzen der gleiche geschlechtliche Vorgang ablaufe.

Vier Jahre danach wagte endlich jemand die Behauptung, daß Pflanzen ebenfalls Geschlechtswesen seien. Der das kühn aussprach, war der Arzt Sir Thomas Millington, Mitglied der Königlichen Akademie und später Präsident des Royal College of Physicians. Die Vermutung liegt nahe, daß der Engländer Malpighis *Anatomia Plantarum* gelesen hatte, zwei und zwei zusammenzählte und so auf die Idee kam, Pflanzen und Sexualität in Beziehung zu bringen. Allerdings veröffentlichte er seine Gedanken nicht, sondern teilte sie nur einem an Botanik interessierten Freund und Arztkollegen mit, dem Dr. Nehemiah Grew, der ziemlichen Wirbel verursachte, als er diese Hypothese in einer Vorlesung »Über die Gestalt der Blüten« im Jahre 1676 vor die Royal Society brachte. Der Vorgang erregte ein solches Interesse, daß Grew ihn in seinem 1682 veröffentlichten Buch *Anatomy of Plants* (»Die Gestalt der Pflanzen«) abdrukken ließ. Er zollte Millington jegliche Anerkennung für die

Entdeckung; »Millington«, sagte er, »hat mich darauf hingewiesen, daß das Gepränge (also die Staubgefäße) bei der Befruchtung der Pflanze die Rolle des Mannes spielt.«

Acht Jahre danach lieferte ein Deutscher, der Tübinger Medizinprofessor Rudolf Jakob Camerarius, den Nachweis für die Richtigkeit der Theorie seiner britischen Kollegen. Seine *Epistola de Sexu Plantarum* (»Brief über das Geschlecht der Pflanzen«) trägt das Datum des 25. August 1694 und ist an seinen Freund Valentini, Professor der Medizin in Gießen, adressiert. Dieses Schreiben gilt allgemein als die erste Beweisführung über die Geschlechtlichkeit von Pflanzen. Durch sorgfältige, mühevolle Experimente, bei denen er die Staubgefäße von männlichen Rizinusblüten entfernte und damit bewirkte, daß die weiblichen Blüten keine Frucht ansetzten, und bei denen er herausfand, daß sich nach der Entfernung der weiblichen »Blütenquasten« aus der Maispflanze keine Frucht bildet, erhob Camerarius die Tatsache der pflanzlichen Geschlechtlichkeit über jeden Zweifel. Bezüglich der Bisexualität von Blüten zitierte er die Entdeckung des Holländers Jan Swammerdam, daß Schnecken Hermaphroditen, also doppelgeschlechtliche Tiere, seien und betonte, daß Bisexualität im Tierreich wahrscheinlich eine Ausnahme darstelle, im Pflanzenreich jedoch sehr wohl die Norm sein könne. Allerdings war er ein wenig vorschnell in seiner Annahme, daß sich hermaphroditische Pflanzen selbst bestäubten. Die Vorstellung, daß die weiblichen und männlichen Geschlechtsteile ein und derselben Blüte zu verschiedenen Zeiten sexuell aktiv werden könnten, die Pflanze gewissermaßen einen Geschlechtswandel vornimmt und so nur durch andere Blüten befruchtet wird und andere Blüten befruchten kann, scheint Camerarius nicht gekommen zu sein.

Obwohl die Veröffentlichung des Camerarius im Jahre 1694 das vielleicht wichtigste Datum in der Geschichte menschlichen Begreifens der Geschlechtlichkeit darstellt, führte sie nicht über Nacht zu einer Umwälzung des wissenschaftlichen Denkens. Viele lehnten die Schlußfolgerungen des Tübingers ab. Viele andere erhielten lange Zeit gar nicht Kenntnis von ihm. Noch sechs Jahre später konnte der französische Botaniker Tournefort nachdrücklich betonen, der Zweck der Staubgefäße sei, überflüssigen Saft loszuwerden, indem sie ihn in der Form der Pollen absonderten. Wie so oft verwechselte hier ein sexuell Unaufgeklärter die Funktionen der körperlichen Ausscheidung mit geschlechtlichen Funktionen. Und dies weist vielleicht auf einen der Gründe dafür hin, warum viele Leute die Sexualität kurzerhand als »schmutzig« bezeichnen.

Nur wenige Botaniker inspirierte die Entdeckung des Camerarius zu selbständigen Experimenten. Der englische Naturphilosoph Richard Bradley beschrieb 1717 in seinem Buch *New Improvements of Planting and Gardening* (»Neue Verbesserungen für den Gärtner und Pflanzenfreund«) einige Versuche mit Pflanzensexualität bei seinen Gartentulpen. Er schnitt bei zwölf Pflanzen die männlichen Organe ab und ließ die übrigen, die in einiger Entfernung wuchsen (etwa vierhundert Pflanzen), unkastriert. Das Ergebnis war, daß »die zwölf solchermaßen *kastrierten* Pflanzen in diesem Sommer keinen Samen trugen, wohingegen jede der vierhundert anderen Pflanzen, die ich unberührt gelassen hatte, Samen hervorbrachten«.

Dies war wohl das erste Sexualexperiment an hermaphroditischen Blumen. Bradley diskutiert auch die Beschneidung der männlichen Kätzchen eines Nußbaums, der daraufhin unfruchtbar wird, es sei denn, man überträgt Pollen von einem anderen Baum auf die weiblichen Blüten, die man »an jeglichem Morgen, über drei oder vier Tage hintereinander, frisch sammelt und mit denen man leicht die weiblichen Teile bestäubt«. Es scheint, als hätte Bradley nicht nur die Geburtenkontrolle bei Pflanzen erfunden, sondern auch ihre künstliche Befruchtung. Er erwähnt ferner die Züchtung einer neuen, vom Menschen geschaffenen Kreuzung zwischen einer Nelke und dem Garten-Leimkraut und äußert die Hoffnung, daß die Zukunft zahlreiche künstliche Hybriden hervorbringen werde.

Vier Jahre nach Bradleys Veröffentlichung wiederholte der Botaniker Philip Miller das Experiment und kastrierte zwölf Tulpen, doch ihm fiel dabei etwas ganz anderes auf. Sämtliche kastrierten Blüten entwickelten Samen. Zwei Tage nach der Kastration der Blüten bemerkte Miller »Bienen, die in einem Tulpenbeet arbeiteten, wo ich die Staubgefäße nicht entfernt hatte, und wenn sie wegflogen, waren sie an ihrem Leib und den Beinen mit Staub bedeckt. Ich sah, wie sie zu den Tulpen flogen, deren Stamina ich entfernt hatte, und als sie davongeflogen waren, begab ich mich dahin und fand, daß sie genug Staub zurückgelassen hatten, um diese Blüten zu befruchten, denn sie trugen gute reife Samen – wodurch ich überzeugt bin, daß die *Farina* durch Insekten von einem Ort zum anderen getragen werden kann.«* (*Farina fecundans,* das »befruchtende Pulver« oder »Mehl«, war die Bezeichnung, die die Gelehrten jener Zeit dem Stoff gaben, den wir heute Pollen nennen.)

Philip Miller hatte also die Rolle der Bienen bei der Pflanzenbestäubung entdeckt. Nun war es jedenfalls klar, daß hermaphroditische Blüten sich nicht zwangsläufig selbst befruchten müssen. Bald wurde sogar die Behauptung aufgestellt, daß Blüten sich niemals selbst befruchteten, und diese Annahme hielt sich viele Jahre lang, anscheinend nicht so sehr aus wissenschaftlicher Überzeugung, sondern

* *Observations upon the Generation of Plants* (»Beobachtungen über die Vermehrung von Pflanzen«), 1721 in den *Philosophical Transactions of the Royal Society* veröffentlicht.

aus Gründen der Moral, wegen des herrschenden Tabus der »Sünde des Inzests«.

Ein paar Jahre nach Millers Beobachtungen, nach der Insekten Blüten durch Kreuzung befruchten können, kam aus den USA die Nachricht, daß auch der Wind dies könne. James Logan, Oberster Richter und Präsident der Ratsversammlung von Pennsylvania, beschrieb in einem Brief vom 20. November 1735 seinem Freund Peter Collinson, einem Mitglied der Britischen Royal Society, einige Experimente, die er in seinem Garten in Philadelphia an Pflanzen des »Mais oder Indianerkorns« durchgeführt hatte. Er hatte dabei an einigen Pflanzen die männlichen Blütenstände an der Spitze abgeschnitten, bevor sie Pollen produzieren konnten; bei anderen hatte er die ganzen weiblichen Blütenquasten entfernt, bei wieder anderen ein Viertel, die Hälfte oder drei Viertel der Blütenquasten. Bei wieder anderen Pflanzen hüllte er die weiblichen Blütenstände, kurz bevor die Quasten (oder die »Seide«, wie er es nannte) auftraten, in Musselinsäckchen: »Die Flaumigsten oder Dichtesten, die ich finden konnte, um den Durchgang der *Farina* zu verhindern, wobei sie jedoch weder Sonne noch Regen oder Luft entbehren sollten. Ich befestigte sie außerdem sehr lose, um das Wachstum nicht im geringsten zu behindern.«

Die Kolben in den Musselinsäckchen setzten keine Samen an; auch jene nicht, bei denen die ganze Blütenquaste entfernt worden war. Blütenstände, bei denen die Quasten zum Teil entfernt worden waren, brachten nur dort Körner hervor, wo die »Seide« (das »Gespinst«) unberührt gelassen worden war. Die Pflanzen, deren männliche Blüten kastriert worden waren, lieferten überhaupt keinen Samen – mit einer Ausnahme. Ein dicker Kolben an einer der kastrierten Pflanzen setzte etwa zwanzig Samen an, von den etwa fünfhundert möglichen. Der Grund, meinte

James Logan, sei der, daß der fragliche Maiskolben mit seinen weiblichen Blütenquasten in der Nähe einiger nichtkastrierter Pflanzen gestanden habe und daß der Wind von diesen eine bestimmte Pollenmenge herangetragen haben müsse.

In den etwa drei Jahrhunderten, die vergangen sind, seit Camerarius zum erstenmal zweifelsfrei nachwies, daß es eine Geschlechtlichkeit der Pflanzen gibt, wurden durch unzählige Experimente und Beobachtungen Berge von neuen Informationen zusammengetragen. Aber die fundamentalen Tatsachen – die Existenz der männlichen und weiblichen Geschlechtsorgane bei Pflanzen, ihr Bau und ihre Funktionsweise, ihre Tricks, um die Befruchtung zu erreichen, mit Hilfe oder ohne die Hilfe von Zwischenträgern wie Insekten oder dem Winde – wurden sämtlich während der ersten dreißig, vierzig Jahre nach der Pioniertat des deutschen Arztes erkannt.

Es wird später genug Gelegenheit sein, auf die wichtigsten und interessantesten modernen Entdeckungen einzugehen. Zuvor muß man jenem Mann den gebührenden Tribut zollen, der mehr als irgendwer vor oder nach ihm dazu beigetragen hat, den Gesamtbereich der »Geschlechtlichkeit von Pflanzen« verständlich und gesellschaftsfähig zu machen.

Dieser große Mann, der schwedische Botaniker Carl von Linné, wurde 1707 in Råshult geboren. Als Sohn eines Predigers erwartete man von ihm, daß auch er Theologie, das Modestudienfach jener Zeit, studieren würde. Aber seine mangelhaften Leistungen auf dem Gymnasium veranlaßten die Lehrer zu dem Urteil, er sei für Theologie nicht »ausreichend talentiert«, so daß man statt dessen das Studium der Medizin für ihn wählte. Angesichts seiner späteren Leistungen erscheint es als höchst unwahrscheinlich, daß es Linné an den geistigen Fähigkeiten zum Studium der Theologie gemangelt haben könnte. Schließlich weist sein epochemachendes Werk der Pflanzenklassifizierung alle Merkmale der Arbeit eines disziplinierten theologischen Gehirns auf – Botaniker unserer Tage würden vielleicht sogar sagen, eines allzu disziplinierten und allzu theologischen Gehirns.

In Wahrheit hat sich der junge Carl von Linné wohl unterstanden, seine Gedanken von den Themen der Theologie auf das Gebiet der Sexualität abschweifen zu lassen. Für die meisten jungen Burschen würde das bedeutet haben, daß ihr Interesse an Mädchen erweckt wurde, doch Carls Interesse richtete sich anscheinend nur auf die Pflanzen. Im Gymnasium hatte er sich eng an seinen Lehrer Rothman angeschlossen, der sich dem Studium der neuen Entdeckungen über die Pflanzengeschlechtlichkeit widmete und mit seinem Schüler ein Buch las, das beide tief beeindruckte: Vaillants *Sermo de Structura Florum* (»Gespräch über die Gestalt der Blumen«). Das Buch wurde 1718 veröffentlicht, als Linné gerade ins Pubertätsalter kam, und bot alle damals beweisbaren Fakten in leichtverständlicher Form dar. Es hat sicherlich dazu beigetragen, in Linné jenes Interesse zu entzünden, das dann während der nächsten Jahre zur Besessenheit aufflammen sollte.

Bedenkt man, welcher Feindseligkeit die Protagonisten der Pflanzengeschlechtlichkeit einst ausgesetzt waren, dann kann es uns nur komisch berühren, wie sich heute bestimmte Länder um die Ehre streiten, auf diesem Sektor die ersten gewesen zu sein. Im Jardin des Plantes in Paris haben die Franzosen neben einem Pistazienbaum eine Tafel aufgestellt, auf der geschrieben steht, dies sei genau jener Baum, an dem es Vaillant 1716 gelang, »die Geschlechtlichkeit im Reich der Flora zu entdecken«. Tatsächlich war er mit dieser Entdeckung allerdings zweiundzwanzig Jahre hinter Camerarius und vierzig Jahre hinter Millington hergehinkt.

Im Alter von zweiundzwanzig Jahren, als Medizinstudent an der Universität von Uppsala, legte Linné seine Gedanken über die Sexualität der Pflanzen in einem Essay nieder, dem er den Titel *Praeludia sponsaliorum plantarum* (»Vorspiele pflanzlicher Begattung«) gab. Damals war es Brauch, alle gelehrten Schriften lateinisch abzufassen, und Carl war in dieser Sprache besonders gut bewandert, da sein Vater ihn nicht nur gelehrt hatte, sie zu verstehen, sondern sogar, sich in ihr geläufig auszudrücken. Der Titel wird meist als »Vorschau der pflanzlichen Befruchtung« angegeben, doch der wörtlichen Bedeutung von *Praeludia* entspricht eben das in diesem Zusammenhang angemessenere Wort »Vorspiel«. Der Text, den der Autor selbst mit Illustrationen schmückte, ist ziemlich preziös und recht unreif, doch er enthält bereits viele der Ideen, die »Linnaeus« später berühmt machen sollten und auf die er sein System der Benennung und Klassifizierung der Pflanzen aufbaute – das Linnésche System, auf das sich die Botanik bis heute stützt.

Dieser Essay erregte das Interesse Olof Rudbecks, der als Professor in Uppsala Botanik lehrte, so sehr, daß er den Verfasser aufforderte, so jung er auch sein mochte, seine Ausführungen vor Kommilitonen an den Pflanzen im Botanischen Garten zu demonstrieren. Vielleicht war dies der erste Sexualkundeunterricht, bei dem die Bienen und die Blumen für die Erklärung von Tatsachen des Lebens herhalten mußten.

Das Thema Pflanzensexualität interessierte Linné immer mehr. Er unterbrach sein Medizinstudium mehrmals und reiste zwecks Studium der Pflanzen bis nach Lappland. Im Jahre 1735 ging er dann nach Holland, wo er an der Universität Harderwijk sehr bald den Doktorgrad erwarb. Aus

Schweden hatte er mehrere seiner Manuskripte mitgenommen und überarbeitete nun die in seinen »Vorspielen« angedeuteten Ideen, das heißt, er entwickelte aus ihnen ein neues Klassensystem der Pflanzen gemäß ihren geschlechtlichen Merkmalen. Die Wissenschaftler, denen er diese Arbeiten vorlegte, erkannten sofort deren Wichtigkeit und sorgten mit Hilfe reicher Mäzene dafür, daß sie gedruckt wurden.

Drei Jahre nach seiner Ankunft in Holland konnte Linné stolz sein auf nicht weniger als vierzehn Veröffentlichungen. Als er 1738 abreiste, galt er in wissenschaftlichen Kreisen schon als Begründer der modernen Pflanzenklassifizierung. Seine grundlegende Schrift, im Dezember 1735 erschienen, ist *Systema naturae*. In ihr legte Linné sein System für die geschlechtliche Bestimmung der Pflanzen dar und den Schlüssel zu einer raschen Einordnung der Gewächse anhand der Zahl und der Anordnung ihrer Geschlechtsorgane in der Blüte. Das Buch hatte einen ungeheuren Erfolg. 1759 wurde es bereits in der zehnten Auflage veröffentlicht, und nicht nur Wissenschaftler begrüßten es, es erregte auch das Interesse von Laien – und zwar vielleicht deshalb, weil sein Autor den Pflanzen ein ähnliches Sexualverhalten zuschrieb wie den Menschen und weil er es mit den gleichen Worten schilderte.

Eine Pflanzengruppe etwa beschreibt er (wenn auch auf lateinisch) als solche, die »offen und für alle sichtbar die Begattung vollzieht«. Eine andere Gruppe wird dargestellt als die der »heimlichen Hochzeiter«. Die erste Gruppe wird unterteilt in Pflanzen, bei denen »Gatten und Gattinnen ein gemeinsames Hochzeitsbett teilen«, und solche, deren Blüten sich »den Luxus getrennter Ehebetten leisten«.

Linné brachte den Niederlanden durch seine Schriften hohe Ehren und großen Ruhm ein. Man bat ihn, er solle im Land bleiben, was er aber ablehnte. Im September 1738 eröffnete er eine Arztpraxis in Stockholm, und im nächsten Jahr heiratete er. Seine Manie zur Klassifizierung wirkte sich bis in sein Liebeswerben um die Braut aus, die er als »meine monandrische Lilie« bezeichnete, wobei die Blume Jungfräulichkeit symbolisierte und das aus dem Griechischen abgeleitete Wort »monandrisch« eine »Frau mit nur einem Mann« bedeutete. Einem Freund gegenüber klassifizierte er die Auserwählte, eine Arzttochter, nüchterner, indem er schrieb: »Ich habe soeben die Frau geehelicht, die ich seit Jahren heiraten wollte, und – unter uns gesagt – sie ist ziemlich reich.«

Linnés Beitrag zur Einteilung der Pflanzen hatte weitreichende Auswirkungen. Als er mit seinen Arbeiten begann, herrschte auf diesem Gebiet ein rechtes Chaos. Für manche Pflanzen gab es verschiedene Namen, andere trugen Bezeichnungen, die vierzig oder fünfzig Wörter lang waren. Völlig willkürlich wurden die einzelnen Spezies in verwandtschaftliche Beziehungen zueinander gebracht, je nachdem, welches »System« sich der betreffende Botaniker gerade ausgedacht hatte: ob es Bäume oder Kräuter waren, ob sie auf trockenem oder feuchtem Boden wuchsen, ihre Bestandteile giftig oder eßbar waren.

Die Geschlechtlichkeit der Pflanzen dagegen ermöglichte es Linné erstmalig, ein »natürliches System«, wie er es selbstbewußt nannte, aufzustellen. In seinem umfangreichen Werk *Philosophia botanica* läßt er seiner Systematisierungslust gar so weit freien Lauf, daß er auch gleich die Botaniker klassifiziert. Einige nannte er orthodox, also rechtgläubig; das waren jene, die die Pflanzen aufgrund von Blüte, Samen und Frucht bestimmten, also nach ihren »Genitalien«. Andere bezeichnete Linné als heterodox; das waren jene armen Unwissenden, die Pflanzen nach irgendwelchen anderen Kriterien einordneten: die Alphabetiker (die sich schlicht an die alphabetische Reihenfolge der

Namen hielten), die Rhizotomisten (für die die Wurzelstruktur entscheidend war), die Phyllophilen (nach der Blattform), die Physiognomisten (die nach der äußeren Erscheinung urteilten) usw. Aber selbst unter den Orthodoxen waren sämtliche anderen Botaniker für Linné im Unrecht: die Fruktisten (die sich allein an die Frucht hielten), die Kalixisten (die sich nach dem Blütenkelch richteten). Und nur jene Kollegen, die nach geschlechtlichen Merkmalen im Pflanzenreich Ordnung schafften, waren für ihn akzeptabel.

Doch auch das sogenannte Linnésche System war nicht unfehlbar. Es mußte im Laufe der Zeiten immer wieder korrigiert und vor allem beträchtlich erweitert werden. Trotz Linnés kühner Behauptung, er sei der erste »Sexualist« unter den Klassifizierern der Pflanzen, war er dies eigentlich nur teilweise. So legte er etwa allzu großes Gewicht auf die männlichen Geschlechtsorgane; er stützte seine Ordnung der Blütenpflanzen vor allem auf die Zahl der vorhandenen Staubgefäße, ihre relative Länge und ob sie getrennt (»Gatten ohne Verbindung zueinander«) oder vereint (»Gatten, durch ein brüderliches Band verbunden«) seien. Wohl trägt Linné gelegentlich auch den weiblichen Organen Rechnung, doch stets in strikt untergeordneter Rolle. Heute würde man ihn zweifellos als Männlichkeitsfanatiker bezeichnen.

Es ist interessant festzustellen, daß anderthalb Jahrhunderte nach Linnés *Systema naturae* im Verlauf der Erstarkung der Frauenbewegung genau der umgekehrte Standpunkt vertreten wurde. Im Jahre 1906 erschien ein kleines Lehrbuch über die Grundlagen der Botanik mit dem Titel *The Study of Plant Life*. In dem Kapitel über »Blüten« ist zu lesen: »*Nun sind wir ins Herz der Blume vorgedrungen und finden dort das allerwichtigste Ding*... ein winziges grünes Gebilde ähnlich einer Erbsenschote mit einer kleinen klebrigen Stelle...« Die Behauptung, daß die allerwichtigsten Pflanzenteile die weiblichen Blütenorgane seien, wurde von einer Sechsundzwanzigjährigen aufgestellt, der jüngsten britischen Doktorin und Dozentin für Paläobotanik an der Universität Manchester. Sie hieß Marie Stopes und sollte später berühmt – oder wenn man so will, berüchtigt – werden als Autorin des Bestsellers *Married Love*, eines Handbuchs über Sex in der Ehe, als Pionierin der Geburtenkontrolle und als fanatische Kämpferin für die Gleichberechtigung der Frauen.

Linné hatte in seinen Schriften vergeblich darauf hingewiesen, daß er selbst nichts entdeckt habe, sondern die Entdeckungen anderer benutzte, um ein besseres System zur Erfassung, Einordnung und Benennung der Pflanzen zu entwickeln. Da er nun mal der Mann war, der die Blumen nach ihren Geschlechtsteilen klassifizieren wollte, wurde er zur Zielscheibe all jener Schmähungen, die führende Persönlichkeiten des Establishments von sich zu geben pflegten, sobald das Wort »Sexualität« fällt.

Die Kirche machte sich dabei ziemlich lächerlich. Einige Kleriker forderten, die Arbeiten Linnés sollten verboten werden. Ein englischer Geistlicher, Samuel Goodenough, später Bischof von Carlisle, war von der bloßen Vorstellung pflanzlicher Geschlechtsorgane dermaßen schockiert, daß er in einem Hirtenbrief konstatierte, »nichts kann der ungeheuerlichen Verderbtheit der Seele des Linnaeus gleichkommen«.

Der weitblickende Goethe äußerte die Ansicht, die Einführung des Linnéschen Sexualsystems werde im Botanikunterricht vor keuschen jungen Menschen zu großer Peinlichkeit führen. Bekanntlich besaß Goethe beachtliche Kenntnisse in den Naturwissenschaften und schrieb ein bedeutendes botanisches Werk, *Versuch, die Metamorphose der Pflanzen zu erklären* (1790), in dem er sich bemühte, die

Wandlungen darzustellen, die Pflanzen im Laufe ihres Lebens durchmachten. Wahrscheinlich veranlaßten ihn eher persönliche Vorbehalte gegenüber Linné zu seinen Bedenken als echte Verlegenheit und moralische Bedenken. Denn aus seinen eigenen zahlreichen Liebesaffären läßt sich schließen, daß er nicht gerade an sexuellen Hemmungen litt.

Doch selbst einige der prominentesten Vertreter des wissenschaftlichen Lebens protestierten lautstark gegen die »Schamlosigkeit« Linnés. In Frankreich machte sich der Graf de Buffon über ihn lustig; in Deutschland griff ihn der Mediziner Lorenz Heister an, wohl vorwiegend aus Neid; in der Schweiz lehnte ihn der Dichterarzt Albrecht von Haller ab; in Italien stieß er auf die prankenschwere Opposition Giulio Pontederas; in England wurde er von Charles Alston mit Hohn und Sarkasmus bedacht; und in Rußland wurde sein System von dem Botaniker Siegesbeck wegen seiner »widerlichen Obszönität« heftig angegriffen. (Siegesbeck setzte seine Attacken gegen das Sexualsystem auch dann noch verbissen fort, als es längst allgemein akzeptiert worden war, so daß man ihn aus der Kaiserlichen Akademie in St. Petersburg entfernen mußte. Er flehte Linné an, ihm eine Anstellung als Obergärtner zu verschaffen, und dieser, darüber erhaben, die Niederlage eines besiegten Feindes zu genießen, benannte eine Pflanze zu Ehren des abservierten Professors in *Siegesbeckia*.)

Obwohl unsere gesamte Methodik der Pflanzenbenennung auf dem binomischen (d.h. zweinamigen) System Linnés aufbaut, sind heute viele Botaniker der Meinung, daß seine Methode der Pflanzenbestimmung den Fortschritt in dieser Wissenschaft eigentlich ziemlich behindert habe. Aufgrund seiner streng religiösen Erziehung blieb denn doch Linné von dem fundamentalistischen, bibelgläubigen Glauben an das Dogma beseelt, daß Gott am

Anfang eine festliegende Anzahl von Arten geschaffen habe und daß diese Zahl seitdem die gleiche geblieben sei. Da die Bibel es uns lehrt, glaubt Linné ferner, daß der Mensch nach Gottes Ebenbild geschaffen sei, jede Klassifizierung mit dem höchsten, dem »idealen« Organismus beginnen müsse und sich nach unten zu den niedrigeren Lebensformen hinabarbeiten solle. Da indessen niemand behaupten mochte, daß niedere Formen sich aus höheren entwickelt haben könnten, blockte dieses Ordnungssystem die Beschäftigung mit dem Thema »Evolution« auf lange Zeit ab.

Außerdem verführte die ihm eingetrichterte Philosophie der scholastischen Tradition, also der formallogischen Vorstellungen der sogenannten thomistisch-aristotelischen Schule, Linné dazu, in abstrakten Begriffen zu denken, so daß nur allzu oft sein »natürliches System« zu etwas höchst Künstlichem wurde und er Pflanzen in Kategorien zwängte, anstatt Kategorien zu entwickeln, die den Pflanzen gerecht wurden. Schlimmer noch: Seine peinliche Genauigkeit, die es ihm erst möglich machte, sein System aufzubauen, sollte sich im Alter als Katastrophe für ihn erweisen. In den letzten fünfzehn Jahren seines Lebens litt er zunehmend unter Verfolgungswahn und starb mit siebzig Jahren (1778) in geistiger Umnachtung. Zuvor hatte er wiederholt Entsetzen angesichts der *nemesis divina*, der »göttlichen Vergeltung«, geäußert, die ihn erwarten werde. Heute können wir über die Ursachen derartiger Schuldgefühle nur Vermutungen anstellen. Vielleicht hingen sie mit den Vorwürfen der Obszönität zusammen, die man ihm ins Gesicht geschleudert hatte, als er die Geschlechtlichkeit als allgemeingültiges Phänomen zu postulieren wagte.

Die nächsten wichtigen Beobachtungen machte der Berliner Schuldirektor Christian Konrad Sprengel und veröffentlichte sie in seinem bedeutenden Werk *Das entdeckte Geheimnis im Bau und in der Befruchtung der Blumen* (1793). Ausführlich behandelte er 500 Pflanzenarten und beschrieb haargenau die Anordnung ihrer Geschlechtsorgane. Es war Sprengel, der auf die weite Verbreitung von »Geschlechtsumwandlung« bei Blumen von männlichen in weibliche hinwies und als erster die erstaunliche Vielfalt hervorhob, mit der Blumen sich zur Bestäubung an alle möglichen Insekten anpassen können: an fliegende, kriechende und hüpfende Kerbentiere. Auch studierte er windbestäubte Blütenpflanzen, erkannte, daß sie Pollen in verschwenderischem Übermaß produzieren müßten und warum die männlichen Anthere – die verbreiterten Enden der Staubfäden mit den Pollensäckchen – sich so preisgeben und warum die weiblichen Stigmata so groß und oft federig sind: um möglichst viel Pollen zu erhaschen, die der Wind vorbeiträgt. Aus seinen Beobachtungen zog er den Schluß, daß »die Natur offenbar nicht will, daß eine Blume durch ihren eigenen Pollen befruchtet werde«.

Kurz darauf nahm Thomas Knight, der langjährige Präsident der Horticultural Society of London, Versuche mit Erbsen vor und gelangte zu dem Schluß, daß die Kreuzbefruchtung große Vorteile mit sich bringe; unter seinen künstlichen Kreuzungen waren »zahlreiche neue Varianten, davon viele in der Größe und auch in jeglicher anderer Hinsicht den ursprünglichen weit überlegen, und sie wuchsen außergewöhnlich üppig«.

Der nächste frappierende Beitrag bezüglich der Befruchtung der Pflanzenblüten kam von Charles Darwin. Obwohl man sich an seinen Namen in der Öffentlichkeit hauptsächlich wegen einer Behauptung erinnert, die er niemals getan hat – daß nämlich der Mensch vom Affen abstamme –, beruht sein epochales Werk, seine Evolutionstheorie, auf Untersuchungen an Pflanzen, nicht an Tieren. Vielleicht hatte ihn dieses Gebiet nach der Lektüre der Bücher seines Großvaters, Dr. Erasmus Darwin, angezogen. Der Arzt und Naturforscher hatte sich als junger Mann von den Veröffentlichungen Linnés begeistern lassen und ein gefühlvolles, mit Maßen erotisches Gedicht über Pflanzensexualität geschrieben, betitelt *The Loves of Plants* (»Wie Pflanzen lieben«). Erasmus Darwin schrieb noch viele andere Werke, so *Phytonomie oder Über die Grundsätze des Acker- und Gartenbaus*, ein Buch, das zu Beginn des 19. Jahrhunderts große Aufregung verursachte, weil der Autor darin behauptete, Pflanzen besäßen nicht nur sensorische Empfindungen, sondern könnten auch »freie Willensentscheidungen« treffen. Man sieht, Charles Darwin stammte aus einer Familie, die bereits ihren Teil zur Erregung öffentlichen Ärgernisses geleistet hatte.

Aber das Wutgeheul, mit dem die Veröffentlichung von Charles Darwins Evolutionstheorie im Jahre 1859, genau hundert Jahre nach Linnés *Preis-Dissertation über die Geschlechter der Pflanzen*, aufgenommen wurde, läßt sämtliche Angriffe auf seine Vorgänger als zahm und zurückhaltend erscheinen. Nicht nur, so schimpfte man, erhob da wieder die Sexualität ihr abscheuliches Haupt, sondern dieser Darwin beging auch noch die unverzeihliche Sünde zu erklären – und dies gegen die Behauptungen der Bibel und selbst Linnés –, daß es keine von Gott erschaffene feststehende Zahl von Arten gebe, sondern daß sich beständig neue Lebensformen entwickelten.

In der ganzen Welt wurde Darwins Werk von den Kanzeln herab als Blasphemie verdammt. Endlich hatte man wieder ein ergiebiges Thema, mit dem man die Glaubenstreuen erpressen und die Sünder züchtigen konnte. Das Echo jener aus moralischer Entrüstung, falscher Prüderie und beklagenswerter Unwissenheit zusammengebastelten Predigten hallt uns noch heute in den Ohren; entweder aus

Faulheit, weil ihnen kein anderes Thema einfällt, oder, in extremen Fällen, sogar aus religiöser Überzeugung holen Kirchenmänner von Zeit zu Zeit noch immer die alten verstaubten Anti-Evolutions-Kamellen aus der Rumpelkammer und beglücken damit ihre Kirchengemeinde.

Wie konnte Darwins Arbeit dermaßen verleumdet werden? Sicher war es wohl kaum der Titel seines Buches, denn da war er bemüht um Ernsthaftigkeit und Nüchternheit, bis fast an die Grenzen der Langeweile: *Über die Entstehung der Arten im Tier- und Pflanzenreich durch natürliche Zuchtwahl oder Erhaltung der vervollkommneten Rassen im Kampfe ums Dasein*. Dies war wohl nicht einmal 1859 ein zum Widerspruch reizender Titel.

Warum also diese Zornesgewitter? Zum Teil wohl wieder deshalb, weil man jedem Versuch, dunkle Winkel auszuleuchten, mit tiefem Mißtrauen begegnete. In gewissem Maße handelt es sich stets auch darum, die eigene Position zu verteidigen, denn natürlich fühlen sich jene, deren Leben an ein Dogma gebunden ist, bedroht, wenn dieses Dogma unterminiert wird (und Menschen, die über lange Zeit einer bestimmten Ideologie gedient haben, eignen sich anscheinend nicht für eine Umschulung).

Die Denkmodelle von Männern wie Millington (vor dreihundert Jahren) und Linné (vor zweihundert Jahren) waren nur einem relativ kleinen Kreis von gebildeten Menschen zugänglich gewesen, die Latein verstanden. Doch in der Mitte des vorigen Jahrhunderts, als Darwin sein revolutionierendes, nicht in der Gelehrtensprache, sondern in Englisch geschriebenes Werk veröffentlichte, hatte gerade die Erziehung und Bildung der Massen eingesetzt, das »gewöhnliche Volk« konnte jetzt teilweise bereits Bücher lesen und die Kritiken über Bücher in den überall wie Pilze aus dem Boden schießenden Zeitschriften jener Tage – und also war man besorgt, daß Darwins Denkanstöße jedem Beliebigen zugänglich werden und ihn veranlassen könnten, die Autorität seines Herrn und seiner Seelenhirten in Frage zu stellen.

Der Hauptgrund, warum Darwins Werk einen solchen Skandal hervorrief, liegt demnach darin, daß es zu dem Zeitpunkt erschien, zu dem es erschien. Zwar betonte Darwin die Rolle der Sexualität keineswegs so drastisch wie Linné, aber die ganze Ideenwelt der Evolution und der natürlichen Zuchtwahl beruht doch fest auf der Grundlage sexueller Vorstellungen, denn Auswahl braucht Variationen, um zu funktionieren, und Variation ergibt sich nun einmal aus den Möglichkeiten der sexuellen Fortpflanzung. Leider hatte zu Darwins Zeiten die Prüderie einen neuen Höhepunkt – oder richtiger: Tiefpunkt – erreicht. Zwei Jahre vor dem Druck der Erstausgabe des *Ursprungs der Arten* hatte der berühmte Gynäkologe William Acton sein Buch über *The Function and Disorders of the Reproductive Organs* (»Die Funktionsweise und die Störungen der Fortpflanzungsorgane«) veröffentlicht, in dem er mit der ganzen pompösen Autorität seiner illustren Persönlichkeit behauptete, daß Geschlechtsverkehr den Körper und den Verstand schwächte und daß der Gedanke, Frauen seien zu geschlechtlichen Empfindungen fähig, eine »vulgäre Verleumdung« sei.

Sein Leben lang fuhr Darwin in seinen sorgfältigen Beobachtungen der Wechselbeziehungen zwischen männlichen, weiblichen und zweigeschlechtlichen Blüten sowie zwischen den Blüten und den sie bestäubenden Besuchern fort. Was er darüber schrieb, gilt als klassische Literatur zum Thema, insbesondere das Werk *Die verschiedenen Einrichtungen, durch welche Orchideen von Insekten befruchtet werden* (1862) und die Arbeit *Die Wirkungen der Kreuz- und Selbstbefruchtungen im Pflanzenreich* (1876).

Es kann keinen Zweifel daran geben, daß Darwin im 19.

Jahrhundert die Erforschung der Pflanzengeschlechtlichkeit mehr als irgendein anderer beeinflußte. Seine Untersuchungen führten zum Entstehen einer völlig neuen Wissenschaft, der »Bestäubungs-Ökologie«, in der die Wechselbezüge zwischen den Pflanzen und den »Agenten«, die die Geschlechtsbeziehung herstellen – also Wind, Insekten, Wasser oder was immer dafür brauchbar ist –, untersucht werden.

Gleichsam die Bibel dieses neuen Forschungszweiges wurde das mehrbändige *Handbuch der Blütenbiologie*, in den Jahren 1898 bis 1905 von Paul Knuth und Ernst Loew herausgegeben. Dieses Buch verzeichnete nicht weniger als 3 748 Bücher und Artikel über die Blütenpollination. Ein Titel allerdings fehlte in dieser Mammutbibliographie, der Artikel eines schlesischen Mönchs, veröffentlicht in einer unbedeutenden Zeitschrift. Er erschien sieben Jahre nach Darwins *Entstehung der Arten* und sollte unser Wissen von der Funktion der Sexualität noch weit stärker voranbringen.

Pater Gregor Mendel verbrachte den Großteil seines Lebens im Augustinerkloster zu Brünn, wo er, im Klostergarten experimentierend, mit unendlicher Geduld die Grundlagen der Vererbungslehre entwickelte. Während sich die Darwinisten und die Anti-Darwinisten erbitterte Schlachten lieferten, um die Evolutionstheorie zu beweisen oder zu widerlegen, fand Mendel ganz friedlich in sorgfältigem Versuch heraus, wie denn die einzelnen Charaktermerkmale der Arten von einer Generation auf die nächste übergingen. Die Pflanze, die sich Mendel für seine Experimente aussuchte, war die gewöhnliche Gartenerbse. Er nahm Exemplare reinerbiger Rassen mit gegensätzlichen Eigenschaften, kreuzte sie miteinander und untersuchte die Nachkömmlinge. Dann kreuzte er diese untereinander weiter und notierte akkurat die Ergebnisse. Im Verlauf seiner Experimente züchtete er etwa dreizehntausend Pflanzen. Die erste Generation, so fand er, war einheitlich und wies nur eine der unterschiedlichen Eigenschaften der Elterngeneration auf: Diese bezeichnete er als *dominantes* Merkmal. In der zweiten Generation wiesen drei Viertel der Nachkommen weiterhin die dominanten Eigenschaften auf (gelbe runde und verschrumpelte Samen), die Merkmale der ersten Generation waren nicht verlorengegangen, aber *rezessiv* geworden. Mendel schloß daraus, daß die Erbfaktoren, die wir heute als Gene bezeichnen, getrennt in den Geschlechtszellen angeordnet sind und bei der Befruchtung zusammentreffen: das »Gesetz der Spaltung«.

Bei Kreuzungen von Erbsen mit zwei Paaren kontrastierender Erbanlagen (rund-gelb und grün-schrumpelig) hatte die erste Tochtergeneration stets runde gelbe Samen. In der zweiten Generation ergab sich folgendes Verhältnis: neun rund-gelbe, drei rund-grüne, drei verschrumpelt-gelbe und ein verschrumpelt-grüner Samen. Diese Feststellung führte ihn zu seinem »Gesetz von der freien Rekombinierbarkeit der Erbanlagen«. Die Mendelschen Vererbungsgesetze bilden (wenn auch leicht verändert) noch heute die Grundlage der modernen Wissenschaft der Genetik. Doch als er seine Ergebnisse 1865/66 in den *Verhandlungen des Naturforschenden Vereins in Brünn* veröffentlichte, wurden sie von den Fachgelehrten entweder nicht gelesen oder nicht begriffen. Wieder einmal hatte ein Amateur gewagt, etwas zu entdecken, was den professionellen Weisen entgangen war... Erst 1900, sechzehn Jahre nach Mendels Tod, wurde seine Arbeit wieder hervorgeholt und ihre Bedeutung erkannt.

Die recht komplizierten Mendelschen Gesetze und die Lehren der Genetik sollen uns hier nicht weiter beschäftigen. Aber es lohnte sich wohl, einen Augenblick darüber nachzudenken, welche theoretischen Kenntnisse und welcher praktische Nutzen uns noch wer weiß wie viele Jahre vorenthalten geblieben wäre, hätte sich nicht vor hundert Jahren ein Mönch über das Tabu der Pflanzensexualität hinweggesetzt, die Kopulationen im Reiche Floras beobachtet, die Dinge beim Namen genannt und – in die geschlechtlichen Vorgänge manipulierend eingegriffen...

Die Entdeckungen über die Sexualität im Pflanzenreich, die während der letzten drei Jahrhunderte gemacht wurden, haben erwiesen, daß es keine geschlechtliche Ausdrucksform gibt, die nicht von Pflanzen versucht und entwickelt worden wäre. Ihre Geschlechtsorgane sind von höchst erstaunlicher Vielfalt, Raffinesse und Komplexität; ihr Sexualverhalten voller Variationen und oftmals bizarr; ihr Geschlechtstrieb ist enorm und verschwenderisch. Die weiblichen Organe sind meist – doch durchaus nicht immer – passiv, während die männlichen extrem aktiv sein können, wie etwa bei einigen Arten, bei denen ein Auslösemechanismus den Pollen mit beträchtlicher Wucht herausschleudert. Und wer kann sagen, ob und welche Empfindungen Pflanzen eventuell bei solchen »Ejakulationen« haben?

Das einzige, was bislang noch niemand entdeckt hat, ist der »weibliche Orgasmus« einer Blüte; dies wohl deshalb, weil Pflanzen nicht über vergleichbare Strukturen wie das Nervensystem der Tiere verfügen – obgleich man auch da schon wieder Einschränkungen machen müßte, denn schließlich erweckt ja auch das plötzliche Zusammenzukken der Blätter von Mimosen bei Berührung den Eindruck einer heftigen Nervenreaktion, weshalb die Botaniker die Pflanze auch als *Mimosa pudica*, also die »sittsame« oder »keusche« bezeichnen. Auch gibt es Blumen, die nach Geschlechtsverkehr zutiefst »erröten«, worüber noch zu sprechen sein wird.

Da es weder sichtbare Nerven zur Übertragung noch ein

Gehirn zum Empfangen von Reizen gibt, können wir bei Pflanzen keinerlei Gefühlsempfindungen der Art, wie wir sie kennen, verzeichnen. Da es außerdem keine verläßlichen Mittel der Kommunikation zwischen Pflanzen und uns gibt, durch die sie uns ihre Empfindungen mitteilen könnten, ist es für sie schwer, uns zu verdeutlichen, was sie bei sexueller Stimulierung, Ekstase oder stiller Befriedigung verspüren – vorausgesetzt, sie wären zu solchen Gefühlsempfindungen fähig.

Die Wahrscheinlichkeit einer dem tierischen weiblichen Orgasmus ähnlichen sensorischen Empfindung bei Pflanzen ist indessen recht gering – selbst wenn man sie experimentell nachweisen und messen könnte, wie einige Forscher es bereits vermittels elektronischer *Scanner* oder Lügendetektoren versucht haben.* Anzeichen sexueller Stimulanz sind immerhin erkennbar: Feuchtwerden der stigmatischen (also der weiblichen) Oberfläche; erhöhte Färbung, anziehende Gerüche, konvergierende Linien, die Besucher hypnotisierend zum Mittelpunkt der Blüte lenken und sie genau an die richtige Stelle führen. Wenn es Befriedigung bei diesem Akt geben kann, so tritt diese ein, wenn die Befruchtung gelungen ist und der Fruchtansatz gewährleistet. Ein deutliches Lustempfinden läßt sich, wie gesagt, nicht feststellen. Das gilt jedoch nicht nur für die Pflanzen, sondern auch für alle Tiere, Menschen ausgenommen. Der Mensch scheint als einzige Gattung die Fähigkeit entwickelt zu haben, seinen Sexualtrieb nicht nur zur Fortpflanzung seiner Art einzusetzen, Sex vielmehr auch um seiner selbst willen zu genießen.

* Vgl. Peter Tompkins, *Das geheime Leben der Pflanzen*, Scherz-Verlag, Bern – München 1974.

II

Die Welt will betrogen sein

Um den Nachwuchs zu sichern und die Art zu erhalten, tun die Pflanzen einfach alles – gewissermaßen mehr als die Menschen. Sie nutzen alle Mittel, die ihnen die Natur zur Befriedigung ihrer sexuellen Bedürfnisse zu bieten hat, bedienen sich des Windes und des Regens, des Lichts und der Dunkelheit, auch anderer Pflanzen, vor allem aber der Tiere jeglicher Größe, Form und Art. Dabei verfallen sie auf die verblüffendsten Tricks, um ihr Ziel zu erreichen.

Bei einigen ihrer imposanten Sexualleistungen spielt Mimikry eine große Rolle. Da Pflanzen im Gegensatz zu Tieren sich nicht von selbst von einem zum anderen Ort bewegen können, haben einige Arten es fertiggebracht, ihr Aussehen geschickt dem von Insekten und anderen lebenden Wesen anzupassen, die zur Befruchtung für sie nötig sind. Sie wirken auf gewisse bewegliche Geschöpfe mit starkem Sexualtrieb, als wären sie ein begehrenswerter Geschlechtspartner, und können auf diese Weise deren Trieb für ihre eigenen Zwecke nutzen: Das Tier wird durch Täuschung zum Liebesakt mit einer Pflanze, statt mit einem Partner seiner Gattung verführt.

Anders als Menschen, die ihre Tabus in dieser Beziehung in Gesetzen festschreiben, machen die übrigen Lebewesen keinen deutlichen Unterschied zwischen dem, was »natürlich« und was »unnatürlich« ist. Wo es um Sex geht, ist alles erlaubt, und wenn eine Art ihr Ziel durch Maskerade, Tranvestitentum und Hochstapelei erreicht, was praktisch auf einen groben Betrug, verübt an einer völlig anderen Spezies, hinausläuft, dann gibt es dabei weder Gewissensbisse noch Scham.

Eines der verblüffendsten Beispiele für die Technik der sexuellen Täuschung liefert die bezaubernde Bienen-Orchis (*Ophrys apifera*). Sie ist über ganz Europa verbreitet und wirkt auch für unsereinen außerordentlich attraktiv. Manche behaupten, sie verspürten einen schwachen süßen Duft, wenn sie die Nase dicht an die Blüten halten, doch für die meisten sind sie völlig geruchlos. Das liegt daran, daß wir Menschen im Vergleich mit den übrigen Tieren notorisch unterentwickelt sind, was den Geruchssinn betrifft.

»Seht mal her, Kinder«, sagt der Biologielehrer zu seinen Schülern bei naturkundlichen Exkursionen durch die Wälder und die Auen. »Das hier ist eine Bienen-Orchis. Ihre Blüten sehen genau wie kleine Bienen aus.« Die Schüler nicken, denn die Ähnlichkeit ist in der Tat nicht zu leugnen.

Was das menschliche Auge nicht ohne weiteres zu erkennen vermag, ist das Geschlecht der Bienen. Darum kommen uns die drallen pelzigen Blüten weder als besonders männlich noch als besonders weiblich vor. Für ein Bienenmännchen dagegen wirkt jede Blüte wie ein höchst verführerisches Bienenweibchen, das sich ihm in einer Weise anbietet, die auszudrücken scheint: »Komm und nimm mich!« Ein unwiderstehlicher Zwang treibt das Männchen. Dafür wurde es geboren. Es schwirrt auf die Blüte zu, besteigt sie, drängt sich in ihre warme, braune, pelzige Weichheit und versucht sich mit ihr zu paaren, indem es eine Reihe kurzer ruckartiger Bewegungen macht – und nach einer Verschnaufpause seine Bemühungen fortsetzt.

Aber irgend etwas stimmt nicht. Wie sehr es sich auch anstrengt, es gelangt nicht zu einem sexuellen Höhepunkt. Enttäuscht zieht es sich aus der Blüte zurück und fliegt davon. Während seiner vergeblichen Liebesmüh aber hat das Bienenmännchen, ohne es zu merken, die Pollenmasse von dem männlichen Organ der Blüte abgestreift, und diese gelbe glänzende Masse klebt nun an einer Haftscheibe, *viscidium* genannt, an seinem Leib. Das Viscidium ist speziell zu diesem Zweck eingerichtet. Der Bienenmann ist noch immer in höchster Erregung und möchte seine Frustration loswerden. Also fliegt er die nächste Blüte an. Sein Verlangen ist ja keineswegs monogam – alles, was er erstrebt, ist sexuelle Befriedigung.

Bei der neuen Blüte wiederholt der Bienenmann sein heftiges, zuckendes Werben, und dabei gerät die Pollenmasse in Kontakt mit dem feucht-klebrigen, konkaven weiblichen Organ der Blüte, dem *stigma*. Da das Stigma stärker klebrig ist als die Scheibe, die den Pollen am Bienenkörper festhält, werden diese abgezogen. Und so entsteht die Kreuzbefruchtung. Schon bald schwellen die weiblichen Keimzellen der zweiten Blüte an, sie bekommt sozusagen einen »dicken Bauch«. Ein Großteil des Embryo-Nachwuchses, viele Tausende von Zellen, sterben in diesem »Bauch« in pränatalem Stadium ab; einige werden durch Bewegungen abgetrieben; doch einige entwickeln sich weiter, wachsen und bilden die nächste Generation der Bienen-Orchis.

Der Bienenmann fliegt weiter von Blüte zu Blüte, versucht sich mit jeder zu paaren, gelangt aber nie zu einem Orgasmus. Einem menschlichen Betrachter mag der ganze Prozeß als seelisch grausam erscheinen. Schließlich hätte die Blume dem Gast ja wenigstens zur sexuellen Befriedigung verhelfen können. Doch leider ist das nicht möglich, und zwar einfach deshalb, weil der Blüte ein Organ ähnlich der Scheide einer weiblichen Biene fehlt. Also gelingt es ihr nicht, das Geschlechtsteil des Bienenmännchens bis zum Samenerguß zu stimulieren.

Viele Naturbeobachter haben Bienenmännchen nach

zahlreichen Begattungsversuchen erschöpft davontaumeln sehen und ihnen voller Mitgefühl nachgeblickt. Wir empfinden es als unbarmherzig und gefühllos, wenn ein Partner den andern so »zappeln läßt«, doch einer Blume ist es vollkommen gleichgültig, ob ein Bienenmann seine Befriedigung findet oder nicht. Betrachtet man allerdings die Sache ein wenig genauer, dann erkennt man, daß die Frustration des Bienenmännchens eine wesentliche Funktion erfüllt. Es ist für die Orchidee nämlich eine Voraussetzung für die Arterhaltung, daß ihr Besucher unbefriedigt bleibt. Ein zufriedengestellter Bienenmann würde sich nach dem Akt ausruhen, und, da er sein Verlangen gestillt hat, zunächst nicht auf weitere Liebesabenteuer sinnen. Das heißt, er würde nicht sogleich mit anderen Bienen kopulieren wollen, und so würde auch die Bestäubung – auf die das ganze Manöver der Bienen-Orchis abzielt – nicht stattfinden. Die Bienen-Orchis gewinnt also einen klaren biologischen Vorteil, wenn sie einen sie besuchenden Freier erst erregt und dann frustrierend abschwirren läßt. Sie ist eine Professionelle, ein Animiermädchen, das nimmt, aber nichts gibt. Allerdings werden wir von einer australischen Orchideenart hören, die Bienenmännchen nicht nur anlockt, sondern ihnen aufgrund ihrer Blütenstruktur sogar Befriedigung verschaffen kann; mehrfach hat man glückliche Bienen beobachtet, die bis zur Ejakulation gelangten. Was die Blume gewinnt, indem sie Befriedigung gewährt, kann man nur vermuten: Vielleicht ist das Männchen dieser Bienenart von Natur aus so leicht zu frustrieren, daß es die Besuche einstellen würde, wenn es dabei nicht wenigstens ab und zu zum Orgasmus käme.

Allerdings ist das Geschlechtsleben und damit auch das Leben künftiger Generationen von Pflanzen selbst dann beträchtlichen Risiken ausgesetzt, wenn sie so gute Transvestiten sind wie die Bienen-Orchis. Da sich die Pflanze nicht selbst auf die Suche nach einem Partner begeben kann, muß sie warten, bis dieser zu ihr kommt. Und der Partner muß nicht nur eine männliche Biene sein, sondern überdies von einer ganz bestimmten Bienenart, denn die Verkleidung ist so perfekt, daß die Blüte auf keine andere Art anziehend wirkt. Was geschieht also, wenn die Blüte sich öffnet, ihren Sex-Appeal zur Schau stellt, und es kommt kein Bienenmann der gewünschten Spezies vorbei? Muß sie dann warten? Und wenn ja, wie lange?

Bisweilen sehr lange! Tatsächlich sind manche Orchisarten, die bei der Befruchtung auf spezielle Insekten – und dann noch möglicherweise auf eine sehr seltene Art – angewiesen sind, gezwungen, ihre Blüten wochenlang oder monatelang geöffnet zu halten, bis der Richtige kommt. Darum gehören viele Orchideen zu den langlebigsten Blühern der ganzen Pflanzenwelt. Doch eine Blüte, die über eine lange Zeit geöffnet und geschlechtlich empfangsbereit bleiben soll, kann recht unfreundlichen Umweltumständen ausgesetzt sein – starker Sonnenbestrahlung, peitschendem Regen und heißem, austrocknendem Wind. Und bei all diesen Strapazen darf sie ihren Reiz nicht verlieren. Deswegen haben die Langblüher alle nur erdenklichen Mechanismen entwickelt, um ihre Frische und Schönheit zu bewahren und den unaufhaltsamen Alterungsprozeß hinauszuzögern. Sie legen sich eine glatte Haut zu, deren Epidermis hart, aber elastisch genug ist, Risse und Prellungen zu vermeiden; sie haben winzige Poren (Botaniker bezeichnen sie als *stomata*, »Münder«), die sich bei ungünstigen Umweltbedingungen fest schließen können, weil die geöffneten Poren nicht nur unattraktiv aussehen, sondern auch das darunterliegende zarte Gewebe der Gefahr der Austrocknung aussetzen würden. Manche stülpen sich sogar eine Wachshaut über, um sich vor dem Zahn der Zeit zu schützen.

Die Bienen-Orchis allerdings macht sich keine so große Mühe, ihre Blüten begehrenswert zu erhalten. Dies führt dazu, daß die Blüten oft schon nach wenigen Tagen zu welken beginnen. Und was geschieht, wenn sich bis dahin kein Bienenmännchen einstellt, oder erst dann, wenn die Blüten so schlaff geworden sind, daß der Besucher nicht mehr sexuell stimuliert wird? Nun, die Natur – oder, wenn man so will, die evolutionäre Anpassung – hat dafür Sorge getragen, daß das Leben der *Ophrys apifera* dennoch nicht umsonst war. Als letzten Ausweg (und im Gegensatz zu den sorgfältigen Vorsichtsmaßnahmen im Organismus zahlreicher anderer Blumen, um eine Selbstbefruchtung zu verhindern) hat die Bienen-Orchis für den Fall, daß sich kein liebestrunkenes Insekt einstellt, einen Notstandsmechanismus entwickelt.

In ihrer Jugendblüte ist das Kernstück der Bienen-Orchis, die *columna*, die die Geschlechtsorgane enthält, straff aufgerichtet. Mit zunehmendem Alter der Blüte schrumpft sie, bis die Pollen aus dem schlapp herunterhängenden männlichen Geschlechtsorganen heraustreten. Die leiseste Brise genügt, um die Blüte zu bewegen und dabei die erschlafften Stiele und den Pollenstaub an ihren Spitzen mit dem zwar nicht mehr jugendfrischen, aber immer noch empfangsbereiten weiblichen Aufnahmeorgan in Berührung zu bringen. Und jetzt kann man etwas feststellen, das die Menschen als eine Verkehrung der Weltordnung bezeichnen würden: Während sich die Columna im Zustand höchster Erektion befand, blieb die Befruchtung aus. Und erst wenn die intimsten Partikel des männlichen Organs, die Pollen mit den Fortpflanzungszellen, durch die Erschlaffung auf das tiefer liegende weibliche Organ absinken, wird die geschlechtliche Verschmelzung möglich.

Also wird die Blüte entweder mit Hilfe eines Bienenmännchens als Sexualpartner oder durch Selbstbefriedigung bestäubt. Wenn alles gutgeht, schwillt die Fruchtkapsel nach dem Do-it-yourself-Akt genauso an und produziert ebenso viele Nachkommen, wie wenn die Begattung per Bienchen stattgefunden hätte. Tatsächlich aber ist eine solche Selbstbestäubung, wie schon Darwin erkannte*, nicht der wahre Jakob, weil dabei meist Lebenskraft und Anpassungsfähigkeit vermindert werden. Immerhin, die nächste Generation ist gesichert, und in Notfällen ist dies nun mal die Hauptsache.

Seit Monsieur Pouyanne als erster den merkwürdigen Prozeß der »Pseudokopulation« beschrieb, haben sich viele Biologen mit den vielfältigen Methoden beschäftigt, die Pflanzen einsetzen, um den Sexualtrieb von Insekten zu erregen und sie durch Täuschung zu Begattungsversuchen zu verführen.

Eine Hauptrolle scheint dabei der Geruchssinn zu spielen. Dies bestätigen auch die Erkenntnisse von Tierverhaltensforschern, die nachweisen konnten, daß Gerüche mit größter Wahrscheinlichkeit die ursprünglichsten und mächtigsten Anreize für den Begattungstrieb aller tierischen Arten darstellen. Parfümhersteller, die den Benutzern ihrer Produkte sexuellen Erfolg versprechen, spielen daher auf der Orgel ganz urtümlicher Instinkte. Die Düfte bestimmter Blüten hielt man für so stark aphrodisiakisch, daß während besonders puritanischer Epochen Männer und Frauen angeblich nicht gemeinsam durch ein blühendes Bohnenfeld gehen durften, damit die starken Düfte der Blüten sie nicht etwa dazu verführten, sich auf der Stelle der sexuellen Lust hinzugeben.

Chemische Analysen der Ausscheidungen, die von den Sexualtransvestiten unter den Orchideenarten so ver-

* Vgl. *Die Wirkungen der Kreuz- und Selbstbefruchtung im Pflanzenreich*, Stuttgart 1877 (Ges. Werke, Bd. 10).

schwenderisch produziert werden, ergaben, daß sie jenen verwandt sind, die durch besondere Drüsen am Hinterleib von weiblichen Bienen und Wespen erzeugt werden. Der Duft, den diese Drüsensekrete verbreiten, wirkt wie eine Botschaft auf die Männchen und sagt ihnen, daß in der Nähe ein Weibchen ist und auf ihre Aufmerksamkeiten wartet. Wir erwähnten bereits, daß die meisten Menschen diese Düfte zwar nicht wahrnehmen können, doch gerade Männer behaupten oft, sie ganz deutlich zu riechen. Leider gibt es bislang noch keine wissenschaftliche Untersuchung darüber, welcher Typ Mann eine so feine Nase besitzt, daß er die weiblichen Düfte begattungsbereiter Insektenweibchen wahrzunehmen vermag. Es wäre interessant herauszufinden, ob diese Männer auch stärker als andere auf die olfaktorischen Signale reagieren, die die Weibchen ihrer eigenen Gattung ausstrahlen.

Durch Experimente wurde bewiesen, daß männliche Bienen oder Wespen den Lockduft der Weibchen über weite Entfernungen verspüren und unwiderstehlich von ihm angezogen werden. Dies ist zweifellos ein höchst wirksamer Trick der Weibchen, da auf diese Weise die Reichweite ihrer Anlockungsmanöver viel größer ist, als wenn man sich nur auf die optische Verführung verlassen müßte. Für die Betrügerinnen unter den Pflanzen wirkt sich diese Taktik sogar noch vorteilhafter aus: Ein weibliches Insekt kann schließlich bei der Suche nach einem Sexpartner herumfliegen, doch eine Pflanze bleibt, so raffiniert sie auch als Imitatorin und Transvestitin sein mag, an Ort und Stelle verwurzelt.

Die Düfte, die von Orchideen eingesetzt werden, um männliche Insekten anzulocken, bestehen aus zahlreichen Komponenten mit komplizierten chemischen Zusammensetzungen. Einige davon haben eine größere Reichweite als die anderen. Sie erregen zunächst das Interesse des Insektenmännchens und bewirken, daß es auf seinem Suchflug nach der Quelle seiner Erregung unabgelenkt bleibt. Die Düfte scheinen eine ähnliche Steuerungsfunktion zu erfüllen wie die Radarstrahlen, die einen Piloten auf die richtige Landebahn lenken, lange bevor er die Bahn sehen kann. Wenn das Männchen näher herankommt, wirken andere Duftnoten unmittelbar auf seine Begattungsinstinkte ein und machen es kopulationsbereit.

Sobald die Blüte sichtbar wird, kommen die optischen Reize ins Spiel und stacheln den Eifer des Bienenmannes noch weiter an. Die Formen der äußeren Teile der Blüte sind genau so, wie der eingebaute Instinkt des Männchens – manche Biologen würden es als »ererbtes Gedächtnis« bezeichnen – sie bei einem Bienenweibchen erwartet. Auch die Färbung stimmt völlig. Die Übereinstimmung erscheint dem Bienenfreier noch vollkommener als dem Menschen, denn die Blüten reflektieren auch noch spezifische ultraviolette Strahlen, die eine Biene sehr wohl wahrnehmen kann, nicht jedoch ein menschliches Auge.

Um die Täuschung komplett zu machen, haben die Lippe und der Mittelpunkt der Blüte das gleiche Muster, das ein Männchen bei einer wirklichen Biene zu deren Geschlechtszonen lenkt. Die »Landemarkierungen« der Weibchen, die gewährleisten, daß das Männchen auch ja die richtige Stelle findet, haben sich über unendliche Zeit hin entwickelt, und sie werden von der Blume getreulich kopiert; keine Fälschung könnte überzeugender sein.

Aber das allerletzte Detail in der Betrugsaffäre, das entscheidende, ist die pelzige Oberfläche der Blüte. Der Flaum auf der Blütenlippe erinnert stark an die Haare im Genitalbereich einer weiblichen Biene und vermittelt dem Bienenmännchen genau die nötige sensorische Stimulanz für den bevorstehenden Geschlechtsverkehr. Es braucht offenbar den Berührungskontakt mit einem weichen, warmen, nachgiebigen Körper, um sicher zu sein, daß seine geschlechtliche Annäherung willkommen ist und nicht abgewiesen wird.

Kurz, Bienenmännchen, die von der Bienen-Orchis getäuscht werden, sind die Opfer eines perfekten, unfehlbaren Trickbetruges, der sich auf alle ihre Sinne erstreckt, alles verspricht und nichts hält.

Nicht nur die Bienen-Orchis, auch mehrere verwandte Arten praktizieren Sexualbetrug. Einige wirken in ihrer Verkleidung als Weibchen, die auf einen Partner warten, zwar überzeugender als andere, doch alle Arten besitzen mehr oder weniger vorstehende leuchtende Ausstülpungen, sogenannte Pseudo-Nektarien, die fast ebenso glänzen wie die Augen weiblicher Bienen oder Wespen. Manche Mitglieder der *Ophrys*-Sippe setzen noch ganz spezielle optische Tricks ein. Die Spiegel-Orchis zum Beispiel besitzt eine Blütenlippe in Form eines ovalen Spiegels in einem metallischblau schillernden Ton, und ihre Ränder sind dicht mit rostroten Haaren besetzt. An beiden Seiten der Lippe befinden sich kurze Lappen, die wie die gefalteten Flügel eines ruhenden Insekts wirken. Davor liegen dunkelrote Blütenblätter, die drahtdünn verschlankt sind, so daß sie ziemlich genau wie Fühler oder Antennen aussehen. Der optische Eindruck ist der einer Erdwespe namens *Trielis* (oder *Campsoscolia*) *ciliata*, die ein wenig größer ist als die gewöhnliche Honigbiene.

Pouyanne stellte fest, daß nur Wespenmännchen die Blüten der Spiegel-Orchis besuchten, und fragte sich, warum. Die Blüten konnten keineswegs Lieferant von Nektar und Honig sein, so folgerte er, denn sonst würden weibliche Wespen sie genauso begierig aufsuchen. Was aber hatten diese Blüten anzubieten, das nur die Wespenmännchen interessierte? Um die Antwort auf dieses Rätsel zu finden, beobachtete Pouyanne die Blüten in jedem freien Augenblick. Und eines Tages sah er ganz zufällig, wie ein Wespenmännchen und ein Wespenweibchen sich paarten, und er erkannte dabei, daß die Stellung, die das Männchen einnahm, die gleiche war, wie er sie bei Wespen gesehen hatte, die eine Spiegel-Orchis zu begatten versuchten. Damit war für Monsieur Pouyanne die Sache klar. Bis dahin hatten Naturforscher als einzige Erklärung für die Ähnlichkeit einiger *Ophrys*-Arten mit Insekten immer nur angeben können, diese Mimikry solle gefräßige Räuber abschrekken, die über die Blüten herfallen könnten. Rolfe, der hochgeachtete Experte für Orchideen, hatte sogar die Ansicht geäußert, daß dies ein Schutzmechanismus sei, um weidendes Vieh abzuhalten, die Pflanze zu fressen. Aber jetzt wußte Pouyanne, daß die minuziösen Vortäuschungen der Blüten nicht darauf abzielten, zu verscheuchen, sondern anzulocken. Die Insektenmänner suchten bei den Blumen einfach sexuelle Befriedigung. Und damit war der Mechanismus der Pseudokopulation wenigstens in seinen Grundzügen erkannt.

Weder Pouyanne noch ein späterer Naturforscher hat jemals Wespenmännchen von einer anderen Art als *Trielis ciliata* Begattungsversuche mit der Spiegel-Orchis unternehmen sehen. Die Biologen bezeichnen solche »treuen« Blumen als *monophil,* wörtlich »nur einen liebend«.

Aber diese auf einen Liebhaber fixierten Blütenpflanzen sind nicht etwa aus Tugendhaftigkeit »treu«, sondern ausschließlich, weil ihre Mimikry so ausgetüftelt, ihre Körperform so spezialisiert ist, daß sie nur auf eine bestimmte Art von Insektenmännchen wirken und keine andere Art den Versuch einer Begattung unternehmen würde, selbst wenn der Pflanze dies recht wäre. Der beachtliche Vorteil für solche treuen Pflanzen liegt darin, daß sie den Sehnsüchten und der Körperbeschaffenheit ihrer Liebhaber so perfekt angepaßt sind und infolgedessen von ihnen eine sexuelle »Bedienung« erwarten dürfen, die ihre Bedürfnisse vollauf befriedigt. Die Gefahr, durch die unbeholfenen Liebesbemühungen eines unpassenden Liebhabers verletzt zu werden, ist ausgeschaltet.

Im Laufe seiner Studien über die *Ophrys*-Arten untersuchte Pouyanne auch andere »treue« Familienmitglieder, darunter die Gelbe Orchis (*Ophrys lutea*), eine an den Mittelmeerküsten recht verbreitete Orchidee. Die Blütenlippe ist leuchtend gelb, mit schmalen metallischen blauen »Flügeln« zu beiden Seiten, je einem dunklen Fleck in der Mitte und an der Basis. Die Blüte sieht aus, als wäre sie eine Biene, die auf einer Blüte sitzt. Vielfach beobachtete Pouyanne kleine Sandbienenmännchen (*Andrena senecionis*) beim Besuch dieser Blüten. Sie machten ebenfalls ruckartige Bewegungen, wenn sie versuchten, sich mit der Orchis zu paaren, nahmen aber eine völlig andere Position dabei ein als ihre Verwandten. Die Wespen, die er bei ihren Pseudokopulationen mit der Spiegel-Orchis sah, hatten sich längs der Blütenlippe mit dem Kopf zum Blüteninneren hin gesetzt, so daß sie beim Verlassen der Blüte Pollen wie Hörnchen auf dem Kopf trugen. Die Bienen, die sich mit der Gelben Orchis paarten, taten dies umgekehrt, mit dem Kopf nach außen, so daß die Pollen an ihrem Hinterleib festklebten. Anscheinend wirkt die Lippe der Blüte auf die Männchen wie ein Weibchen, das kopfunter auf einer gelben Blume liegt. Die Kopulationspraktik dieser Bienenmänner sieht nicht ganz so bequem aus wie die der Wespen bei der Spiegel-Orchis, weil die Sandbiene sich umdrehen und rückwärts in den Blütenkelch eindringen muß. Doch vielleicht zieht ja das Männchen diese Stellung vor, und die *Ophrys-lutea*-Blüte kommt nur seinem Geschmack entgegen. Es ist im übrigen keineswegs außergewöhnlich – weder bei Insekten noch bei höheren Lebewesen –, sich lieber in einem geschlossenen Raum oder unter einer Decke zu paaren. Sicherlich erzeugt dies ein Gefühl der Geborgenheit in einer besonders preisgebenden und störungsanfälligen Situation des Lebens.

Um den wirklichen Grund herauszufinden für die umgekehrte Stellung der Bienenmännchen, wenn sie sich mit der Gelben Orchis paaren wollen, stellte der schwedische Botaniker Kullenberg ein Experiment an: Er schnitt einer Blüte die Lippen ab und befestigte sie andersherum. Dann wartete er ab. Bald fand ein Sandbienenmännchen den Weg zu der manipulierten Blüte und versuchte die Paarung – doch diesmal in der »normalen« Stellung, also mit dem Kopf, statt mit dem Hinterteil zum Zentrum der Blüte hin. Damit war bewiesen, daß das Männchen auf die Blüte nicht wie auf eine Blüte reagierte, sondern wie auf die Position des Weibchens, das es zu begatten glaubte.

Viele *Ophrys*-Arten verführen anscheinend Wespen und Bienen gleichzeitig, indem sie leicht variierte Attraktionen anbieten, je nach den Gewohnheiten und Vorlieben ihrer »Kunden«. Anthony Huxley schreibt in einem Kapitel mit der Überschrift »Ein Blumen-Kamasutra«*, daß man Pflanzen, die es jedem recht machen, eigentlich nur als Prostituierte bezeichnen könne, doch dies scheint den Blumen wie ihren Insektenfreiern gegenüber gleichermaßen unfair zu sein. Eine echte Prostituierte liefert ihrem Kunden zumindest echten Geschlechtsverkehr, der, wie mechanisch und flüchtig er auch ablaufen mag, die Möglichkeit eines sexuellen Höhepunktes am Ende nicht ausschließt. Die Blumen aber bieten keinerlei Befriedigung, sondern nur Frustration. Andererseits gewährt die Prostituierte ihre Gunst jedem, der den Preis bezahlen kann, während die *Ophrys*

* Vgl. *Das phantastische Leben der Pflanzen*, S. 133 ff.

ausschließlich daran interessiert ist, sich fortzupflanzen. Sobald die Blüte befruchtet ist, versucht sie nicht länger, Besucher anzulocken. Sehr schnell hört sie auf, Duftsignale auszusenden, und die Blütenblätter verbleichen und welken rasch. Sie betreibt jetzt nicht mehr das Geschäft der Verführung, sondern konzentriert sich auf die Schwangerschaft.

Es ist klar, daß Wespen und Bienen – zumindest die Männchen unter ihnen – besser als Menschen befähigt sind, die einzelnen *Ophrys*-Arten zu unterscheiden, die Insekten imitieren. Die von uns Fliegen-Orchis (*Ophrys muscifera*) getaufte Orchidee wirkt auf ein Grabwespenmännchen keineswegs wie eine Fliege, sondern wie ein Weibchen seiner eigenen Gattung, und deshalb wurden mehrmals Wespen in enger Umarmung mit diesen Blüten gefunden. Diese Kopulationsversuche der Grabwespen mit der Fliegen-Orchis scheinen die ausgedehntesten und anstrengendsten zu sein, die wir kennen. Michael Proctor und Peter Yeo schildern in ihrem hervorragenden Buch *The Pollination of Flowers* (»Pflanzenbestäubung«) die Prozedur so: »Oft bleibt das Wespenmännchen viele Minuten lang auf der Blüte, schwirrt ab und zu unruhig mit den Flügeln, verändert die Position, ehe es sich wieder niederläßt und erneut Bewegungen ausführt, die wie ein abnorm heftiger, ausgedehnter Kopulationsversuch wirken. Während die Wespe auf der Blüte sitzt, scheint sie die Gegenwart von Beobachtern überhaupt nicht wahrzunehmen.«

Vielleicht besitzt der Duft der Fliegen-Orchis eine hypnotisierende Wirkung auf die Wespe; dies ist bei den Parfüms bestimmter Blumenarten oft der Fall. Trotz seiner intensiven Liebesbemühungen erreicht das Grabwespenmännchen bei der Fliegen-Orchis ebensowenig einen Orgasmus wie sein schneller entmutigter Verwandter bei der Spiegel-Orchis. Immerhin, die Blüten der Fliegen-Orchis werden befruchtet. Also lohnt sich die Begegnung – jedenfalls von ihrem Standpunkt aus gesehen.

Eine weitere *Ophrys*-Art, die Insekten zur Liebe verlockt, heißt wegen ihrer bauchig gerundeten Blütenlippe, die wie der Körper einer dicken Hummel aussieht, Hummel-Orchis (*Ophrys fuciflora*). Der Landeplatz für ihre fliegenden Freier ist besonders stabil ausgebildet, um das Gewicht der schweren und ziemlich plumpen Insekten tragen zu können.

In den Anden Südamerikas findet man zwischen 2500 und 3000 Metern Höhe die Orchidee *Trichoceros antennifera*; sie gedeiht vor allem unter niedrigem Gestrüpp an ziemlich trockenen Orten. Zu den verbreitetsten Fliegenarten dieser Region gehört die Raupenfliege (*Larvivoridae*), die ihre Tage im Erwachsenenstadium damit verbringt, Nektar zu saugen und sich zu paaren, während sie ihre Jugend als Larven parasitär im Innern jener Insekten durchlebten, auf die das Fliegenweibchen seine Eier abgelegt hatte. Wenn die Weibchen paarungsbereit sind, stellen sie sich auf einem Blatt oder irgendeiner anderen Fläche zur Schau, und wenn ein Fliegenmännchen vorbeikommt, dann öffnen und schließen sie ihre Genitalöffnung, die im Sonnenlicht schimmert.

Blütenlippe und Kelch der Blüten von *Trichoceros antennifera* sehen so genau den Weibchen einer Fliegenart dieser Gattung ähnlich (*Paragymnomma*), daß sie den Eindruck erwecken, als könnten sie jeden Augenblick davonfliegen. Die rötlich-braune und gelbe Zeichnung in der Blütenmitte und am unteren Ende der Lippe sowie die Seitenlappen, die wie Flügel aussehen, sind dazu angetan, das Interesse jedes vorbeischwirrenden Raupenfliegenmännchens zu erregen. Die ziemlich steifen Borsten der Blüte haben die gleiche Färbung und Markierung wie die am Hinterleib der Weibchen; sie sind genauso angeordnet und schimmern genauso wie die Genitalöffnung eines paarungsbereiten Fliegenweibchens.

Von all diesen Signalen sexueller Willigkeit erregt, stürzen sich die Männchen nur so auf die Blüten. In der Nähe ist die Ähnlichkeit mit einem Fliegenweibchen nicht mehr so überzeugend, und das Männchen erkennt seinen Irrtum rasch. Doch inzwischen hat es die Blüte bereits mit so viel Heftigkeit attackiert, daß der Pollen fest an seinem Hinterleib klebt und mit fortgetragen wird. Die nächste Blüte der *Trichoceros antennifera* täuscht den Fliegenmann ebenso leicht, er versucht sein Glück aufs neue, überträgt dabei den Pollen auf das Stigma und bewirkt so die Befruchtung der Pflanze.

Bisher waren alle unsere Beispiele für Pseudokopulation auch Beispiele eines schamlosen Betruges. Ganz gleich, ob Wespe, Biene, Hummel oder Fliege, das Männchen erreicht nicht die Befriedigung, die es aufgrund all der sensorischen Signale – Geruch, Aussehen und Berührung –, die die Blüte ihm sendete, berechtigterweise erwarten durfte. Unser nächstes Beispiel ist anders: Das Männchen scheint sein Erlebnis nicht nur zu genießen, sondern bekommt auch, was es ersehnt.

In diesem Fall handelt es sich um eine australische Orchidee namens *Cryptostylis*, wegen ihrer Form auch Zungen-Orchis genannt. In einer Reihe von Berichten, die seit 1927 vor allem in *The Victorian Naturalist* veröffentlicht wurden, beschrieb Edith Coleman Erkenntnisse der Bestäubungsmethoden bei vier Arten dieser Gattung. Das bestäubende Insekt war die Ichneumon-Wespe (*Lissopimpla semi-punctata*), deren Männchen sich eifrig mit allen vier Orchisarten paarten. Zwar gab es dabei deutliche Ähnlichkeiten unter diesen vier Arten und zwischen ihnen und dem Wespenweibchen, aber doch auch auffällige Unterschiede, so daß das Männchen gezwungen war, sein Liebesgebaren jeweils leicht abzuwandeln, je nachdem, mit welcher Art es sich gerade zu paaren versuchte. Mrs. Coleman beobachtete, daß das Wespenmännchen zwecks Begattung der Zungen-Orchis *Cryptostylis leptochila* rücklings in die Blüte kriechen, den Leib krümmen und sich mit den Krallen festklammern mußte. Während der darauffolgenden, ziemlich anstrengenden Bewegungen wurden die Pollen der Blüte gelöst und auf den Rücken der Wespe zementiert, genau an der richtigen Stelle für die klebrige Fläche des Stigmas der nächsten Blüte, die der Wespenmann besuchen würde, sobald er seine Bemühungen bei dieser hier aufgegeben hatte.

Bei einer anderen Zungen-Orchis, der *Cryptostylis subulata*, mußte die Wespe eine andere Stellung einnehmen, denn hier traf sie eine beträchtlich längere, weiter herabhängende und tiefer ausgebuchtete Lippe an, die sich um ihren Besucher fast herumlegt. Für den Wespenmann muß dies aussehen, als strecke sich hier ein Weibchen in ganzer Länge aus und biete sozusagen eine Umarmung an. Nach der Landung auf der Blütenlippe tappt das Wespenmännchen ziemlich weit rückwärts, bis es die bequemste Position gefunden hat. Aber inzwischen ist es bis in die Mitte der Blüte vorgedrungen, hat unabsichtlich den Pollen abgelöst und an seinem Körper festgeklebt. Bei den zwei anderen Zungen-Orchideen, die die gleiche Wespenart zu besuchen pflegt, *Cryptostylis erecta* und *C. ovata*, wurden die gleiche Stellung und die gleiche Sexualtechnik registriert wie bei *C. leptochila*, allerdings wieder mit kleinen Variationen, um sich den Unterschieden in der Blütenform anzupassen.

Das bemerkenswerteste dabei ist – und darin scheint sich die »Paarung« der *Cryptostylis* mit den Männchen der Ichneumon-Wespe von allen bisher untersuchten anderen Beispielen der Pseudokopulation zu unterscheiden –, daß der Wespenmann beobachtet wurde, wie er einen Orgasmus erreichte und Samenflüssigkeit ausstieß. Ja, er war von dem

Liebesakt offenbar so entzückt, daß er, wie Mrs. Coleman berichtet, die Blüten den echten Wespenweibchen vorzuziehen schien!

Das ist noch längst nicht alles, was die raffinierten Pflanzen aus den gutgläubigen Insektenmännern machen können. Van der Pijl und Dodson haben berichtet, daß, wenn zwei Bienenmännchen gleichzeitig dieselbe Blüte in eindeutiger Absicht aufsuchen, sich manchmal recht seltsame Dinge ereignen: »Der sexuell erregte zweite Besucher versucht, mit dem ersten Männchen zu kopulieren.« Man kann das wohl kaum als echte Homosexualität bezeichnen. Vielmehr ist der Bienenmann, wenn er die Blüte erreicht, so erregt, daß er wahrscheinlich alles zu begatten versuchen würde, was in Größe und Gestalt nur ungefähr seinem Ideal entspricht. Außerdem ist der Duft, den die Blüte verströmt, ein weiblicher Duft, und er signalisiert dem zweiten Männchen, daß das Geschöpf unter ihm ein Weibchen sein muß. Der Irrtum wird bald erkannt, und die zwei Bienenmänner gehen getrennte Wege, um anderwärts Befriedigung zu suchen.

In Ekuador hat man eine Beobachtung gemacht, die auf den ersten Blick als ein Fall von echter Homosexualität erscheinen könnte. In Wirklichkeit liegt jedoch eher Homophobie vor, ausgesprochene Männerfeindschaft. Bestimmte Orchideenarten der Familie *Oncidium* weisen lange Zweige mit kleinen farbenfrohen Blüten an zarten Stengeln auf, die bei der leisesten Luftbewegung wie Insekten schwirren. Zwei solche Arten, *Oncidium planilabre* und *O. hyphaematicum,* haben leuchtend gelbe Blüten mit dunklen Flecken und Zeichnungen, die beim Tanz der Blüten im Winde wie die aggressiven Bienen der Gattung *Centris* aussehen. Mehrfach wurden nun merkwürdige Zusammenstöße zwischen den echten Bienenmännchen und den scheinbar fliegenden Bienenimitatoren beobachtet. Solche Scharmützel sind von kurzer Dauer, und die Bienen verhalten sich dabei den Blüten gegenüber äußerst brutal.

Es gibt einen überzeugenden Grund, weshalb diese Kerle sich wie Wüstlinge benehmen. Sie sehen in den Blüten keineswegs Geschlechtspartner, sondern Rivalen. Die Männchen der Gattung *Centris* sind äußerst besitzbewußt. Wenn es um ihre Territorialrechte geht, gibt es für sie kein Pardon. Jedes Männchen »markiert« sein Revier und bewacht es gegen fliegende Invasoren, insbesondere gegen die Männchen der eigenen Art. Sie beziehen Posten auf einem Blatt oder einem Ast, von dem aus sie ihr Hoheitsgebiet überblicken können, und sie greifen jeden Eindringling sofort an. Eine im Winde flatternde *Oncidium*-Blüte gaukelt dem Bienenmann einen Rivalen vor, den es zu verscheuchen gilt. Also attackiert der Bienenmann eine Blüte nach der anderen und gerät dabei in einen Zustand blinder Raserei.

Aus der Nähe sehen die Blüten den Bienenmännchen nicht besonders ähnlich. Doch dies ist auch gar nicht nötig. Die Blüten wollen gar nicht, daß die Bienen sie zu lieben versuchen. Für diesen Zweck müßte ihre Verkleidung ja nicht nur einer optischen, sondern auch einer intimeren Inspektion standhalten; dazu sind sie indessen zu zart gebaut. Nein, die Blüten wollen nur das eine, daß nämlich die Bienenmännchen sie aus einer gewissen Entfernung irrtümlich für Rivalen halten, die es mit einer Körperbewegung wegzustoßen gilt. Und glücklicherweise können sie sich auf den extrem stark ausgeprägten Revierinstinkt der Bienenmännchen verlassen. Man hat *Centris*-Männchen gefangen, gekennzeichnet und dann an anderen Orten wieder freigesetzt, und es gelang den Wissenschaftlern nachzuweisen, daß die Ortsbindung dieser Spezies so stark ist, daß sie sofort wieder nach Hause flogen, um ihr Gebiet zu überwachen.

Der Angriff einer männlichen Biene auf eine Blüte, die als Rivale angesehen wird, erfolgt blitzschnell und gezielt. Der Bienenmann fliegt direkt auf die Blüte zu und versetzt ihr einen heftigen Schlag. Dabei löste er die Pollen ab, die durch einen schnelltrocknenden Klebstoff zwischen seinen Augen haftenbleiben. Es dauert nicht lange, und das Gewicht der Pollen läßt den Stiel, mit dem sie am Kopf des Bienenmännchens kleben, nach unten sinken, so daß sie sich genau in der richtigen Stellung befinden für den Kontakt mit dem weiblichen Geschlechtsorgan der nächsten Blüte, die angegriffen wird.

Experimente haben erwiesen, daß die Bestäubung einer Blüte nur möglich ist, wenn die Biene sie an einem ganz bestimmten Punkt berührt, wobei der Spielraum für einen Irrtum weniger als einen Millimeter beträgt. Zahlreiche exakte Beobachtungen haben ergeben, daß das Bienenmännchen selten »danebentrifft«. Diese Art von Pflanzen-Mimikry, bei der Blüten sich als Rivalen einer bestäubungsgeeigneten Insektenspezies verkleiden, nennt man »Pseudoantagonismus«. Erreicht werden soll damit die Befruchtung, sonst nichts. Für eine dritte Mimikry-Variante prägte man den Begriff »Pseudoparasitismus«.

Ihn beschrieb erstmals F. Fordham 1946 im *Victorian Naturalist*. Es handelte sich wieder um ein Beispiel von Aggressivität eines Insekts gegenüber einer Blume. Allerdings war in diesem Fall der Angreifer ein Weibchen. Und doch handelte es sich bei der Begegnung nicht um eine lesbische Angelegenheit. Die angegriffene Blüte war eine australische Orchidee der Gattung *Calochilus* (die »Schönlippige«). Die Art *campestris* trägt ziemlich merkwürdige Blüten von grün-brauner Färbung mit einer auffallend purpurroten Lippe und Büscheln brauner Behaarung. Fordham beobachtete, daß diese Blütenlippe mehrfach von einer Wespe namens *Campsomeris tasmaniensis* angestochen wurde. Die Weibchen legen ihre Eier in andere Insekten, und wenn die Larven schlüpfen, ernähren sie sich von ihren unfreiwilligen Gastgebern. Bei näherer Untersuchung erwies sich, daß die Blütenlippe jenen Insekten ähnlich sah, die diese parasitären Wespen normalerweise als Wirte benutzen. Also schien es logisch, anzunehmen, daß das Wespenweibchen nichts weiter tat, als seinen Geschlechtszyklus zu vollenden, indem es seine Eier in der ein Insekt imitierenden Blütenlippe ablegte, die für seinen Nachwuchs eine saftige Mahlzeit zu versprechen schien.

Leider ist es nicht leicht, bei diesen Wespen die Geschlechter zu unterscheiden, und so war es auch nicht möglich, zweifelsfrei nachzuweisen, daß die Wespe, die die *Calochilus*-Blüte angriff, wirklich ein Weibchen war. Wenn aber die Wespe die Blüte tatsächlich »gestochen« hat, dann muß sie ein Weibchen gewesen sein, denn nur diese besitzen einen Stachel. Van der Pijl und Dodson allerdings bieten die Erklärung an, daß die Körperbewegungen von Stechen und Begatten verwechselt worden sein könnten, da in beiden Fällen der heftige Auf-und-ab-Rhythmus der gleiche sei. Also war vielleicht die Wespe, die Fordham beobachtete, in Wirklichkeit ein Männchen, das mit einer Pseudokopulation befaßt war. Und die pelzige Blütenlippe sowie die imitierten Wespenaugen lieferten zweifellos ein recht überzeugendes Bild einer weiblichen Wespe dieser Art.

Insofern müssen wir für diesen Fall den Pseudoparsitismus der *Calochilus* für nicht bewiesen erachten. Aber van der Pijl und Dodson betonen, daß Pseudoparasitismus ebenso logisch sei wie Pseudokopulation und Pseudoantagonismus; denn die Natur setzt sich keine Grenzen, wenn es darum geht, eine Befruchtung und die Entstehung neuen Lebens zu erreichen, und es ist äußerst unwahrscheinlich, daß ein so starker Trieb wie die Ablage der Eier in der günstigsten Brutumgebung nicht von einem anderen Organismus für seine eigenen Zwecke ausgenutzt werden sollte. Dafür gibt es in der Fachliteratur genug Beispiele. So berichtet etwa Darwin, daß er in den Blüten der Fenster-Orchidee (*Cryptophoranthus*) – so genannt, weil die Blüten tatsächlich fensterartige Schlitze an der Seite aufweisen, durch die Insekten eindringen können – Fliegeneier gefunden habe.

Wir haben gesehen, daß die maßgerechte Spezialanpassung der Pflanzen mit beträchtlichen Vorteilen verbunden ist und in der Regel perfekt funktioniert. Doch bei jeder Gewinnchance gibt es auch einen möglichen Verlust. Wenn nur eine bestimmte Art von Insekt die Blüte befriedigen kann und zufällig kein Exemplar dieser Art vorbeikommt, dann bleiben die Bedürfnisse ungestillt. Wie im Fall der Bienen-Orchis ist dann die Selbstbefruchtung der einzige Ausweg; dies aber widerspricht zutiefst dem Zweck der Sexualität, die nicht auf Selbstbefriedigung aus ist, sondern auf die Kreuzung zweier verschiedener Individuen. Die Selbstbestäubung der Bienen-Orchis muß daher als Degenerationstendenz angesehen werden, die durch das Fehlen des geeigneten Partners hervorgerufen wird.

Manche Orchisarten überwinden das Problem, indem sie ihre Gunst ein wenig großzügiger verteilen. Sie sind so beschaffen, daß sie auf mehr als einen Kunden anziehend wirken. Botaniker sprechen von »Promiskuität«, wenn sie Blüten beschreiben, die von mehr als einem Zwischenträger bestäubt werden können. Was den Blumen an Präzision des Geschlechtsakts verlorengeht, das gewinnen sie durch die erhöhte Chance, daß mehr Freier sich einstellen und sie nicht warten müssen, bis der »einzig Richtige« kommt.

Warum wählte aber ein Insektenmännchen überhaupt eine Blüte für die Kopulation statt eines Weibchens seiner Art? Mit vielleicht der einen Ausnahme der australischen

Wespe, die Mrs. Coleman beschrieben hat, gewinnen die Männchen bei dem Begattungsversuch doch keine Befriedigung – warum tun sie es dann? Diese Frage hat viele Forscher beschäftigt, und die Antwort lautet ganz einfach, daß ihnen keine Wahl bleibt. Nehmen wir ein typisches Beispiel: In Gegenden, wo die Bienen-Orchis durch Pseudokopulation befruchtet wird, öffnen sich die Blüten, wenn noch keine weiblichen Bienen herumfliegen. Die Männchen entstehen nämlich zuerst. Sie schwirren durch die Gegend und suchen verzweifelt nach einer Partnerin. Da jedoch noch keine Weibchen für den echten Geschlechtsverkehr zur Verfügung stehen, müssen die Herrn mit den Blüten vorliebnehmen. Später im Jahr, wenn es Weibchen gibt, übertragen die Männchen ihre Aufmerksamkeiten auf diese. Aber inzwischen hat die Bienen-Orchis ihre Blütezeit beendet, und das ist auch ganz gut so, denn sonst gäbe es möglicherweise keine reguläre Begattung unter den Bienen und damit im nächsten Jahr keine neue Generation von Bienenjunggesellen, die sich täuschen lassen.

Naturforscher haben die verschiedensten Erklärungen für die Entstehung der Mimikry bei Pflanzen angeboten. Möglicherweise ist sie nur Teil eines ganzen Programms von Täuschungsmanövern, und die optische Ähnlichkeit mit weiblichen Insekten ist sozusagen nur der letzte Pinselstrich. So gibt es in Zentralamerika eine Orchis namens *Trigonidium obtusum*, deren Blüten keinem Insekt ähnlich sehen, und dennoch hat man Bienenmännchen der Art *Trigona* beobachtet, wie sie diese Blüten zu begatten versuchten. Der Blütenteil, der sie sexuell erregt, sind die Ränder der Blütenblätter, die behaarte Drüsen aufweisen, möglicherweise echten *Trigona*-Weibchenduft verströmen und sich auch richtig »anfühlen«. Es wurde beobachtet, daß mehrere Männchen sich mit derselben Blüte zu paaren versuchten, wobei jedes ein anderes Blütenblatt zum »Sexpartner« wählte. In van der Pijls und Dodsons Buch *Orchid Flowers: Their Pollination and Evolution* findet sich eine Zeichnung mit drei Bienenmännchen, die schwer am Werk sind. Man könnte geneigt sein, dies für eine Darstellung von Gruppensex zu halten, würden sich die Bienenmännchen nicht ausschließlich mit »ihrem« Blütenblatt beschäftigen und die Anwesenheit der anderen ignorieren.

Duft und Blütensekrete spielen bei der sexuellen Stimulierung von Insektenbesuchern eine nahezu ebenso wichtige Rolle wie die Farben- und Formmimikry. In manchen Fällen scheint der Kunde mit diesen zwei Angeboten schon restlos befriedigt und nicht den Drang zu spüren, sich durch Begattungsbewegungen zu verausgaben. Mrs. Coleman berichtet von Beobachtungen der Bestäubung bei der Orchis *Diuris pedunculata* durch Furchenbienenmännchen (*Halictus lanuginosus*), wobei die Blütenlippe zurückgedrängt wird, damit das Insekt an den Nektarring im Blüteninnern gelangen kann. Es ist zweifellos der Duft, der das Insekt erregt und seine Aktivität auslöst. Es hat den Anschein, daß der Nektar zusammen mit dem Duft stark berauschend wirkt. Vielfach wurden Bienen beobachtet, deren Mundpartien stundenlang in den Blütenkelchen vergraben waren, wobei sie sich vollkommen ruhig verhielten.

Man könnte anführen, daß die von dieser Orchis praktizierte Verführungstaktik nicht echt sexuell stimuliere, da von seiten der Biene kein Begattungsversuch unternommen wird. Aber man hat nur Bienenmännchen beim Besuch dieser Blume beobachtet, niemals ein Weibchen, also muß die Anziehung doch einen sexuellen Aspekt haben. In ihrem Bericht drückte es Mrs. Coleman so aus, daß dem Verhalten der Bienenmännchen eine starke Triebkraft zugrunde liege, »eine Reaktion auf irgendeine geheimnisvolle Anziehungskraft, die die Orchis besitzt... wahrscheinlich lockt sie mit einer unwiderstehlichen süßen Aufforderung, die wir Menschen nur ahnen können«.

Zweifellos werden weitere Entdeckungen sexueller Mimikry in der Pflanzenwelt gemacht werden. Die meisten der bisherigen »Funde« betreffen Orchideen, aber es besteht kein Grund anzunehmen, daß sie die einzigen Pflanzen sind, die raffinierte Tricks anwenden, um zu ihrem Ziel zu gelangen.

Es gilt heute als ziemlich wahrscheinlich, daß selbst in der enormen Vielzahl von Fällen der Bestäubung durch Insekten, bei denen man keinen Versuch des Gastes vermuten kann, sich mit der Blüte paaren zu wollen, die Düfte einen tiefverwurzelten Sexualinstinkt ansprechen. Selbst die Arbeitsbienen in einer Kolonie von Honigbienen, die den ganzen Tag und ihr Leben lang Nektar und Pollen sammeln und für geschlechtslos gehalten werden, weil sie sich nie paaren oder Nachwuchs produzieren, gewinnen möglicherweise eine Art geschlechtlicher Befriedigung durch die Düfte und Essenzen, die sie in den Blüten umgeben. Chemische Analysen haben ergeben, daß viele der in Blütendüften enthaltenen Substanzen jenen sehr ähnlich sind, die in den Körpergerüchen vorhanden sind, mit denen nicht nur Insekten, sondern auch andere Tiere einander signalisieren, daß sie zum Geschlechtsakt bereit sind. Viele Menschen zählen die Düfte der großblütigen, schwerduftenden Orchisarten zu den am stärksten aphrodisierenden Blütenparfüms. Dies ist einer der Gründe dafür, warum Orchideen bei Männern als Geschenke bei besonderen Anlässen für ihre Frauen oder Freundinnen so hoch im Kurs stehen. Fast hat es den Anschein, als bestünde die Lebensaufgabe der schönen Orchideen darin, Menschen und anderen Tieren sanfte Fallen zu stellen.

Manchmal allerdings sind die Fallen gar nicht so »sanft«, und die Blüte verhält sich nicht als Verführerin, sondern ausgesprochen aggressiv. Bei der Orchidee *Catasetum* haben die männlichen Blüten vieler Unterarten im Kelchmittelpunkt zwei steife Haare. Die weiblichen Blüten sitzen auf getrennten Stengeln und sehen oftmals den männlichen überhaupt nicht ähnlich. Die Haare in den männlichen Blüten sind hochempfindliche Antennen und mit den Pollen in einer Weise verbunden, daß sie wie feine Auslösemechanismen wirken. Sobald eine Biene sie berührt, wird durch den Auslösemechanismus der Pollen mit recht großer Heftigkeit gegen den Besucher »abgeschossen« und klebt an der Biene fest, die dann aussieht, als trüge sie zwei Hörner. Die Biene, die durch einen süßen moschusartigen Duft zu der männlichen Blüte gelockt wird und am Lippenblatt herumscharrt, um herauszufinden, woher der Geruch komme, löst den Mechanismus aus, der den Pollen gegen sie schleudert, und trägt ihn so lange mit sich herum, bis sie eine weibliche Blüte besucht, wo die Pollen an dem klebrigen Stigma haften bleibt.

Die Kübel-Orchis (*Coryanthes macrantha*) setzt sowohl Verführung wie Gefangennahme als Trick ein, um befruchtet zu werden. Die große fleischige Blütenlippe dehnt sich zu einem kübelähnlichen Gefäß, über dem zwei Kolben sitzen, die beträchtliche Wassermengen absondern. Die Flüssigkeit tropft mehrere Stunden lang in den »Kübel«, bevor die Blüte sich öffnet, was durch Zurückfaltung der Kelch- und der Blütenblätter geschieht. Wenn genug Flüssigkeit in dem Kübel ist, um dem Gast ein Bad bieten zu können, ist die Blüte empfangsbereit. Ein starker Duft, den diese Blüte zusätzlich ausströmt, lockt männliche Bienen der Gattung *Eulaema* unwiderstehlich an. Sie begeben sich sofort an einen bestimmten Punkt an der Basis der Lippe und beginnen dort heftig zu kratzen, um zu der Flüssigkeit zu gelangen, von der das Parfüm aufsteigt. Ein paar Tropfen davon genügen, und das Bienenmännchen wird betrunken und handlungsunfähig, es kann sich nicht mehr festhalten und fällt in den Kübel. Eine Zeitlang strampelt es in dem Bad herum, versucht die Wände hinaufzuklettern, doch deren Glätte und sein Zustand der Trunkenheit machen ihm dies unmöglich. Und wenn es dann beinahe soweit ist, daß der Bienenmann zu ertrinken scheint, entdeckt er, wenn er Glück hat, an der Seite einen engen Tunnel, durch den er sich mühsam hindurchzwängen kann. Während er das tut, löst er die Pollen, die an seinem Körper haftenbleiben. Aber noch hat er den Tunnel nicht hinter sich; von der Decke ragt ein Hindernis herab und hält ihn fest, und es dauert etwa eine halbe Stunde, bis er wieder so nüchtern ist, daß er darunter durchkriechen und entfliehen kann. Wenn er sich einigermaßen erholt hat und Herr seiner Sinne ist, kann er zur nächsten Blüte weiterfliegen, wo sich die gleiche Szene wiederholt, nur fällt er vielleicht diesmal noch schneller ins Wasser, weil seine Flügel bereits naß sind, und bei diesem zweiten Bad lagert er die Pollen auf dem weiblichen Teil der Blüte ab.

Welches Ziel mag die Kübel-Orchis verfolgen, wenn sie das strampelnde Bienenmännchen so lange gefangenhält? Die Anwort ist ganz einfach und der Zweck sehr plausibel. Ein von der Biene ausgelöster Mechanismus schaltet die Parfümproduktion der Blüte augenblicklich ab, aber es dauert eine Weile, bis die letzten Duftspuren verweht sind. Könnte der Bienenmann rasch entrinnen, würde die Blüte noch immer ausreichend stark duften und ihn sofort wieder dazu anreizen, in sie zurückzukriechen; aber nach über einer halben Stunde sind keine Duftspuren mehr vorhanden, also nicht mehr an dieser speziellen Blüte interessiert und fliegen weiter zu anderen, die diese verführerischen Duft, der ihn so berauscht, ebenfalls ausstrahlen. Ein paar Stunden später nimmt dann die erste Blüte ihre Parfümproduktion wieder auf. Der Zeitverzögerungsmechanismus bei der Duftaussendung macht es äußerst unwahrscheinlich, daß die gleiche Biene mit dem Pollen der ersten Blüte am Leib zu ihr zurückkehrt – und so wird die Selbstbefruchtung verhindert.

Viele andere Orchisarten verfügen über ähnliche Fangmechanismen, durch die Insekten den Halt verlieren und in die Falle tappen; manche davon sind so raffiniert und wirkungsvoll, daß die Blüte sich nicht einmal bemühen muß, ihren Kunden vorher betrunken zu machen. Aber warum muß bei der Befruchtung der Orchideen überhaupt Gewalt angewendet werden? Wieder ist der Grund ein ganz handfester. Der Pollen der meisten Blumen ist ein sehr feines Pulver, das durch die geringste Berührung durch Insekten, andere Tiere und sogar durch einen Windstoß verbreitet werden kann. Der Orchideenpollen aber ist anders. Er ist nicht pulverförmig, sondern hängt in festen Klümpchen, den sogenannten Pollinia, zusammen. Sie abzulösen, verlangt eine gewisse Kraftanstrengung, besonders wenn das männliche Geschlechtsorgan der Blüte auch noch eine Schutzvorrichtung trägt, die sogenannte Antherium-Kappe. Diese muß wie der Deckel einer Konserve aufgebrochen werden, bevor die darunterliegenden Pollinia freiwerden, und oft ist ein beträchtlicher Kraftaufwand vonnöten, diesen Akt der »Beschneidung« durchzuführen.

Vielfach ist, wie wir sahen, eine Falle nötig, um die Kunden zu jener zusätzlichen Anstrengung zu veranlassen, die manche Orchideen brauchen, um ihre geschlechtliche Erfüllung zu finden. Der Besucher muß willenlos und für Sklavendienste gefügig gemacht werden, wie in den Beispielen oben dargestellt, doch der Gipfel an raffinierter sexueller Umgarnung bleibt wohl die Pseudokopulation. Allerdings handelt es sich dabei um die Praktiken einer Minorität im Pflanzenbereich. Die meisten Blüten werden nicht durch derart abnorme Methoden befruchtet. Die normale Form ist nämlich nicht kopulative, sondern vielmehr orale Sexualität.

Um die Gründe dafür zu begreifen, muß man zu den Ursprüngen der Sexualität zurückgehen und sich vor Augen halten, wie sich Blütenpflanzen neben Insekten und ähnlichen Lebewesen entwickelt haben. Das soll im folgenden Kapitel geschehen. Vorher jedoch einige Beispiele für das bemerkenswerte Geschick gewisser Blumen, ihre Anziehungskraft auf die Mundpartien der Geschöpfe einzustellen, die sie besuchen und oral »erforschen«.

Ein extremes Beispiel der Anpassung an die wahrlich ungewöhnliche Zunge des bestäubenden Insekts liefert die Orchidee *Angraecum sesquipedale* aus den heißen Dschungelwäldern auf Madagaskar. Ihre Blüte gehört zu den extravagantesten der ganzen Familie und weist wächserne weiße Blütenblätter von einer Breite von zehn bei zwölf Zentimetern auf. Aber der augenfälligste Teil der Blüte ist der Sporn: Er hat ihr den passenden Namen »Sesquipedale« verschafft, was »Anderthalb Fuß« (50 cm) bedeutet, zweifellos eine Übertreibung, da der Sporn tatsächlich »nur« etwa 30 Zentimeter lang ist. An seinem Unterende tritt Nektar aus. Doch welches Geschöpf besitzt schon eine so lange Zunge, um ihn zu erreichen?

Nachdem Charles Darwin die Blüte untersucht hatte, meinte er, es müsse Insekten geben, beispielsweise große Nachtfalter, die tief genug in den Sporn vordringen können, den Nektar aufsaugen und dabei die Bestäubung durchführen. »Die Entomologen haben meine Vermutung belächelt«, schrieb Darwin. Vierzig Jahre später jedoch erwies sie sich als vollkommen richtig. Man entdeckte einen Nachtfalter mit einer Zunge, die entsprechend lang war und die, wenn sie nicht im Einsatz war, aufgerollt war wie ein Feuerwehrschlauch. Die Gattung wurde *Xanthopan morgani praedicta* getauft, wobei das letzte Adjektiv, *praedic-*

ta (»vorhergesagt«), als eine Huldigung an Darwins Erkenntnis gedacht war. Aber was war zuerst da – die lange Zunge des Nachtfalters oder der lange Sporn der Blüte? Man hat oft behauptet, Darwin sei der Meinung gewesen, die lange Zunge habe sich entwickelt, um sich dem langen Sporn anzupassen, aber es liegt keinerlei Beweis vor, daß er jemals eine derartige Ansicht geäußert hat. Angesichts der Tatsache, daß Blüten beim Bestäubungsakt die passiven Partner sind, könnte man anführen, daß sie sich ja wohl eher ihren Besuchern anpassen mußten als umgekehrt. Wenn dies zuträfe, könnte man argumentieren, daß die Blüte ihren langen Sporn ausbilden mußte, um der langen Zunge des Falters gerecht zu werden. Wir werden die einzig richtige Antwort darauf wohl niemals finden; am allerwahrscheinlichsten ist noch, daß die Schmetterlingszunge und der Blütensporn gleichzeitig durch Evolution entstanden.

Diese Nachtfalter – das erkennt man schon daran, daß es vierzig Jahre dauerte, bis man sie nach Darwins »Prophezeiung« schließlich entdeckte – scheinen seltene und zurückhaltende Kunden zu sein. Die Blüte bleibt wochenlang unentwegt offen, ohne zu welken, wobei der wächserne Überzug der Haut der Blütenblätter vor dem Austrocknen schützt. Und da ihr Bestäuber ein Nachtschwärmer ist, weist die Blüte ein leuchtendes Weiß auf, um ihn im Dunkeln anzulocken. (Vielleicht ist es interessant, hier anzuführen, daß man in Südamerika eine ähnliche Entdeckung auf umgekehrter Weise gemacht hat: Man fand einen Nachtfalter mit einem enorm langen Rüssel und entdeckte viele Jahre später eine Orchis der Art *Habenaria* mit einem Sporn von der dazu passenden Länge.)

Angraecum sesquipedale liefert ein Beispiel höchster Anpassung an die Spezialbedürfnisse eines delikaten Kunden. Es gibt viel mehr Beispiele dafür, daß sich Pflanzen zur

Befriedigung der eigenen sexuellen Bedürfnisse den Neigungen rauherer Klienten mit primitiven Mundorganen anpassen. So kennen wir ein Gewächs, das darauf angewiesen ist, das Interesse von Schnecken zu erregen. Dies wird ausführlich in Raoul Heinrich Francés Buch *Das Liebesleben der Pflanzen* beschrieben.

Die Vorstellung, daß Blüten von Schnecken befruchtet werden können, mag viele Menschen überraschen. Wie alle Gärtner wissen, sind Schnecken recht schädliche Kreaturen. Sie richten ziemlich großen Schaden an, indem sie Löcher in Blätter und Stengel nagen, sogar in die Blüten vieler Pflanzen. Und damit sie dies tun können, sind sie mit besonders rauhen Zungen ausgerüstet, mit denen sie sich durch das Gewebe hindurchraspeln.

Die gewöhnliche Gartenschnecke besitzt über vierzehntausend »Zähne«, allerdings nicht in Kieferbacken verankert wie die Zähne anderer Tiere, sondern in Reihen auf der Zunge angeordnet. Es gibt hundertfünfunddreißig Reihen solcher Zähne, und in jeder Reihe sitzen hundertfünf Zähne: winzige, harte hakenähnliche Gebilde, die aus der Zunge eine Art Feile oder Säge machen. Ein derartig rauhes Instrument scheint kaum geeignet, an Geschlechtsorganen eingesetzt zu werden, die im allgemeinen einer sanfteren Behandlung bedürfen. Aber die Natur scheint fähig zu sein, aus allem Nutzen zu ziehen.

Befruchtung von Pflanzen durch Schnecken ist zwar selten, aber keineswegs unbekannt. Es gibt mehrere Berichte darüber, doch meist wurden die Entdeckungen als reine Ausnahmefälle abgetan; das heißt, die Schnecke habe ganz zufällig ein paar Pollenkörner von einer Blüte zur anderen transportiert. Doch um die »Aufmerksamkeiten« einer Schnecke zu überleben, muß eine Pflanze ein paar Besonderheiten aufweisen. Sie darf erstens nicht ernsthaft beschädigt werden, wenn sie von der rauhen Raspelzunge der Schnecke »liebkost« wird. Zweitens muß die Blume zur rechten Zeit am rechten Ort stehen. Schnecken verbringen ihren Tag meist unter toten Blättern, in Aushöhlungen oder unter Abfall und wagen sich erst nachts nach draußen. Sie bewegen sich ungern weit von ihren Schutzzonen fort, wenn sie auf Nahrungssuche gehen. Sie hassen es, über trockene, rauhe Flächen kriechen zu müssen, weil sie dabei eine beträchtliche Menge zusätzlichen Gleitschleims produzieren müssen. Sie kriechen auch nicht gerne hoch hinauf. Darum wäre die ideale Pflanze für sie eine niedrigwüchsige, in feuchter Umgebung und in der Nähe der Schutzzone dicht am Boden blühende.

Francé hat eine solche Pflanze höchst sorgfältig studiert, bis er absolut sicher war, daß diese Pflanze sich anpaßt, um von Schnecken befruchtet zu werden. Es handelt sich um die *Alocasia*, ein Mitglied der Familie der Arongewächse (*Araceae*). Das wohl bekannteste Mitglied ist der Aronstab, der eine tütenförmige wachsüberzogene weiße Blüte besitzt. Wegen ihrer makellosen Weiße glaubte man, sie sei ein Symbol der Reinheit und Jungfräulichkeit; im vergangenen Jahrhundert soll sie oft in Brautsträußen verwendet worden sein, denn damals galt Jungfräulichkeit ja noch als eine schätzenswerte Qualität. Außerdem wurde sie im viktorianischen Heim gern in Blumenarrangements verwendet; allerdings empfahl man den höheren Töchtern und Hausfrauen, den fleischigen Kolben in der Mitte wegzuschneiden, der durch sein phallisches Aussehen den Geist der Jungfräulichkeit ziemlich provozierte.

Die *Alocasia* wurde seinerzeit ziemlich häufig in Glashäusern gezogen, aber mehr wohl wegen der dekorativen, schimmernden Blätter als wegen der Blüten. Die tütenförmige Blütenscheide ist oben weit geöffnet, verengt sich dann und wird unten wieder weiter. In diesem Rundgemach befinden sich die weiblichen Blüten, versteckt an der

Basis eines Organs, das als *spadix*, Kolben, bezeichnet wird, steif und wie erigiert aufragt und die männlichen Blüten über den weiblichen trägt.

Der gesamte Geschlechtsapparat dient dazu, Besucher zu täuschen, bemerkt Francé, und zwar auf besonders trickreiche Weise, nämlich durch Dichogamie. So nennt man die Möglichkeit mancher Pflanzen, periodisch ihr Geschlecht zu wechseln. Die weiblichen Blüten öffnen sich zuerst und bleiben geraume Zeit offen, während die männlichen über ihnen fest verschlossen bleiben. Erst wenn die weiblichen Blüten gealtert sind und zu welken beginnen, öffnen sich ihrerseits die männlichen Blüten. Während der Zeit des Blühens wird ein Geruch wie von verwesenden Stoffen verströmt, der für menschliche Nasen ziemlich abstoßend ist, aber eine besondere Attraktion für Geschöpfe darstellt, die auf und von Abfall leben. Von den »Düften« angezogen, kriecht eine Schnecke in die Blütenscheide, um die Quelle dieses hinreißenden Dufts zu ergründen. Wenn dies während der zweiten, der rein männlichen Phase geschieht, wird die Schnecke ganz mit Pollenstaub überpudert. Die Schnecke, die Francé beobachtete, empfand den Pollen nicht nur als unangenehm, sondern sie vermochte auch nicht in die verwelkte weibliche Blüte vorzudringen. Und alles was eine vollgestaubte, verärgerte Schnecke dann noch tun kann, ist den ungastlichen Ort so schnell wie möglich zu verlassen. Doch Schnecken besitzen nur ein rudimentäres Gehirn und lernen aus üblen Erfahrungen nicht so leicht. Darum versucht die Schnecke ihr Glück bei der nächsten Pflanze gleich wieder. Ist auch die schon ältlich und jenseits ihres weiblichen Stadiums, dann wird die Schnecke von neuem mit Pollen bepudert. Und da sie auch diesmal wieder nichts gelernt hat, versucht die Schnecke es immer und immer wieder.

Um aus dem reizend komischen *Liebesleben der Pflanzen*

zu zitieren: »Hat die Schnecke das Glück, eine Jungfrau zu treffen, eben erst erblüht in holder Weiblichkeit, so wird sie auf das angenehmste überrascht.« Diesmal wird die Schnecke nicht mit Pollen berieselt, die noch festverschlossenen männlichen Blüten blockieren ihr nicht den Weg zu den geöffneten weiblichen, die einen starken Duft verströmen, der unserer Schnecke ein grandioses Erlebnis verheißt. Die Schnecke gleitet durch den engen Gang zu dem warmen einladenden weiblichen Teil der Blüte. Allerdings ist es nicht ein sexuelles Bedürfnis, das sie treibt, sondern Hunger. Da Schnecken Hermaphroditen sind, verfugen sie ohnehin über recht ungewöhnliche sexuelle Antriebe. Die Absicht der Schnecke ist es, die weibliche Blüte im wörtlichsten Sinn zu »deflorieren«, indem sie sie nämlich auffrißt. Aber sobald die Schnecke sich mit ihrer rauhen Zunge ans Werk macht, verteidigen sich die weiblichen Blüten gegen den Angriff durch einen recht wirksamen Anti-Vergewaltigungsmechanismus: Die kleinste Verletzung bewirkt, daß eine scharfe Flüssigkeit austritt, die nun die empfindliche Haut der Schnecke verätzt und ihr ausgesprochen weh tut. Sogar die Wände der »Hochzeitskammer« sondern diese brennende Flüssigkeit ab. Unter großen Schmerzen flieht der Eindringling, so rasch es geht, und dies ist bei den langsamen Schnecken nicht eben sehr schnell oder nicht schnell genug. Wenn die Schnecke nämlich nicht rechtzeitig entkommt, wird sie eventuell zu Tode gequält.

Während die Schnecke in der Blüte herumkriecht, ist sie noch ganz mit Pollen bestäubt, die sie von ihren vorherigen Besuchen mit sich herumträgt, und bewirkt tolpatschig die Befurchtung der Blüten. Und je stärker sie sich vor Schmerzen windet, desto gründlicher wird der Pollen verteilt und desto ausgiebiger werden die Bedürfnisse der weiblichen Blüten gestillt.

Sofern die Schnecke bei dieser Prozedur nicht zu

schlimm zugerichtet wurde, wiederholt sie das Ganze wieder und wieder. Wieso sind eigentlich nur die Schnecken so dumm? fragte sich Francé. Könnte sich nicht ein Insekt auf die gleiche Weise täuschen lassen? Die Anwort lautet, daß das Gehirn von Insekten so gebaut ist, daß sie auf einen so vulgären Schwindel nicht hereinfallen. Insekten muß man etwas Feineres bieten – entweder süße Säfte oder Pollen oder Blütenhonig, sonst können die Blüten so attraktiv sein, wie sie wollen, sie werden ignoriert. Schnecken sind eben dümmer. Sie sind auch die gierigsten unter allen Tieren und benagen alles, was ihnen unter die Zähne kommt; sie raspeln die ganze Nacht und den halben Tag mit ihren Zähnezungen an sämtlichen Blattarten herum, die keinen Schutz gegen sie besitzen. Dies ist der Grund, warum manche Pflanzenarten sich gegen die Schneckenzungen schützen, indem sie in ihren Blättern nadelscharfe Krallen produzieren; andere Pflanzen schützen sich durch »Stacheldrahthaare«, durch Säuren, für Schnecken unangenehme Gerüche oder Gifte. Also müssen Schnecken oft von Pflanze zu Pflanze wandern und am Ende mit verfaulendem Laub vorliebnehmen, in dem die Schutzmechanismen nicht mehr wirksam sind.

Ob Francés Behauptung zutrifft, daß nur Schnecken sich an die *Alocasia* heranmachen, ist zu bezweifeln. In ihren natürlichen Lebensbereichen, in den tropischen Wäldern Asiens, gibt es unzählige Arten von Fliegen, die unbelehrbare Besucher ähnlicher Blütenfallen sind, wie die *Arazeen* sie verwenden, um Insekten zu täuschen. Andererseits kann es keinen Zweifel daran geben, daß Schnecken keine oder nur sehr geringe Lernfähigkeit besitzen. Sie werden dumm geboren und bleiben es ihr Leben lang, wenn die Definition von Dummheit die ist, daß man durch Erfahrung nichts hinzuzulernen vermag. Gäbe es indessen keine unintelligenten Geschöpfe, dann könnten Pflanzen wie die

Alocasia, die auf solche Tölpel angewiesen sind, keine Kreuzbefruchtung erleben.

Doch sogar so tölpelhafte Geschöpfe wie Schnecken weisen graduelle Unterschiede an Dummheit auf. Keine von ihnen könnte man als ausgesprochen »gescheit« bezeichnen, aber vielleicht gibt es ja unter ihnen einige, die »streiken«, wenn sie für ihre Bemühungen nicht irgendeine Art von Belohnung erhalten. Um diese Kunden zufriedenzustellen und zugleich die eigenen sexuellen Bedürfnisse zu stillen, hat eine Pflanze aus der Familie der Liliengewächse namens *Rohdea japonica* ein bemerkenswertes Verfahren entwickelt. Die Pflanze befriedigt nämlich wirklich die Gier ihrer Kunden – und diese können Nacktschnecken oder Hausschnecken sein –, indem sie ihnen einen Teil von sich selbst als Nahrung anbieten. Die halb zwischen den Blättern verborgenen Blüten sondern einen Geruch ab, den manche mit verschimmeltem Brot verglichen haben. Die Schnecken jedoch empfinden ihn als äußerst anziehend.

Dieser Geruch lockt die Kunden zu den Blütenbüscheln, die in ihrer Textur fleischig sind, und die Schnecken äsen auf ihnen voller Wonne die saftigen äußeren Gewebeschichten ab und lassen den Rest zernagt und beschmutzt zurück. Aber indem sie ihre eigene Gier nach Nahrung stillen, haben die Kunden auch das Bedürfnis der Pflanze nach Sexualität befriedigt. Man könnte die abgeästen Teile der Pflanze als »Liebesnarben« bezeichnen, ja, der ganze Akt könnte als ausgesprochen masochistisch bezeichnet werden.

Offensichtlich haben die Schnecken keine Vorliebe für die weiblichen Geschlechtsorgane der Blüten, die Stigmata, denn in den Berichten wird ausdrücklich vermerkt, daß sie diese nicht zu essen versuchen. Während sie jedoch über die Stigmata kriechen, hinterlassen die Kunden auf ihnen Pollen, die sie von den männlichen Geschlechtsorganen während ihrer Freßorgien aufgenommen haben. Und so findet auch hier Befruchtung statt.

Es ist eine traurige Feststellung, daß die *Rohdea* sich möglicherweise nicht mehr sehr viel länger fortpflanzen können wird, wenn sie wirklich allein auf diese eigentümliche Bestäubungsmethode angewiesen sein sollte. Sie ist eine nahe Verwandte der alten beliebten Zimmerpflanze *Aspidistra* – und fast ebenso leicht zu kultivieren; und so wurde die *Rohdea japonica* von begeisterten Hobbygärtnern in ihren natürlichen Habitaten in Japan und Teilen Chinas gesammelt und geraubt, um in Gärten und Gewächshäusern angepflanzt zu werden. Das hatte zur Folge, daß die Pflanze an vielen Orten ausgestorben ist. Auf japanisch heißt sie »Omoto«, und sie galt dort lange Zeit als Favoritin reicher Blumenliebhaber, die für besonders begehrte Exemplare hohe Summen zahlten. Unseligerweise neigen solche Blumenliebhaber dazu, es sich zum Stolz und zur Ehre gereichen zu lassen, daß niemals eine Schnecke in die Nähe ihrer Pflanzen gelangt. Darum erscheint es nur als logisch, daß das Geschlechtsleben dieser Pflanzen der Verkümmerung geweiht ist, falls sie für ihre Fortpflanzung unbedingt auf Mollusken angewiesen sind. Aber dies trifft schließlich auf das Geschlechtsleben einer ganzen Reihe von Pflanzen zu, die man aus der Wildnis entführt und in Gefangenschaft gebracht hat.

Wir haben in diesen Kapitel zahlreiche Beispiele für sexuelle Täuschungstricks angeführt, die Pflanzen ihren »Kunden« gegenüber anwenden. Allen diesen Tricks liegt ursprünglich Sexualität zugrunde – und tatsächlich haben selbst einige Theologen dies anerkannt –, weil sie alle aus dem Bedürfnis der Pflanze entspringen, zur Befruchtung zu gelangen. Und zu diesem Zweck ist ihr jedes Mittel recht, so unehrlich und skrupellos es dem menschlichen Betrachter auch erscheinen mag.

Aber schauen wir uns zum Schluß noch den allerskrupellosesten Trick an: Die zentralafrikanische *Nymphaea citrina*, eine Seerose mit sternförmigen Blüten, wendet ihn an. Ihre Blüten machen zwei deutlich voneinander getrennte Stadien durch. Wenn sich die Blüte öffnet, ist sie weiblich; die männlichen Geschlechtsorgane, die Antheren, sind geschlossen und ragen steif nach oben. Sie bilden eine glatte, schlüpfrige Fläche. Diese Blüten sind promiskuitiv – das heißt, sie ziehen verschiedenartige Kunden an –, und so landen denn auch die unterschiedlichsten Bienen und andere Insekten auf der Plattform, die von den geschlossenen Staubgefäßen (Stamina) gebildet wird, und gleiten in den darunterliegenden schüsselförmigen weiblichen Bereich, der eine dünne zuckerige Flüssigkeit enthält, in der die Kunden rasch ertrinken. Einigen größeren und beweglicheren gelingt vielleicht die Flucht, aber nicht vielen.

In ihrem zweiten Stadium entwickelt sich die Blüte zu eindeutiger Männlichkeit. Die Staubgefäße verwandeln sich und bilden eine Art kuppelförmige Haube über der Mulde der weiblichen Organe, die jetzt nicht mehr sichtbar ist. Im Verlauf des Reifungsprozesses drehen sich die Stamina nach außen und bilden mit den inneren Blütenblättern zusammen eine Art Plattform, auf der zu Besuch kommende Insekten herumkriechen können. Dabei nehmen die Tiere Pollen auf, den sie dann zur nächsten Blüte weitertransportieren, die wiederum – sofern sie sich gerade im weiblichen Stadium befindet – ihre Gäste in den süßen Teich zieht, in dem sie – wie schon gesagt – ertrinken. Aber während sie ertrinken, verbreiten sie die Pollenkörner, und wenn dann die Badewanne austrocknet, was sie während der männlichen Periode der Blüte sehr rasch tut, ist diese Blüte befruchtet.

Da es sich für die Besucher um eine Reise ohne Wiederkehr handelt, muß die Blüte einfach mit der Chance rechnen, daß die Insekten eine männliche Blüte besucht haben, ehe sie ertrinken. Aber wie wirkungsvoll die Technik der Blüte kurzfristig auch sein mag, langfristig ist sie äußerst bedenklich; denn wer seine Bestäuber umbringt, setzt die künftige Befruchtung aufs Spiel.

Dies gilt für alle Arten von Täuschungsmanövern, bei denen das Versprechen einer »Belohnung« gegeben wird – meist sexuelle Befriedigung oder Nahrung –, ohne daß es eingehalten würde. Evolutionär und insgesamt gesehen hat es sich als für die Pflanzen lohnender erwiesen, wenn sie auch geben – und nicht nur nehmen.

III

Ohne Liebe geht es nicht

Genau zwölf Jahre vor Sir Thomas Millingtons Entdeckung der Pflanzengeschlechtlichkeit war im Jahr 1664 in einem Hexenprozeß ein anderer Thomas als Starzeuge der Anklage für Verurteilung zweier unglücklicher Frauenzimmer verantwortlich.

Thomas Browne, auf dessen Aussagen hin Amy Duny und Rose Cullender für schuldig befunden wurden, war nicht nur ein erfolgreicher Arzt mit einer Modepraxis in Norwich, sondern auch ein bekannter Autor. Einige Jahre nach dem Prozeß ehrte ihn der König für seine Verdienste mit der Erhebung in den Ritterstand. Sir Thomas Brownes Schriften, darunter *Christliche Moral* und zahlreiche ähnliche Traktate, weisen ihn als einen Mann aus, der angesichts des Geschlechtsaktes, ob von Menschen oder Tieren »begangen«, den tiefen Abscheu empfand. Dem menschlichen Laster der Sexualität hielt er die keusche Reinheit und Geschlechtslosigkeit der Pflanze entgegen.

Kein Wunder, daß die Aussage eines so durch und durch sittsamen Mannes genügte, zwei Frauen zum Tode zu verurteilen, die man beschuldigte, Verkehr mit dem Teufel gehabt zu haben. Da wir heute ein wenig mehr über Psychopathologie von Hexenjägern wissen, begreifen wir, daß die Jagd auf Hexen unbewußte Sehnsüchte dieser Hexenjäger befriedigte, die sich in Sadismus verkehrten und ihrerseits deutliche Anzeichen von Besessenheit darstellten.

Sir Thomas Browne hatte bereits zwanzig Jahre vor dem

Hexenprozeß in Norwich Symptome einer sexuellen Persönlichkeitsstörung gezeigt. In seinem Buch *Religio Medici* (»Die Religion des Arztes«) drückte er seine feindliche Einstellung zur Sexualität – und damit den militanten Puritanismus seiner Epoche – so aus: »Ich wäre es zufrieden, könnten wir uns wie die Bäume fortpflanzen, ohne jede Vereinigung, oder gäbe es einen anderen Weg, die Menschheit fortzupflanzen; nicht diesen erbärmlichen und vulgären Koitus, der den närrischsten Akt darstellt, den ein weiser Mann in seinem ganzen Leben je begehen kann; es gibt nichts, was seine wieder abgekühlten Sinne tiefer demütigen kann, als wenn er bedenkt, welch verrückte, unwürdige Handlung er begangen hat.«

Dieser oft zitierte Stoßseufzer enthüllt, unter welchen Schuldgefühlen und Gefühlen der Scham unzählige Menschen damals und noch während der folgenden Jahrhunderte angesichts der Sexualität litten. Was man als das »Browne-Syndrom« bezeichnen könnte, ist bis heute noch die Ursache von Impotenz, Frigidität und anderen Störungen, die viele Menschen dazu veranlassen, Sexualtherapeuten wie Masters und Johnson um Hilfe zu bitten. Und die Patienten sind auf dem Wege zur geschlechtlichen Gesundung, wenn sie verstehen und akzeptieren lernen, daß die ganze Welt des Lebendigen sexuell ist – die Pflanzen ebenso wie die Tiere. Browne allerdings scheint bis zuletzt keine Ahnung von der Geschlechtlichkeit der Pflanzen gehabt zu haben. Er starb an seinem siebenundsiebzigsten Geburtstag, im gleichen Jahr 1682, in dem Sir Thomas Millingtons kühne Vorstellung bekannt wurde, es gäbe eine sexuelle Aktivität unter Blumen. Es ist höchst unwahrscheinlich, daß Browne davon irgend etwas erfuhr; also konnte er wohl in Frieden sterben, und seine Illusionen über Geschlechtslosigkeit der Pflanzen ins Grab mitnehmen.

Warum kam die Geschlechtlichkeit überhaupt in die Welt

und warum provozierte sie und provoziert sie bis heute den Widerstand so zahlreicher Angehöriger der Gattung Mensch?

Die Antwort auf beiden Fragen ist ein und dieselbe. Sexualität bewirkt Variation, und nur um die geht es. Es gilt sicherzustellen, daß zwischen Individuen immer Unterschiede bestehenbleiben, so daß keine zwei auf geschlechtliche Weise gezeugten Lebewesen jemals miteinander identisch sein können.

Ohne Variation hätte es niemals eine Evolution geben können. Das Überleben der Anpassungsfähigsten setzt voraus, daß es Unterschiede zwischen Einzelwesen gibt, denn wären alle diese identisch, gäbe es keine »Stärksten«, die überleben, allerdings auch keine »Schwächsten«, die zugrunde gehen. Sexualität ist also, kurz und banal gesagt, nicht mit einer Massenproduktion zu vergleichen, bei der identische Waren nach einem stereotypen Muster hergestellt werden. Sexualität läßt sich eher einem schöpferischen Akt vergleichen, der jedesmal etwas Neues schafft: gelegentlich ein Meisterwerk von ewigem Wert, manchmal Fehlschläge, die auf den Schrotthaufen gehören. Doch indem mit der Sexualität eine Variationsbreite auftrat, kam auch die Unsicherheit auf. Und hier scheinen die tiefsten Wurzeln dafür zu liegen, warum Menschen mit autoritären Tendenzen vor der Sexualität eine derart tiefe Abneigung oder Furcht empfinden. Unsichere Menschen, die ihren eigenen Fähigkeiten und Möglichkeiten mißtrauen und sich nur schwer an Veränderungen anpassen können, suchen Sicherheit und Stabilität in einer starken Konformität, sie lehnen das Ungewöhnliche oder Unerwartete ab, sie richten ihr Leben nach einem festgelegten Verhaltenskodex ein, der auf bedingungsloser Annahme unabänderlicher Gesetze beruht. Sie ziehen es vor zu *glauben*, statt zu forschen und zu fragen; die Offenbarung des Dogmas ist ihnen lieber als ein Experiment. Sie sind konservativ, respektieren Rang, Ritual und Uniform, also Uniformität, und widersetzen sich jeder Veränderung.

Ihre Parallelen im Pflanzenreich sind jene Pflanzen, die sich geschlechtslos vermehren. Sie sind alle gleich, und können dabei sehr erfolgreich sein, solange die äußeren Umstände genau die gleichen bleiben. Ändern diese sich aber, dann kann die Art verfallen, ja sogar völlig verschwinden, weil sie – da es ihr an genetischer Variationsbreite mangelt – nicht ein andersgeartetes Individualwesen produzieren kann, das aufgrund seiner Andersartigkeit eventuell besser an die veränderten Umstände angepaßt ist. Dieses kann höherwüchsig oder kleiner sein als die übrigen, dicker oder dünner, haariger oder glatter, mit besserer Hitze- oder Kälteresistenz ausgerüstet, besser gewappnet gegen Wind oder Wasser, Licht oder Dunkelheit – und damit vielleicht einfach besser befähigt, innerhalb der veränderten Umstände zu überleben.

Die Sexualität war eine der beiden Erfindungen der Natur, durch die Evolution möglich wurde. Die zweite war der Tod.

Der Tod spielte eine ebenso wichtige Rolle in der Entwicklung höherer Lebensformen wie die Geschlechtlichkeit, und er wurde von engstirnigen Köpfen genauso verabscheut und gefürchtet. Viele Menschen, sagten wir, widersetzen sich Veränderungen, und da auch der Tod zweifellos eine Veränderung darstellt, verdrängen viele Menschen bereits den Gedanken an ihn. Die Vorstellung von einem ewigen Leben nach dem Tod wurde erfunden, um ihnen das Gefühl zu geben, sie könnten unverändert bis in alle Ewigkeit weiterexistieren. Es erstaunt uns also nicht, daß Sir Thomas Browne, der seine Würde von der Vorstellung der Sexualität dermaßen in den Schmutz gezogen sah, ganz ähnlich auch über den Tod dachte. Er schrieb: »Ich habe nicht so sehr Furcht vor dem Tode, als daß ich mich vielmehr seinetwegen schäme; er ist wahrhaftig die Schande und Schmach unserer menschlichen Natur.«

Um zu untersuchen, wie der Doppelmechanismus von Sex und Tod entstehen konnte, müssen wir zu den Ursprüngen des Lebens auf diesem Planeten zurückgreifen. Derzeit vertreten die meisten Wissenschaftler die Ansicht, daß das erste Leben vor drei oder vier Milliarden Jahren entstanden sei. Es handelte sich bei diesem ersten Leben um ein chemisches Molekül oder eine Molekularverbindung ähnlich den übrigen, die in der »Ursuppe«, den Urmeeren, herumschwammen. Allerdings verzeichnete dieses Molekül eine Besonderheit: Es konnte sich fortpflanzen. Es mag im Vergleich zu den höheren Lebensformen, die sich seither entwickelten, entsetzlich primitiv gewesen sein – aber es *lebte*, indem es sich fortpflanzte.

Es besaß natürlich keine Sexualität, und es empfand auch den Tod nicht, wie wir ihn empfinden. Es bestand aus einer einzigen Zelle und pflanzte sich einfach durch Zweiteilung fort. Die zwei neuen Zellen kann man nicht als »Kinder« der Urzelle bezeichnen, sie waren nur zwei Teile eines Ganzen, die sich voneinander trennten, wenn dieses Ganze einen bestimmten Umfang erreicht hatte und sich halbierte. Zweifellos ist ähnliches unzählige Male vorher geschehen, wenn zusammengesetzte Substanzen, die sich aus der Begegnung von Atomgruppen bildeten, durch heftige physikalische Einwirkungen wieder zu einfacheren Teilchen zertrümmert wurden. Diesmal jedoch gab es einen Unterschied: Anstatt zu Fragmenten zertrümmert zu werden, blieb jede Hälfte ein Duplikat des Originals, und so hatte die Fortpflanzung begonnen.

Diese frühesten lebenden Organismen kann man nicht als Pflanzen im heutigen Sinne bezeichnen. Es fehlte ihnen etwas Wesentliches. Sie waren wohl mehr so etwas wie die uns bekannten Viren; sie befanden sich auf der Grenzlinie zwischen leblosen Chemikalien und Lebewesen und ernährten sich von den Salzen und Mineralien im Wasser um sie herum. Unsere »modernen« Viren sind anders; sie ernähren sich von den lebendigen Organismen, in die sie eindringen und in deren Gewebe sie sich auch vermehren, wobei sie Menschen Krankheiten wie Grippe, Kinderlähmung und Masern bringen, Maul- und Klauenseuche den Rindern und entsetzliche Verluste unter den Pflanzen aller Art, von den Nährpflanzen wie Kartoffeln, Tomaten und Getreide bis zu den Zierpflanzen. Man nimmt heute an, daß viele dieser krankheitserregenden Viren sozusagen degenerierte Lebensformen sein könnten, die sich aus etwas höheren Organismen rückentwickelten und Parasiten wurden.

Was all diesen frühesten Lebensformen fehlte – etwas, ohne das sie sich nicht zu Pflanzen entwickeln konnten –, war das Chlorophyll. Bis zum Auftreten dieses Stoffs waren alle primitiven Organismen gewissermaßen parasitär, weil sie nur existieren konnten, indem sie sich aus dem sie umgebenden Wasser und den darüberschwebenden Gasen ernährten. Darin ähneln sie ziemlich stark der gegenwärtigen Menschheit, die die begrenzten, schwindenden Vorräte an fossilen Brennstoffen der Erde ausbeutet, um unmittelbare Bedürfnisse zu befriedigen, jedoch nichts oder nur wenig unternimmt, um neue Energiequellen zu erschließen und den Vorrat der Erde an diesen lebenswichtigen Rohstoffen zu erhalten beziehungsweise immer wieder zu erneuern, anstatt ihn rücksichtslos zu vernichten.

Aus der Untersuchung fossiler »Aufzeichnungen« im Urgestein und durch den Einsatz chemoanalytischer Techniken und modernster Mikroskopie können Wissenschaftler heute schätzen, daß es bereits vor drei Milliarden Jahren Organismen gab, die Chlorophyll enthielten, also nur ein paar hundert Millionen Jahre nach dem Auftreten der ersten Lebensformen überhaupt. Mittels dieses Chlorophylls – des grünen Pigments, das den Blättern der Pflanzen ihre Färbung verleiht – konnten diese frühen Organismen die Sonnenenergie nutzen, eine Energiequelle, die die Menschheit erst heute, drei Milliarden Jahre später, in den Griff zu bekommen versucht, kurz bevor die fossilen Brennstoffe erschöpft sind. Der Prozeß, bei dem das Chlorophyll aus Wasser und Kohlendioxid, mit Hilfe der Sonnenenergie, Zucker und andere Kohlehydrate herstellen kann, wird als Photosynthese bezeichnet, was wörtlich »Zusammensetzung durch Licht« bedeutet. Das Chlorophyll ähnelt seiner komplizierten Molekularstruktur nach, die eine sehr funktionstüchtige chemische Aufbereitungsfabrik darstellt, stark den roten Blutkörperchen des Menschen und anderer Wirbeltiere (und sogar der einiger wirbelloser Tiere wie etwa der Regenwürmer), in denen Hämoglobin gespeichert wird, das für die Funktion des Lebensprozesse bei Mensch und Tier bekanntlich ebenso unabdingbar wichtig ist wie das Chlorophyll für die Pflanzen. Und wie es verschiedene Blutgruppen und verschiedene Arten Hämoglobin bei den verschiedenen Tierarten und bei den Menschen gibt, existieren auch unterschiedliche Chlorophyllarten mit leichten Abwandlungen in der Chemostruktur.

Bestimmte Pflanzengruppen haben Chlorophylle von spezifischer Zusammensetzung, aber es gibt eines, das Chlorophyll A, das man in jeder Pflanzenart findet. In den Grünalgen ist nur dieses Chlorophyll A vertreten; und da die Grünalgen zweifellos die allerersten Pflanzen waren, scheint es, als sei Chlorophyll A das urspüngliche, drei Milliarden Jahre alte Ur-Chlorophyll. Man nimmt an, daß die Algen und die photosynthetischen Bakterien von einem gemeinsamen Vorfahren abstammen, aber während die Algen sich zu fleißigen Arbeitern entwickelten und durch Photosynthese aus niederen Bausteinen höhere und raffiniertere Mineralien aufbauten, gingen die Bakterien in umgekehrte Richtung, indem sie die vorhandenen Nährstoffe aufnahmen und als Energiequelle benutzten, sie dabei jedoch von komplizierteren Formen in einfachere verwandelten. Man könnte sagen, die Bakterien hätten sich den leichten Weg gewählt, da es ja schwerer ist, etwas aufzubauen, als etwas zurückzuentwickeln. Trotzdem spielten und spielen Bakterien weiterhin eine entscheidende Rolle, sogar eine unverzichtbare für andere Lebewesen. Ohne die Bakterien würden sich die toten Kadaver und die Exkremente von Tieren und die abgestorbenen Überreste toter Pflanzen überall auftürmen, gäbe es nicht die sanitäre Aktivität, mit der die Bakterien höherorganisierte Stoffe erneut in einfache chemische Bestandteile aufbereiten, die dann in die Erde zurückwandern, den Boden fruchtbar machen und die Nahrungskette sicherstellen, von der Pflanzen und Tiere leben. Ohne Bakterien könnten bestimmte Pflanzen, wie etwa Bohnen und Erbsen, den für das Wachstum wichtigen Stickstoff nicht der Luft entnehmen, welchen nun die Kolonien von Nitrobakterien gewinnen, die an den Knötchen der Wurzeln solcher Pflanzen angesiedelt sind.

Gewiß hätten wir ohne Bakterien nicht unter den Krankheiten zu leiden, die diese parasitären Existenzen verursachen – Lungenentzündung, Diphtherie, Tuberkulose, Typhus usw.; aber es würden uns gleichfalls einige der wirksamsten Antibiotika zur Bekämpfung von Krankheiten fehlen, etwa Streptomyzin, dessen natürliche Substanz das Bakterium *Streptomyces griseus* ist.

Jedenfalls haben die Bakterien, lange bevor die Natur sich die Sexualität erfand, einen anderen Weg eingeschlagen und ihren eigenen Ertrag – ob zum Guten oder Üblen – zur Entwicklung der Welt geleistet, in der wir heute leben. Und allem Anschein und aller bisherigen Erkenntnis nach sind sie bis heute geschlechtslos geblieben. Sie vermehren sich einfach durch Halbierung oder durch andere Formen der Fortpflanzung, etwa durch Sporen, die entweder passiv durch Luftbewegung oder durch Selbstantrieb vermittels peitschenartiger Bewegungen der Schwanzfortsätze, der sogenannten *flagella*, verbreitet werden. Sir Thomas Browne würde mit dieser Art der Fortpflanzung sicherlich einverstanden gewesen sein, denn sie erfolgte auf eben jene Weise, die er fälschlicherweise den Bäumen zuschrieb, ohne geschlechtliche »Verbindung« nämlich, die er für so abscheulich hielt. Jedenfalls sah das noch bis vor kurzem so aus; inzwischen hat die Wissenschaft nachgewiesen, daß bestimmte Bakterienarten sich doch durch eine Art sexueller Begegnung fortpflanzen... Also hat selbst die Welt der Bakterien Tendenzen entwickelt, die Sir Thomas Kummer und Enttäuschung bereitet haben würden.

Da wir es hier mit dem Geschlechtsleben der Pflanzen zu tun haben, lassen wir die Bakterien beiseite und kehren zu unseren blaugrünen Algen zurück, die mit ihrer Entwicklung des Chlorophylls das Pflanzen*leben* erst ermöglichten. Wie allen Prototypen – gleich ob von Lebewesen oder modernen Haushaltsgeräten – fehlte ihnen die Perfektion, aber auch die Kompliziertheit, die man bei späteren »Modellen« findet, bei denen die Zahl der Funktionsteile zugenommen hat, und damit auch die Anfälligkeit für Störungen, deren Behebung wiederum Sache eines gut funktionierenden Reparaturdienstes ist. Und so – könnte man sagen – entstand die Sexualität einfach als Teil eines Reparaturdienstes. Erst später übernahm die Sexualität ihre zweite Rolle als kreative Kraft bei der Entwicklung neuer »Modelle«, und der Tod mußte »erfunden« werden, damit man die veralteten Modelle loswerden konnte.

Der Zeitraum zwischen dem ersten Auftreten von Leben und der Erfindung der Sexualität durch die Pflanzen wird auf reichlich zwei Milliarden Jahre geschätzt. In dieser Zeitspanne entwickelten sich Lebensformen mit zunehmender Differenziertheit, aber erst als diese Differenziertheit ein bestimmtes Stadium erreicht hatte, waren die Pflanzen für die Sexualität reif. Die primitivsten Organismen waren dafür einfach noch zu primitiv.

Wir haben gesehen, daß einer der wichtigsten Entwicklungsschritte der höheren Lebensformen in Richtung auf eine Geschlechtlichkeit die Erfindung des Chlorophylls darstellte. Durch diese wurde insgesamt die Weiterentwicklung aller höheren Organismen mobilisiert: nicht nur die der Grünpflanzen, sondern ebenso die der Pilze; und später tauchten dann Tiere auf, die direkt oder indirekt von dem Nahrungsmaterial lebten, das diese Pflanzen produzierten.

Die ersten Pflanzen, die Blaugrünen Algen, die wie die Bakterien als prokaryotisch bezeichnet werden, unterschieden sich von späteren Formen des Lebens insofern, als das genetische Material, vermittels dessen sie sich fortpflanzten, frei in der Zelle in Form einfacher DNS-Fäden* herumschwamm, wodurch die Pflanze in die Lage versetzt wurde, genaue Kopien ihrer selbst als Nachkommen zu produzieren. Bei derartig einfachen Zellstrukturen müßte man eine sexuelle Begegnung im üblichen Sinn eigentlich für ausgeschlossen halten, da es keine erkennbaren Trennungen in weibliche oder männliche Partner gibt. Dennoch nimmt man an, daß die ersten Kopulationsversuche zwischen den primitivsten Algen stattfanden. Man wird diese wohl kaum eine echte geschlechtliche Vereinigung nennen können, aber eine Verbindung war es in gewisser Hinsicht; vielleicht trifft die Bezeichnung *präsexuelle Verbindung* den Sachverhalt genauer, da es sich hier um eine wesentliche

* Desoxyribonukleinsäure, der Grundbaustein nahezu allen Lebens.

Entwicklungsstufe auf dem Weg zu wirklicher Geschlechtlichkeit gehandelt haben dürfte.

Vielleicht ging das Ganze so vor sich: Diese primitiven Einzeller vermehrten sich, wie wir sagten, durch einfache Zweiteilung und Weiterteilung, wodurch aus einer Zelle zwei, vier, acht, sechzehn usw. wurden. Doch irgendwann – so nimmt man an – scheint sich das umgekehrt zu haben: Statt daß sich eine Zelle in zwei Zellen teilte, verschmolzen zwei Zellen zu einem Organismus. Vielleicht waren die zwei betroffenen Zellen irgendwie beschädigt, so daß ihre Zellwände durchlässig waren; durch diese durchlässigen Zellwände konnten sich die Zellinhalte mischen und zu einer einzigen Zelle vereinigen. Man hat behauptet, eine solche Verschmelzung sei aus Ernährungsgründen durchgeführt worden; nach der wiederholten Zellteilung eines Organismus würden sich demnach die Zellen mit verminderten Ressourcen vereinigt und ihre Qualitäten in einen gemeinsamen Topf geworfen haben. Vielleicht passierte das Ganze jedoch einfach durch einen zufälligen Zusammenprall zweier Zellen. Wäre es nicht ganz passend, wenn eine Entwicklung, die schließlich zur Sexualität führte, damit begonnen hätte, daß zwei Einzelwesen aufeinanderprallten?

Diese primitiven Kopulationen – wir haben es bereits angedeutet – waren einfach Reparaturarbeit. Eigentlich sollte man sie überhaupt nicht als Kopulation bezeichnen, denn die meisten Menschen verstehen darunter die Vereinigung zweier verschiedener Individuen. Nun, die vorerwähnten zwei Zellen waren nicht verschieden. Sie waren Bestandteile ein und desselben Mutterorganismus, ihre Zusammensetzung war identisch, und sie wurden nun, nach einer Trennung, wiedervereinigt. Dafür das Wort »Kopulation« zu verwenden, wäre ebenso paradox, als wollte man es für das Wiederannähen einer bei einem Unfall abgetrennten Fingerspitze gebrauchen.

Ein solcher Organismus, der in einer Zeit anzusiedeln ist, in der Sexualität und Tod noch lange nicht vorkamen, könnte als unsterblich bezeichnet werden. Die einfachsten Blaugrünen Algen, die bis heute noch in den Meeren leben, sind denn auch nicht etwa Abkömmlinge des einen ursprünglichen Organismus, sondern tatsächlich Teile von ihm, so daß man sagen könnte, diese Algen seien mindestens zwei Milliarden Jahre alt. Und man dürfte einen derartigen Organismus erst dann als »tot« bezeichnen, wenn all die getrennt lebenden Zellen auf einmal abstürben; und dies tritt wahrscheinlich so bald nicht oder »niemals« ein, da sie sich externen Umständen gut anpassen können; sie überleben sogar Temperaturen bis zu 75 °C, bei denen jede weniger primitive Pflanze sterben müßte. Das wiederum rührt von dem primitiven Bau der Zelle und ihres Zellinhalts her, die noch immer ähnliche extreme Situationen zu meistern haben wie die ersten ihrer Art. Eben dieser primitive Bau aber machte es ihnen auch unmöglich, sich höher zu entwickeln, etwa Sexualität zu erfinden, die doch von denen, die sie praktizieren, wie wir alle wissen, eine sehr viel komplexere Beschaffenheit verlangt.

Nachdem die ersten zwei Zellen miteinander verschmolzen waren, geschah das gleiche – so nimmt man an – im Verlauf der folgenden Millionen von Jahren immer und immer wieder: die beiläufige und zufällige Paarung identischer Zellen, ohne Veränderung oder Variation. Da es die Geschlechtlichkeit noch nicht gab, die Varianten hätte hervorbringen können, bestand die einzige Möglichkeit zur Veränderung in der Mutation. Diese nur von willkürlichen Ereignissen wie Strahleneinwirkungen, chemischen Vergiftungen, äußerlichen Beschädigungen oder Fehlfunktionen der Zelle, durch die ein Teil des genetischen Materials verändert wurde. Meist erfolgt eine solche Einwirkung nur bei einem einzigen Gen, einer der vererbten Einheiten, und sie bewirkt eine Veränderung von der Art, daß die Eigentümlichkeit des Organismus als Ganzes wandelt.

Da nun aber – wie gesagt – zufällige Genveränderungen von Unfällen verursacht werden, gehen die meisten von ihnen negativ aus. Entweder stirbt der Organismus dabei überhaupt ab, oder er wird dermaßen verkrüppelt, daß die Überlebenschancen stark vermindert sind. In einigen seltenen Fällen ist Mutation allerdings nicht zerstörerisch und kann sogar Verbesserungen bewirken. Dann wird das Mutationserbe der nächsten Generation übertragen und kann – falls es noch ein Überlebenspotential besitzt – zu einer neuen Art führen, die von der ursprünglichen verschieden, ja ihr sogar überlegen sein kann.

Eines Tages (und hier stellen wir pure Vermutungen an, da die fossilen »Dokumente« uns keine Einzelheiten überliefern), nehmen wir einmal an, trafen zwei primitive Zellen der Blaugrünen Algen aufeinander, wie dies schon viele Male zuvor der Fall gewesen war. Nur sind diesmal die zwei Zellen nicht mehr identisch, weil eine von ihnen ein Mutant ist und demzufolge ein wenig »anders«. Die Andersartigkeit ist nicht schwerwiegend genug, als daß die eine Zelle die andere als Fremdwesen abstoßen müßte, doch sie verhindert immerhin die völlige Verschmelzung der beiden Zellen. Der Zellinhalt des Mutanten vermischt sich nicht mit dem der »normalen« Zelle zu einer nicht zu unterscheidenden Einheit, sondern bleibt für sich und bildet innerhalb der anderen eine Art Enklave.

Vielleicht ist das nicht genau so vor sich gegangen, aber irgendwie entstand allmählich ein neuer Typ von Zelle, bei dem der Zellkern von dem restlichen Zellmaterial getrennt war; zwischen diesem, dem *Zytoplasma,* und ihm lag die Membran des Kerns. Eine solche Zelle – man nennt sie *eukariotisch* – stellte in der Entwicklung einen enormen Schritt vorwärts dar, jedenfalls im Vergleich zu allem, was bislang so vor sich hin lebte, und diese Zellen bildeten die Grundformen für alles bisher entstandene höhere Leben, sei es pflanzlicher oder tierischer Natur. Die Aufspaltung des Zelleninhalts in verschiedene, deutlich abgesetzte Teile führte zur Spezialisierung von Funktionen, und dies wiederum bewirkte nicht nur eine Spezialisierung der verschiedenen Bereiche in einer Zelle, sondern auch später die Entwicklung verschiedenartiger Zellen. Außerdem führte sie zum Sex, der ja eben auf Verschiedenheit beruht.

Da die Erfindung von Varianten ursprünglich nicht das Werk der Sexualität, sondern das der Mutationen war, glauben selbst noch Wissenschaftler unserer Zeit, »daß geschlechtliche Fortpflanzung eigentlich nicht nötig ist und daß die Evolution allein durch Mutation hätte stattfinden können« (Anthony Huxley). Die Existenz einer solchen Vorstellung noch heute legt die Vermutung nahe, daß auch einige moderne Wissenschaftler ein unbefriedigendes Geschlechtsleben hatten und dem »Thomas-Browne-Syndrom« entsprechend wünschten, daß die Sexualität besser niemals erfunden worden wäre. Diese Spekulation ist indessen in jeder Beziehung nutzlos; ob Browne oder sonst irgendwer sich dagegen wehrte, die Sexualität ist nun einmal da. Vielleicht war sie unvermeidbar, sobald Lebewesen ein bestimmtes Entwicklungsstadium erreicht hatten – ein Stadium zunächst der Differenzierung innerhalb ihrer selbst und dann eines der Differenzierung zwischen ihresgleichen.

Was sich daraus in den Milliarden Jahren seit der Entstehung des Lebens auf unserem Planeten entwickelte, war eine unglaublich große Vielfalt im Pflanzenreich. Sobald die Ausprägung neuer Formen begonnen hatte, gab es kein Halten mehr. Um noch einmal Anthony Huxley zu zitieren: »Man fühlt sich dazu verführt, eine dynamische Naturkraft festzustellen – einen *élan vital,* wie Bergson das nannte –, die nicht umhin kann, unablässig Neues hervorzubringen – eine Art von kosmischen Kritzeleien, einen Zwang zum Wandel und zur Veränderung.«

Als Ergebnis dieser »kosmischen Kritzelei« kennen wir heute schätzungsweise 450 000 verschiedene Pflanzengattungen. Die Mehrzahl davon gehört zu den *Spermatophyten,* den Samen- oder Blütenpflanzen, die derzeit das Landschaftsbild der Erde prägen. Sie sind wieder in zwei Gruppen unterteilt: die *Gymnospermen* (»Nacktsamige«), die bereits vor zweihundert Millionen Jahren üppig florierten und die bis heute von den Nadelgewächsen und ihren Verwandten repräsentiert werden, und die *Angiospermen* (»Bedecktsamige«), deren Existenz nur so etwa die hundert Millionen Jahre zurückreicht und die doch die grandioseste Entwicklung im Pflanzenreich hinter sich gebracht haben. Es gibt heute wohl eine viertel Million verschiedener Arten von Blütenpflanzen.

Die normale Methode, vermittels derer sich höhere Formen pflanzlichen Lebens – und genauso alle anderen höheren Lebensformen – fortpflanzen, ist die durch sexuelle Vereinigung (auch wenn einige degenerierte Arten sie wieder aufgegeben haben).

Da sie in der Evolution als letzte auftraten, bezeichnet man die Samenpflanzen oft als »höhere« Pflanzen. Allerdings vermeiden zahlreiche Biologen das Adjektiv »höher«, weil es zu dem Mißverständnis führen könnte, daß bescheidenere Pflanzen, die nur im wörtlichsten Sinn »niedrig« sind (das heißt, daß sie oft dicht über dem Boden wachsen oder lieber im Wasser bleiben und nicht optisch auffällige Blüten produzieren), auch minderen Wertes seien. Wie Sigmund Freud schon sagte: Seit der Mensch sich aufrichtete und seine Gesichts- und Geruchsorgane über den Erdboden erhob, neigte er dazu, alles geringzuschätzen, was unter ihm lag, und diese Dinge für nicht nur in einem räumlichen Sinn als »niedrig« zu betrachten. Vielleicht haben Menschen aus diesem Grund die Sexualität so hartnäckig als Teil ihrer eigenen »niedrigen« Natur verteufelt, weil ihre Geschlechtsorgane (meistens) sehr viel weiter unten liegen als ihr Kopf.

Es geht in der Tat nicht an, die archaischen Pflanzenarten für weniger wesentlich zu halten als die neuesten und am aufregendsten blühenden Arten. Sie alle haben ihren festen und wichtigen Platz im Schema der Natur. Sicher, die Pflanzenarten, die lebten, lange bevor die Blütenpflanzen entstanden, fristeten ihr Dasein etwas bescheidener, aber deswegen sind sie keineswegs zu verachten. Einige von ihnen haben eine erstaunliche Überlebensqualität bewiesen, während viele blütentragenden Spezies auftraten und wieder verschwanden und nur ein paar fossile Relikte hinterließen. Überdies haben sich diese Urtypen von Pflanzen neben jenen, die seit der Frühzeit mehr oder weniger unverändert geblieben sind, zu einer verwirrenden Vielfalt von Formen und Gestalten auf ganz eigenständigem Weg entwickelt, und sie haben vielfältige, teils geschlechtliche, teils ungeschlechtliche Fortpflanzungsmethoden kreiert. Da diese Pflanzen die ersten Tastversuche in Richtung Sexualität unternahmen, ohne die die raffinierten Sextechniken der »höheren« Pflanzen nicht möglich geworden wären, wollen wir zunächst einmal ihre entsprechende urtümliche Verfahrensweise betrachten.

Da sie für das nackte menschliche Auge offensichtlich keine Geschlechtsorgane aufweisen, nannte Linné Pflanzen dieses frühen Typs *kryptogam* (so viel wie »versteckt begattend«). Im Unterschied zu ihnen gehören sämtliche Blütenpflanzen zu den sich »sichtbar Begattenden«, den *Phanerogamen*.

Lange nachdem man die Sexualität als unentbehrliches Element im Leben von Blütenpflanzen akzeptiert hatte, glaubten manche weiterhin, bei den Kryptogamen gebe es keine Geschlechtlichkeit. Eine Pflanzengruppe, wenn auch eine demütig-niedrige, meinten sie, habe sich dem Trend zur Sexualität entziehen können, der sich im Pflanzenreich unter den neueren und auffallenderen Pflanzen breitgemacht hatte. Aber natürlich hatten diese Leute unrecht. Die Sexualität erhebt überall »ihr häßliches Haupt«, wo immer es liebende Lebewesen gibt. Nur einige der primitivsten und einfachst gebauten Organismen scheinen wirklich geschlechtslos zu sein, ohne Sexualität in irgendeiner Form auszukommen und keinerlei Geschlechtsorgane oder geschlechtliches Verhalten aufzuweisen. Andererseits haben sich in den letzten Jahren so viele Vermutungen als falsch erwiesen, sind durch verbesserte neue wissenschaftliche Forschungsmethoden so viele unerwartete sexuelle Aktivitäten bei Pflanzen entdeckt worden, daß ein Gutteil dessen, was man bislang als geschlechtslose Fortpflanzung gelten ließ, vielleicht ganz und gar nicht geschlechtslos ist.

Was wir Menschen als gegenseitige sexuelle Anziehungskraft, als chemische Magie bezeichnen, besagt im Grunde gar nichts anderes, als was Forscher heute über die geschlechtlichen Reaktionen zwischen den Pflanzen herausfinden. Und einige der aufregendsten Entdeckungen machte man gerade bei den Kryptogamen, bezüglich deren »versteckter Hochzeit« sich die Biologen mit den modernsten Forschungsmitteln bis zu den intimsten Details vordrängen. Vielleicht sehen wir uns einige der experimentell entdeckten Tatsachen an, die uns einen Einblick in die Anfänge der Sexualität vermitteln können.

Die Pflanzengruppe, die Linné die Kryptogamen nannte, wird in drei Gruppen aufgeteilt. Die erste davon, die *Thallophyten*, umfaßt die primitivsten Pflanzen, die Algen, Flechten und Pilze; man erkennt sie an dem Pflanzenkörper, dem *thallus*, der sehr einfach ist und keinerlei Differenzierung in Wurzel, Stengel und Blätter aufweist. Die zweite Gruppe sind die *Bryophyten*, zu denen die Laubmoose und die Lebermoose gezählt werden. In die dritte Abteilung gehören die *Pteridophyten*, also die Farne und ihre Verwandten. Wir wollen Angehörige aller drei Gruppen untersuchen, um herauszufinden, wie sich aus einfachen Formen der Sexualität höhere entwickelten.

Wir wissen, daß Sex auf Verschiedenheit beruht. Und der existierende grundlegende Unterschied bei höheren Pflanzen und Tieren ist der zwischen weiblich und männlich. Bei einigen der primitiveren Pflanzen allerdings läßt sich überhaupt kein Geschlechtsunterschied feststellen, selbst wenn man sie unter dem Elektronenmikroskop vieltausendfach vergrößert. Dennoch aber vereinigen sich diese scheinbar identischen Organismen und bringen Nachkommen hervor. In seinem beachtlichen Buch *Sexual Interactions in Plants* (»Sexuelle Beziehungen bei Pflanzen«) liefert Hermanus van den Ende viele Beispiele über die Vereinigung anscheinend geschlechtsloser, identischer Individuen verschiedener Arten, die aber doch Geschlechtsorgane entwickelt haben, welche ihnen die Vereinigung ermöglichen. Eine Zeitspanne des Bekanntwerdens und des Einander-Abtastens ist hier erforderlich, während der Geschlechtshormone und andere chemische Zwischenträger hin und her wandern, die zur geschlechtlichen Erregung beitragen. Man hat als Bezeichnung für das Hormon, das zur Entstehung von Geschlechtsorganen führt, den Namen *erogenes* Hormon (»Verlangen erregendes« Hormon) vorgeschlagen, für das Hormon, das Partner anzieht, *erotaktines* Hormon (»Berührung förderndes« Hormon), und für das Hormon, das zwei Partner zueinander bringt, den Begriff *erotropines* Hormon (»Verlangen lenkendes« Hormon).

Einer der verblüffendsten Fälle, die van den Ende beschreibt, ist der einer Grünalge namens *Chlamydomonas*. Sie ist ein kleiner einzelliger Organismus, der im Wasser herumtreibt und sich mit Hilfe eines Paars peitschenförmiger Gebilde, sogenannter *flagella*, fortbewegt. Jede dieser Grünalgen sieht haargenau so aus wie die anderen. Außerdem scheint es keinen Unterschied zu geben zwischen einer gewöhnlichen vegetativen und einer Geschlechtszelle, seien sie männlich oder weiblich, und auch die beiden Geschlechter unterscheiden sich nicht voneinander, weder durch ihr Aussehen noch durch ihren Zellenbau.

Wenn eine Einzelzelle geschlechtsreif ist, verändert sich ihr früherer Zustand, in dessen Verlauf sie kein Interesse für den Befruchtungspartner aufwies, sie wird zu einem sexuell reifen Wesen, das jetzt nur das Ziel verfolgt, einen Partner des anderen Geschlechts zu finden und sich mit ihm zu vereinen. Die ganze Zelle hat sich in eine Fortpflanzungseinheit verwandelt, die wir als *Gameten* bezeichnen (als »Hochzeitspartner«), oder aber auch als »Geschlechtszellen«. Ihre Aufgabe besteht darin, sich mit einer Zelle des anderen Geschlechts zu verbinden, so daß die beiden Zellkerne miteinander verschmelzen können. Die daraus entstehende Zelle, die Zygote, ist dann das neue Individuum.

Die Zellvereinigung der *Chlamydomonas* ist oft beschrieben worden, doch erst die Fortschritte in der Chemoanalyse unserer Tage ermöglichen ein besseres Verständnis von derartigen Vorgängen. Eine solche Vereinigung ist eine ziemlich langwierige Geschichte und findet in zwei Stufen statt. Zuerst, so stellt man bei einer Beobachtung fest, treffen die anfangs vermischten Zelltypen beiderlei Geschlechts, positive und negative, zu Paaren zusammen. Gibt es eine große Zahl von Zellen in unmittelbarer Nähe, haben diese die Tendenz, Gruppen von sich vereinigenden Zellen zu bilden. Ihre peitschenförmigen Flagella ins Wasser schlagend, rücken die begattungsbereiten Zellpaare dicht zueinander. Die Spitzen ihrer Flagella berühren sich, als wollten sie sich miteinander bekannt machen. In diesem Stadium noch beobachtete man oft einen Partnerwechsel; passen die Partner aber zusammen, geht der Vorgang der Vereinigung der Flagella weiter, von deren Spitzen bis zu dem Punkt, an dem sie mit dem Zellkörper verbunden sind. Dort, wo die Flagella angesetzt sind, beginnen die Zellinhalte auszutreten, und während sich die heftig peitschenden Flagella weiter vereinigen, geraten die beiden Zellen in engeren Kontakt, und ihr Inhalt beginnt zu verschmelzen. Nach mehreren Stunden der »Kopulation« sind beide Gameten vollkommen miteinander verschmolzen und bilden eine neue Zygote.

In Experimenten wurde nachgewiesen, daß die Verwandlung einer normalen vegetativen Zelle in eine sexuelle – ähnlich dem Einbruch der Pubertät bei allen anderen Arten – weitgehend von Alter, Ernährung und Lebensumständen abhängig ist, daß aber die Anziehung, die Gameten während der Zeit der Paarung aufeinander ausüben, chemischer Natur ist und durch Zellsekrete bewirkt wird. Die Art, die van den Ende für seine Versuche verwendete, hatte Geschlechtszellen, die man als *Isogameten* (»gleichgametisch«) bezeichnet, weil ihre Form und Gestalt identisch sind und sie nicht als männlich oder weiblich bezeichnet werden können. Aber Isogamie ist eine Ausnahme in der Welt der Pflanzen und beschränkt sich auf einige der primitivsten Algen und Pilze. In fast allen anderen Fällen sind die weiblichen und männlichen Gameten deutlich voneinander verschieden. Der männliche Gamet scheint aktiv, der weibliche passiv zu sein.

Diese Unterscheidung scheint sogar bei Arten vorzukommen, bei denen die weiblichen und die männlichen Geschlechtszellen als Isogameten auftreten und der Form nach gleich und ebenso gleich beweglich sind. Ein typischer Fall ist die ziemlich verbreitete Braunalge (*Ectocarpus siliculosus*) mit ihren dichten Büscheln und langen, verzweigten Fasern. Zunächst zeigen die männlichen und weiblichen Gamete, die einander in Gestalt und Aktivität gleichen, keinerlei Interesse füreinander. Dann aber geschieht etwas. Die weiblichen Gameten gelangen zu der Auffassung, es sei an der Zeit, seßhaft zu werden. Sie hören auf, im Wasser herumzuschwimmen, und setzen sich an einer sicheren Stelle fest. Fast sofort finden die eben noch vollkommen indifferenten männlichen Gameten Gefallen an den nun bewegungslosen »Weibchen«. Sie versammeln sich in größerer Anzahl um diese weiblichen Zellen und heften sich mit ihren Flagella an ihnen fest. Aber es ist nicht etwa so, daß die männlichen Gameten es bevorzugen, daß ihre weiblichen Partner sich bewegungslos verhalten; was die »Männchen« anzieht, ist die Tatsache, daß die weiblichen Zellen, sobald sie sich seßhaft gemacht haben, eine chemische Substanz in das Wasser abgeben, die die männlichen Gameten unwiderstehlich reizt. Umgekehrt hat man aber auch festgestellt, daß sich weibliche Gameten nicht niederlassen, um ihre anlockenden Sekrete abzugeben, wenn keine männlichen Zellen in der Nähe sind. Es scheint also logisch zu sein, daß auch die männlichen Gameten eine Substanz absondern, die es den weiblichen ermöglicht, sie als männlich zu identifizieren. Überdies wurde nachgewiesen, daß eine weibliche Zelle, sobald sie von einem männlichen Gameten »geschwängert« wurde, sofort aufhört, ihre chemischen Reize sprechen zu lassen, so daß andere männliche Zellen, die auf eine Paarung ausgewesen sein mochten, nicht weiter animiert werden.

Bevor wir uns von den Algen und dem Wasser freimachen, wollen wir doch noch ganz kurz einen Blick auf einen bestimmten Pilz werfen, eine Wasserspezies namens *Achlya*. Vielleicht meint jemand, Pilze hätten in einem Buch über die Sexualität der Pflanzen nichts zu suchen, da sie über kein Chlorophyll verfügen und eine ganz andere Struktur haben – weswegen viele Biologen sie aus dem »normalen« Pflanzenreich überhaupt herausgenommen wissen wollen. Doch ihr Sexualverhalten und ihre Sexualtechniken sind erstaunlich vielfältig und geben Anlaß, unsere Vorstellungen über die festgelegten Rollen von »männlich« und »weiblich« zu überprüfen. *Achlya* ist ein Pilz, dessen Körper aus *hyphae* besteht, aus zylindrischen Fäden, die sich sowohl an der Spitze wie durch Verzweigung ausdehnen. Das Netzgeflecht wird als *Myzel* bezeichnet. Innerhalb einer Art gibt es mehrere Unterarten, die sich durch Selbstvermehrung fortpflanzen können, das heißt, daß sie sowohl die Eizellen produzieren können als auch die Samenzellen, die jene befruchten. Andere Unterarten verhalten sich in umgekehrter Weise. Wenn solche niederen Pilze nebeneinander im Wasser liegen, treten an den verschiedenen Einzelpflanzen männliche Geschlechtsorgane, sogenannte *Antheridien*, und weibliche, als *Oogonien* bezeichnet, auf. Aber da diese Geschlechtsorgane erst zu wachsen beginnen, wenn die zwei Organismen in körperlichen Kontakt miteinander gelangt sind, darf man annehmen, daß der physische Kontakt zwischen den Einzelwesen, eine Art ausgedehnter Umarmung, nicht nur dafür verantwortlich ist, daß die Partner ein sexuelles Verlangen füreinander entwickeln, sondern zuvor erst einmal für die Ausbildung der Geschlechtsorgane, mit denen dieses Verlangen später gestillt werden soll. Wenn sich das männliche Organ voll entwickelt hat, durchdringt es die Haut seines weiblichen Gegenparts und sondert Samenzellen ab, durch die die Eizellen befruchtet werden, die sich in der weiblichen Art gebildet haben.

Aus Beobachtungen des ganzen Ablaufs der Paarungssequenz können wir auch hier schließen, daß verschiedene chemische Substanzen eine Rolle spielen. Der gesamte geschlechtliche Ablauf wird durch ein vom »Weibchen« abgesondertes Hormon ausgelöst, das, wenn es den Partner erreicht, bewirkt, daß dort die männlichen Geschlechtsorgane zu wachsen beginnen. Das »Männchen« seinerseits sendet ebenfalls ein Hormon aus, das bewirkt, daß die weiblichen Geschlechtsorgane zu wachsen beginnen. Darauf wird dann vom »Weibchen« ein weiteres Hormon abgesondert, das die »männlichen« Organe anlocken soll; anschließend produziert das »Männchen« ein viertes Hormon, das die »weiblichen« Organe zum Wachstum und zur Produktion von Eizellen anregt.

Aber das bemerkenswerteste Faktum ist, daß es anscheinend unterschiedliche Grade von »Männlichkeit« und »Weiblichkeit« in den verschiedenen Unterarten der *Achlya* gibt. Am einen Ende der Skala liegen die vollkommen männlichen bzw. weiblichen Arten, die sich selten durch Selbstbefruchtung fortpflanzen, sondern einen Geschlechtspartner bevorzugen. Dazwischen aber gibt es diverse Abstufungen, die weder eindeutig männliche noch entsprechende weibliche Eigenschaften aufweisen; sie scheinen sich gern den Wünschen und Vorlieben der Partner anzupassen, denen sie zufällig begegnen, und sie legen dann nicht nur das passende Sexualverhalten zutage, sondern entwickeln auch die entsprechenden Geschlechtsorgane, so daß ein erfolgreicher Geschlechtsakt stattfinden kann. Um in diesem Zusammenhang van den Ende noch einmal zu zitieren: »Es gibt keine Festlegung auf einen spezifischen Geschlechtscharakter, vielmehr zeigt sich die Fähigkeit, entweder männlich oder weiblich zu reagieren, je nach dem Geschlechtspartner.« Oder, um J. R. Rapers *Sexual Versatility and Evolutionary Processes in Fungi* (»Geschlechtsvarianten und Evolutionsvorgänge bei Pilzen«) anzuführen, es »gibt eine sexuelle Ambivalenz, bei der in jeder geschlechtlichen Begegnung durch gegenseitige

Übereinkunft bestimmt wird, wer männlich und wer weiblich sein soll«.

Aber jetzt müssen wir uns wieder aufs Festland begeben und von den Algen und den anderen im Wasser lebenden Organismen lassen, auch wenn mit ihnen das Leben und die Sexualität begonnen haben. Mit den Seetangarten und ihren Vorfahren fing es ja an, als diese, zunächst nur zwischen den Gezeiten, später aber für immer, den Strand hinaufwuchsen, sich zu Landbewohnern entwickelten und dann, Hunderte von Millionen Jahren später, zu sogenannten »höheren« Pflanzen wurden, zu denen, die heute unsere Landschaft beherrschen und mit denen wir uns in diesem Buch vorwiegend befassen wollen.

Als sie das Wasser verließen, entstand für die Pflanzen bezüglich ihres Geschlechtslebens eine ganze Reihe von Problemen. Im Meer war die Fortpflanzung eine relativ einfache Sache; Eier und Samen wurden ins Wasser abgegeben und konnten dort herumschwimmen, bis die männlichen Zellen die weiblichen fanden; das Wasser, ihr Element, diente ihnen dabei als Zuträger, als Vehikel. Auf dem Land aber gab es kein Wasser, um die Geschlechtszellen zu transportieren. Wie also sollte hier die männliche Samenzelle die weibliche Eizelle erreichen?

Ehe wir darauf antworten können, müssen wir den Geschlechtsakt bei Pflanzen untersuchen und die Vorgänge beim Zusammentreffen männlicher und weiblicher Gameten. Alles Leben besteht aus Zellen. Die frühesten und einfachsten waren, wie wir gesehen haben, einzellige Organismen. Nach geraumer Zeit fanden sich einige von ihnen in Gruppen zusammen, wie etwa in den sogenannten Algenkolonien, die aus einzelnen, deutlich abgegrenzten Zellen bestehen, die sich teilweise zusammenschließen, um auf kooperative Weise miteinander zu leben. Der große

Fortschritt trat ein, als allmählich vielzellige Organismen sich zu formen begannen, die aus zahlreichen, manchmal aus Millionen Zellen, bestanden, die nicht länger unabhängig, sondern Bestandteil ein und desselben Organismus waren – wie etwa eine Blütenpflanze oder ein Menschenwesen. Verschiedene Zellen oder Zellgruppen spezialisieren sich auf bestimmte Funktionen hin, und so entstanden die speziellen Bauteile des Körpers. Zu diesen gehören auch die Geschlechtsorgane.

Jede lebende Zelle in jedem Lebensorganismus, außer denen der allerprimitivsten, enthält einen Zellkern, in dem die Gene, die Erbträger, in der Form stabähnlicher Gebilde, der sogenannten Chromosomen, angeordnet sind. Das normale Individuum jeglicher Gattungen, ob tierisch oder pflanzlich, verfügt über einen Doppelsatz von Chromosomen, wobei jeweils ein Satz von dem weiblichen, ein Satz von dem männlichen Elternteil stammt. Da es sich hier um zwei Chromosomensätze handelt, spricht man von *diploid* (»zweisam«). Der normale Mensch besitzt sechsundvierzig Chromosomen in einer Anordnung von zwei mal dreiundzwanzig; ein Gänseblümchen hat achtzehn, d. h. zwei mal neun Chromosomen. Die geschlechtliche Fortpflanzung geschieht vermittels je einer Geschlechtszelle – oder Gamete – je Elternteil, die sich zusammentun und ein neues Lebewesen bilden, die Zygote. Wenn aber die Zahl der Chromosomen in jeder Gamete die gleiche wäre wie in den Körperzellen der Eltern, also ein Doppelsatz, dann würde der Nachwuchs die vierfache Anordnung an Chromosomen aufweisen. Beim Gänseblümchen würde jedes Elternteil achtzehn Chromosomen beisteuern, und der Nachwuchs hätte dann sechsunddreißig Chromosomen. Und nach einigen Generationen würden die Nachkommen Hunderttausende von Chromosomen aufweisen.

Um dieses Problem zu überwinden und die Chromosomenzahl konstant zu halten, hat sich die Natur einen perfekten Mechanismus einfallen lassen. Während des Wachstums der Gameten tritt ein *meiosis* (»Reduktionsteilung») genannter Prozeß in Gang. Durch ihn wird die Zahl der Chromosomen auf die Hälfte der in den Körperzellen vorhandenen vermindert, so daß jeder Gamet nur einen Satz Chromosomen enthält. Man bezeichnet ihn dann als *haploid* (»einzeln«). Wenn sich dann der weibliche und männliche Gamet paaren, trägt jeder von ihnen seinen haploiden Chromosomensatz bei, so daß wieder der Doppelsatz, die *diploide* Anordnung, entsteht und die Nachwuchszelle wieder die gleiche Chromosomenzahl aufweist. Allerdings gibt es während der Meiose ein entscheidendes Stadium, das erwähnt werden muß. Während der Reduktionsteilung vollziehen die Chromosomen eine Art hochkomplizierten Rituals, bei dem eine sogenannte »Überkreuzung« stattfindet. Dieses Ritual bewirkt, daß jedes Chromosom sich mit seinem Gegenstück im anderen Chromosomensatz vorübergehend verbindet, wobei beide Chromosomen Teile von sich gegeneinander austauschen, so daß die Chromosomen, wenn sie sich schließlich wieder in haploide Sätze aufspalten, das genetische Material ausgetauscht haben: Ein Teil kommt von dem männlichen, der andere von dem weiblichen »Großelternteil«.

Auf diese Weise, durch die stetige Neukombination der Gene, die bei jedem Gameten andersartig ist, wird das Erbmaterial unablässig gemischt und neu verteilt, und so sind die Unterschiede im Nachwuchs gesichert, was der einzige Sinn und Zweck der Sexualität ist.

Nun, nachdem wir uns über die Bildung der Gameten informiert haben, können wir auf die Frage zurückgreifen, wie eine männliche Geschlechtszelle das Problem löste, die weibliche zu erreichen, sobald die Pflanzen sich aufs Land wagten und die Geschlechtszellen sich nicht mehr einfach im Wasser verbinden konnten. Die Lösung dieses Problems nahm mehrere Millionen Jahre in Anspruch, während derer die aufs Land gewanderten Pflanzen nicht zu weit landeinwärts wandern durften, nicht aufs trockene Land, weil die männlichen Fortpflanzungszellen immer noch darauf angewiesen waren, zu den weiblichen zu »schwimmen«, zumindest aber eine gewisse Menge Feuchtigkeit brauchten, um zu ihnen zu gelangen.

Mehrere Arten unserer heutigen Landpflanzen sind in diesem Stadium stehengeblieben, einem Stadium, in dem sie Feuchtigkeit benötigen, um sich zu befruchten, weil ihre Samen schwimmen müssen. Dazu gehören die Moose und die Farne, die beide zwei vollkommen unterschiedliche Lebensphasen aufweisen – eine geschlechtliche und eine nicht-geschlechtliche. Wenn man eine Farnpflanze untersucht, stellt man fest, daß an den Rändern oder unter den Blättern (je nach Art) kleine Körner sitzen, die man als *Sporangien* bezeichnet und die, sobald sie reif sind, aufplatzen und enorme Mengen winziger Sporen freisetzen.

Sporen sind winzige Partikel der Fortpflanzung und Verbreitung, die von frühen Lebensformen entwickelt wurden, lange bevor die »höheren« Pflanzen auftraten, und für alle möglichen Organismen sind sie noch heute *das* Mittel der Verbreitung ihrer Art.

Wenn die Farnsporen auf den Erdboden gefallen sind, beginnen sie zu keimen und zu wachsen, falls die Bedingungen günstig sind. Aber das, was aus ihnen wächst, sieht einem Farn weder äußerlich noch in der Struktur ähnlich. Es ist ein kleines, flaches, herzförmiges Gebilde, das man leicht übersieht, wenn man den Erdboden nicht genau betrachtet. Dieser sogenannte *prothallus* stellt im Lebenszyklus der Farne ein deutlich abgegrenztes Stadium dar. Nach einer gewissen Zeit entstehen am Prothallus Geschlechtsorgane; von den männlichen unter ihnen werden Spermien abgesondert, die unter den feuchten Bedingungen, die so dicht am Erdboden herrschen, zu den weiblichen Geschlechtsorganen »schwimmen« und die Eizellen dort befruchten können. Die männlichen und die weiblichen Gameten haben während ihres Entstehens eine Meiose durchgemacht, so daß also beide nur je einen Chromosomensatz aufweisen, und wenn sie sich gepaart haben, entsteht eine Nachkommenschaft, die wiederum den doppelten Satz an Chromosomen aufweist. Und der wächst sich dann zu dem aus, was wir als diploide Farnpflanze erkennen.

Dieser Prozeß ist als *Generationsfolge* bekannt, und er findet bei allen Pflanzen, außer den rudimentärsten und primitivsten, als wesentlicher »Lebensrhythmus« statt. Die zwei Phasen oder Abschnitte sind ganz deutlich unterschieden: Die *Sporophyten* leben in einem geschlechtslosen Zustand und produzieren zur rechten Zeit die Sporen; und die *Gametophyten* tragen die Geschlechtsorgane, in denen die haploiden Gameten gespeichert sind.

Meist fallen uns die sporophytischen Stadien auf, so bei den Farnen und allen blühenden Pflanzen. Aber bei einigen Vertretern des Pflanzenreichs, etwa bei den Moosen, ist die Sache genau umgekehrt. Die weiche, kissenartige Erscheinungsform des Mooses ist die Pflanze in ihrem gametophytischen Zustand und trägt die Geschlechtsorgane. Was als neue Generation aus der geschlechtlichen Vereinigung entsteht, ruht in der Kapsel, die an einem Stengel über der Moospflanze angesetzt ist und in der sich die Sporen ausprägen, die dann nach der Reifung vom Wind verbreitet werden und neue Moospflanzen entstehen lassen. Diese Kapseln stellen die sporophytische Generation dar, und sie leben auf parasitäre Weise von der sexuellen Generation, den Gametophyten.

Da bei Farnen und Moosen das geschlechtliche Stadium

sich so drastisch vom ungeschlechtlichen unterscheidet, ist es bei ihnen leicht, den Generationswechsel festzustellen. Das gleiche gilt für viele ihrer Verwandten unter den kryptogamen Pflanzen. Da sie keine Samen produzieren, sind sie, was ihre Verbreitung anbetrifft, auf die Sporen angewiesen. Nun kann diese Verbreitungsmethode mittels Sporen höchst erfolgreich sein – denn Sporen sind so winzig und so leicht, daß der Wind sie Hunderte von Kilometern weit tragen kann –, sie schränkt aber den Evolutionsspielraum der Pflanzen ein und deren Möglichkeit, sich über die Sexualität auf eine Vielfalt hin zu differenzieren. Dies beruht, wie wir sahen, vorwiegend darauf, daß die männliche Geschlechtszelle auf ein flüssiges Medium angewiesen ist, um zu der weiblichen zu gelangen.

Die Samenpflanzen und insbesondere die Blütenpflanzen haben dieses Problem auf eine geradezu geniale Weise gelöst: Sie können unter nahezu allen Bedingungen sexuell »verkehren«. Auch sie haben noch immer einen Lebenszyklus mit Generationswechsel zwischen einer geschlechtlichen und einer ungeschlechtlichen Phase. Aber bei ihnen ist es nicht so leicht, die zwei Phasen auseinanderzuhalten. Die Pflanze selbst trägt die »Sporen«, und es gibt davon zwei Arten: die *Mikrosporen* und die *Megasporen*. Mikrosporen sind die Pollenkörner, die in den männlichen Geschlechtsorganen entstehen und die die männlichen Gameten aufbauen. Die Megasporen liegen versteckt in den weiblichen Geschlechtszellen der Blüten, und in ihnen sind die weiblichen Gameten enthalten.

Während des bisherigen Verlaufs der Evolution hat sich das männliche Mikrosporum seine kleine Gestalt und seine Beweglichkeit bewahrt, während das weibliche Megasporum an Größe zunahm und passiver wurde. Und damit, wie dieses Männliche zum Weiblichen gelangt, befassen sich die Sexualität und – dieses Buch.

IV

Es kommt drauf an, wie man gebaut ist

Blumen sind zur Anlockung von Insekten aufgetakelte Geschlechtsorgane. Dies gilt für die Mehrzahl der höheren Pflanzen, die uns in über einer Viertelmillion verschiedener Arten bekannt sind. Noch immer werden zusätzlich neue entdeckt, andere dagegen sterben laufend aus, hauptsächlich aufgrund des Verhaltens der Menschen. Zum Vergleich sei erwähnt, daß es schätzungsweise zwischen einer halben und einer Million verschiedene Insektenarten gibt, die letzten Endes sämtlich direkt oder indirekt von Pflanzen abhängig sind, auch wenn sie sich nicht alle unmittelbar am Geschlechtsleben der Pflanzen beteiligen. Bei manchen Arten ziehen die Blüten andere Geschöpfe, beispielsweise Vögel, Fledermäuse oder sonstige Tiere an; nicht wenige brauchen sich nicht im geringsten attraktiv herauszuputzen, weil sie sich bezüglich der Befruchtung auf Wind oder Wasser verlassen können. Man nimmt allerdings an, daß diese zwei letzteren Methoden Ergebnisse einer späteren Entwicklung sind.

Vielleicht mag die Vorstellung zunächst als seltsam erscheinen, daß die Befruchtung im Wasser eine »Erfindung« der jüngeren Blütenpflanzen sein soll, da doch bekanntlich die ersten geschlechtlichen Verbindungen im Meer praktiziert wurden, lange noch bevor es auf dem trockenen Land Pflanzen gab, die zu dieser hätten befähigt sein können. Aber die primitiven Formen pflanzlichen Lebens, deren Sexualität sich im Wasser abspielte, waren ganz verschieden von den höheren Arten, mit denen sich dieses Kapitel befaßt. Sie besaßen keine Blüten und keine Pollen, also konnte man die sexuellen Vorgänge bei ihren Badeorgien nicht als Pollination bezeichnen, so abwechslungsreich und befriedigend sie auch gewesen sein mögen. Die echten Blütenpflanzen, die das Wasser als Medium für sexuelle Vereinigung benutzen, weisen alle Anzeichen dafür auf, daß sie Abkömmlinge von Landpflanzen sind und sich erst in jüngerer Zeit ins Wasser gewagt haben. Wir behandeln später einige Beispiele dieser *Hydrophilie* (wörtlich: »Liebe-im-Wasser«). Sie ist bei Blütenpflanzen insgesamt selten, möglicherweise weil Pollen für trockene Lebensbedingungen eingerichtet sind und Wasser für sie unangenehm und gefährlich ist. Die *Anemophilie* (»Liebe-im-Wind«) ist viel weiter verbreitet und viel wichtiger. Der Wind ist der übliche Bestäubungs-Zwischenträger der Gräser, Schilfarten, Binsen und recht zahlreicher Baumgattungen. Die Goldwolken der Pollen, die in jedem Frühjahr durch Luftbewegungen davongetragen werden, enthalten Millionen Pollenkörper und verursachen das alljährliche Elend der unter »Heuschnupfen« leidenden Menschen, zu deren Gunsten denn auch in zahlreichen Ländern während der entsprechenden Jahreszeit Pollenzählungen durchgeführt werden. Pollen – so stellt man fest – werden in ungeheueren Mengen produziert; hingebungsvolle Forscher fangen sie auf Spezialplatten ein und zählen sie nach der Identifizierung aus; sie schätzen, daß selbst in ziemlich urbanen Bereichen pro Quadratzentimeter ein jährlicher »Pollenregen« von tausend Pollenkörnern von Bäumen und von zweitausend von Gräsern niederrieselt. Diese Zahlen beziehen sich auf Großbritannien; aber für die dichter bewaldeten Regionen Schwedens schätzt man diesen für die erwähnten Opfer zweifelhaften jährlichen »Pollensegen« auf bis zu dreißigtausend Körner pro Quadratzentimeter.

Aufgrund dieser übermäßigen Produktion von Pollen durch windbestäubte Pflanzen dachten viele Botaniker noch bis vor gar nicht langer Zeit, diese Befruchtungstechnik stelle die Primitivform dar. Da eine derartige Massenstreuung außerordentlich verschwenderisch ist – es stoßen ja nur relativ wenige Pollen aufgrund eines glücklichen Zufalls auf eine empfängnisbereite weibliche Blüte –, glaubte man, diese Art indirekten Geschlechtsverkehrs habe die Natur vor dem Aufkommen der Insekten praktiziert, die ja auf viel direkterem Wege Pollen von der männlichen zur weiblichen Blüte tragen können. Weil sie auf den Wind angewiesen ist, muß doch beispielsweise die Haselnuß in jedem Kätzchen etwa vier Millionen Pollenkörner hervorbringen, von denen nur eine verschwindend kleine Menge die Chance besitzt, eine weibliche Pflanze zu finden und sie zu bestäuben. Wieviel wirtschaftlicher und leistungsträchtiger wäre es doch gewesen, hätte die Pflanze ihre Pollen durch ein Insekt transportieren lassen, das methodisch von Blüte zu Blüte fliegt, anstatt Pollen in alle Winde zerstreuen zu lassen. Und wieviel weniger Pollen wären dazu nötig...

Außerdem war es ganz offenkundig, daß es den Wind gab lange vor dem Auftreten der Insekten, und er war zu jener Zeit neben dem Wasser das einzige Medium, der einzige transsexuelle Zuträger für die primitiven Pflanzenformen – also mußte die Windbestäubung früher aufgetreten sein als die durch pollentragende Insekten.

Das Argument erschien als dermaßen stichhaltig, daß zahlreiche Botaniker lange an ihm festhielten. Bis zuletzt tauchte es immer wieder in naturkundlichen Büchern auf. Doch wie so viele vernünftige Argumente litt auch dieses an einem grundlegenden Mangel. Es stützte sich auf Theorie, anstatt auf Beobachtung. Hinter ihm steckte eine Art moralischer Prämisse, daß Verschwendung schlecht sei, besonders die Verschwendung männlichen Samens, dessen Verlust so oft mit abergläubischer Angst als »Schwächung« angesehen wird.

Am Ende gehen heute aber doch alle Biologen davon aus, daß im Fall der Blütenpflanzen, der *Angiospermen*, der Wind nach den Insekten als Bestäubungsinstrument in Erscheinung trat. Und für diese Theorie gibt es viele Gründe. Der Wind kann zum Beispiel nicht riechen oder schmecken; trotzdem sondern viele windbestäubte Pflanzen – doch wohl: noch immer – Düfte und Aromata ab. Sie oder ihre Vorfahren haben auf diese Weise wahrscheinlich über lange Zeit die Insekten angelockt, bevor sie ihr Geschlechtsleben sozusagen in den Wind bliesen. Die Gemeine Brennessel zum anderen wird zwar vom Wind bestäubt, doch besitzt sie in den Blüten noch immer Drüsen, die Nektar absondern, an dem sich zwar die Insekten verlustieren, der aber für den Wind von keinerlei Interesse ist. Ähnliche Nektarien finden sich bei den nahen Verwandten der Nesseln unter den *Cannabis*-Arten, die wahrscheinlich schon Insekten in eine angenehme Betäubung zu versetzen vermochten, lange bevor Menschen lernten, sich Marihuanaträumen hinzugeben.

Im übrigen gibt es zahlreiche Fälle, bei denen unter engverwandten Arten, ja selbst unter gleichen Arten, einige sich auf Windbestäubung, andere auf Insekten verlassen. Dieses ärgerliche Rasenunkraut, der Wegerich (*Plantago major*) zum Beispiel, besitzt unansehnliche schmutzigweiße Blüten, ohne große Attraktivität für menschliche wiewohl auch für Insektenaugen; und sorgfältige Beobachtungen haben ergeben, daß die Blüten nur durch den Wind bestäubt werden. Aber die ziemlich ähnliche Wegerichart *Plantago media* besitzt wunderschön gefärbte kleine Blüten mit attraktivem Duft und wird regelmäßig von Insekten, darunter auch von Honigbienen, besucht, die für ihre Vorliebe für raffinierte Geschmacksrichtungen bekannt sind und ein beachtliches Maß an Attraktivität von ihren Blütenpartnern verlangen. Eine dritte Art, der Spitzwegerich (*Plantago lanceolata*), wurde bis vor kurzem als ausschließlich vom Wind bestäubt angesehen; dann begannen sich die Biologen zu fragen, warum so viele Schwebfliegen die Blüten besuchten. Schwebfliegen sind als Pollenfresser nur zu bekannt. Plünderten sie die Blüten nur aus, oder erfüllten sie auch eine nützliche Funktion, um die Zeche für ihre Mahlzeit zu begleichen? Nach eingehenden Beobachtungen an Fliegen und an ihrer Ernährungsweise und entsprechenden detektivisch genauen Untersuchungen vermittels künstlich eingefärbter Pollenkörner fand man heraus, daß die Schwebfliegen tatsächlich auf nutzbringende Weise ihren Dank abstatteten: Sie trugen Pollen von einer Pflanze zur anderen.

Das umgekehrte Beispiel finden wir beim Gemeinen Heidekraut (*Calluma vulgaris*), das eindeutig so ausgestattet ist, um mit seinen rosafarbenen Blüten Insekten anlocken zu können. Die Blüten sind so voller Nektar, aus dem die Bienen einen köstlichen Honig zu bereiten vermögen. Aber Heidekraut produziert auch große Mengen feiner Pollen, der vom Wind getragen wird und eine ziemlich hohe Zahl der Blüten befruchten muß. Eine solche übermäßige Pollenproduktion übersteigt bei weitem die Menge, die für die reine Bestäubung durch Bienen allein nötig wäre; und somit beweist sich wieder einmal, daß viele Blüten sich absichern, wenn es um ihre sexuellen Bedürfnisse geht, und mehr als einen Zwischenträger für die Begattung einsetzen. Und dann gibt es noch Fälle von Blumen, die nicht im geringsten windbestäubt werden und dennoch große Mengen Pollen absondern. So etwa der Gewöhnliche Feldmohn (*Papaver rhoeas*), von dem in vielen Untersuchungen nachgewiesen wurde, daß er weit mehr Pollen produziert als die meisten windbestäubten Pflanzen.

Jedenfalls ist bewiesen, daß das Argument, Verschwendung sei ein Beweis für einen »niedrigen« Evolutionsstand, vollkommen falsch war. Viele der höchstentwickelten Lebensformen unserer Tage sind bestürzend »verschwenderisch« in ihren Fortpflanzungsmethoden und verschleudern Millionen und Abermillionen männlicher Samenzellen für jeden einzelnen Nachkommen. Selbst der Mensch (den die meisten Biologen für das bisherige Spitzenprodukt der Evolution halten) geht bei seiner Fortpflanzungsmethode so verschwenderisch vor, daß jedesmal, wenn eine Eizelle befruchtet wird – von *einer* männlichen Samenzelle –, etwa dreihundertfünfzig Millionen Spermatozoen »weggeworfen« werden und nur eine Samenzelle ihr Ziel erreicht.

Da nun wohl festzustehen scheint, daß die Windbestäubung in der Entwicklungsgeschichte der Blütenpflanzen ziemlich spät aufgetreten ist, befassen wir uns zunächst also mit der Bestäubung durch Insekten. Von dieser Wechselbeziehung zwischen Insekten und Blütenpflanzen hing die ganze Entwicklung der letzteren ab. Bewundern wir eine wundervolle Rose, zeigen wir damit nur, daß wir gewisse Geschmackstendenzen mit Insekten gemeinsam haben, denn die Rose schmückt sich nur für die Insekten. Wie sehr wir uns also auch von Insekten unterscheiden, wir werden – offenbar wenigstens teilweise – aus den gleichen Gründen von Blüten angezogen wie sie: wegen ihrer Gestalt, ihrer Farbe und ihres Duftes. Ja, wir benutzen sogar Blumen, ebenso wie viele Insekten das tun, für unsere sexuellen Ziele. Aber davon später.

Entomophilie (griech.: »Insektenliebe«) ist die Grundlage, auf der die Blütenpflanzen aufbauen. Vor etwa hundert Millionen Jahren, so nimmt man an, traten erstmals Blumen auf, aber es gab bereits vorher große Mengen verschiedenartiger Insektentypen. Die meisten waren Käfer, aber es gab auch reichlich Wanzen, Blasenfüßer und Fliegen. Und wie die primitiveren unter ihren heutigen Verwandten waren sie ohne Zweifel ungehobelte Gesellen mit beschränkter Intelligenz, und sie wären bestimmt ganz außerstande gewesen, die komplizierten Mechanismen zu handhaben, die viele »moderne« Blumen für ihre sexuellen Aufgaben entwickelten. Aber diese dummen Geschöpfe paßten ideal zu den frühen Blumen, die in ihrem Bau äußerst einfach waren und von ihren Besuchern kein psychologisches Feingefühl verlangten.

Fossile Funde zeigen, daß zahlreiche dieser frühen Blütenpflanzen einigen heute noch existierenden Arten erstaunlich ähnlich waren. Und die heutigen werden noch immer von primitiven Käfern und ähnlichen »zurückgebliebenen« Insekten aufgesucht. Da diese frühesten Blumenarten, wie zu erwarten, auch die einfachsten waren, ist jetzt vielleicht der rechte Zeitpunkt, die Bauteile einer typischen einfachen Blüte zu untersuchen, damit wir erkennen, wozu sie bestimmt sind, und damit wir uns mit den Lebenstatsachen der Blumen vertraut machen. Grundsätzlich gibt es vier Teilstücke bei einer »vollständigen« Blüte. Zwei davon sind unumgänglich: die männlichen und weiblichen Geschlechtsorgane, und ohne sie – oder zumindest eines von ihnen – hätte eine normale Blume weder Zweck noch Nutzen. Zwar gibt es hier und da geschlechtslose Blüten, aber deren Aufgabe ist es, immerhin für die sexuelle Bereitschaft anderer zu werben. Die zwei weiteren Bauteile spielen für den Sex keine direkte Rolle, sie sind also entbehrlich, und tatsächlich verzichten Blüten oft auf sie. Wegen ihrer weniger wichtigen Rolle bezeichnet man sie zuweilen als »Nebenapparate«.

Die weiblichen Teile in ihrer Gesamtheit nennt man *gynoeceum* (vom Griechischen *»gynoekion«*, »Frauengemach«). Sie liegen meist im Mittelpunkt der Blüte. Sie setzen sich aus einem oder auch mehreren Fruchtblättern zusammen, an deren Unterende ein hohler »Mutterschoß« liegt, der *Fruchtknoten*. Darüber befindet sich eine stengelartige Ausstülpung, der *Griffel (stylus)*, der in der empfängnisbereiten *Narbe (stigma)* endet. Im Fruchtknoten befinden sich die weiblichen Geschlechtskörperchen (*ovula*) mit den *Eizellen*, die sich nach der Befruchtung durch männliche Samenzellen zu Samen entwickeln.

Die männlichen Geschlechtsorgane heißen *androeceum* (»Männerquartier«) und bestehen aus Staubblättern (*stamina*) mit einem Beutel voll Pollen (*Anthere*); diese Antheren sitzen meist am Ende eines Stengels, des *Filaments (Staubfaden)*.

Haben sich die Ovula dann soweit entwickelt, daß sie befruchtet werden können, wird das Stigma »geschlechtsreif«. Absonderungen aus dem weiblichen Gewebe bereiten den Weg zur geschlechtlichen Vereinigung vor; ähnlich wie weibliche Tiere Sekrete absondern, wenn sie begattungsbereit sind. Die Oberfläche des Stigmas, der Narbe, kann feucht und oftmals auch klebrig werden, um die Pollenkörner, die sich vielleicht auf ihr einfinden, festhalten zu können. Meist ist diese klebrige Absonderung süßschmeckend; in Analysen fand man heraus, daß sie eine beträchtliche Menge Zucker enthält, allerdings in unterschiedlicher Konzentration je nach Pflanzengattung.

Wenn sich der Pollen mit dem Stigma verträgt, kann die geschlechtliche Vereinigung beginnen. Verträglichkeit ist allerdings, wie alles im Sexualbereich, eine komplizierte Angelegenheit. Jeder Partner muß den anderen als angenehm empfinden, bevor überhaupt etwas passieren kann. Vor allem müssen sie zunächst in der Körperbeschaffenheit zueinander passen, so daß sie sich intim vereinigen können. Es nützt großen grobkörnigen Pollen nichts, wenn sie die innige Verbindung mit einem zartgegliederten Stigma versuchen. Und tatsächlich (davon im Kapitel über »Sexualtabus«) setzen einige Pflanzenarten geschlechtliche Unverträglichkeit ein, um »unpassende Ehen« zu verhindern. Man könnte nun annehmen, daß ein kleineres und feiner strukturiertes Pollenkorn es leichter haben müßte, sich bequem den Fältelungen einer gröberen Stigmaoberfläche anzupassen, doch scheint in den meisten Fällen eine möglichst große Berührungs-Kontaktfläche zwischen der Haut der beiden Partner nötig zu sein, so daß ihre mikroskopisch kleinen Höcker und Höhlungen genau zueinander passen können. Wenn der Pollen das Stigma nur streift, es nur an zwei oder drei Stellen berührt, dann – so scheint es – ist eine weitere Entwicklung der Beziehung weniger wahrscheinlich. Offenbar ist ein stark intimer Kontakt vonnöten, wenn aus der Vereinigung Ernst werden soll.

Neben der rein körperlichen Verträglichkeit muß auch die »Chemie« auf beiden Seiten stimmen. Dabei gibt es eine Periode des »Vorspiels«, während der die weiblichen Organe chemische Botschaften aussenden und solche empfangen, die ihnen mitteilen, ob der Pollen ein annehmbarer Geschlechtspartner ist oder nicht. Gleichzeitig wird durch das Pollenkorn »abgeschmeckt«, ob die weiblichen Sekretionen des Stigmas wohl zu einem befriedigenden Ergebnis führen können. Pollen unterschiedlicher Arten haben im Rahmen ihrer Bedürfnisse sehr spezifische Vorlieben, die ihre Aktionen jeweils besonders anregen. Manche Arten reagieren beispielsweise verschieden auf verschiedene Süßigkeitsgrade. Die meisten Pollentypen können demgemäß in Zuckerwasserlösungen künstlich zum Keimen gebracht werden, doch sie unterscheiden sich dabei stark bezüglich ihrer Entwicklung, je nach dem Konzentrationsgrad der Lösung. Pollen einer Sennesart (*Cassia*) keimen vergnügt in einer siebzigprozentigen Zuckersiruplösung, aber die meisten anderen Arten können in einer solchen Konzentration nicht gedeihen. Der Pollen des Schneeglöckchens (*Galanthus nivalis*) keimt am besten in einer Lösung von nur ein oder zwei Prozent Zucker, und viele andere Arten entwikkeln sich in reinem Wasser. Und manche Pollen weigern sich hartnäckig zu keimen, außer auf den Stigmata der eigenen Art.

Derartige Individualbedürfnisse sind zweifellos sehr nützlich, denn durch sie wird vermieden, daß manche Pollenarten ihr Fortpflanzungspotential durch Frühkeimung verschwenden, ehe sie auf das richtige Stigma treffen. Es ist also so – wie auch bei vielen Begegnungen mit Menschen –, daß ein bestimmter Süßigkeitsgrad auf das eine männliche Wesen attraktiv wirkt, während er von einem anderen als abstoßend empfunden wird.

Nehmen wir an, es gibt keine Probleme der Unverträglichkeit, und das richtige Pollenkorn ist durch irgendein Mittel auf dem richtigen Stigma abgesetzt worden – einem reifen, empfangsbereiten und süßen, aber nicht zu süßen, Stigma. Dann könnte man sagen, die Bestäubung sei vollendet, falls man unter einer Pollination nur die Vereinigung miteinander verträglicher männlicher und weiblicher Partner versteht. Wir werden auch sehen, daß die Pollination tatsächlich der Hauptzweck ist, für den Blumen existieren, und sie investieren in diesen Zweck eine erstaunliche Erfindungskraft. Doch anders gesehen ist die Einführung (*introductio*), so wichtig sie auch sein mag, nur ein Anfang, der zu weiterem führen soll.

Die meisten Biologen benutzen den Begriff *Pollination* deshalb nicht nur für die Introduktion, sondern für den gesamten Geschlechtsakt einschließlich der Einführung. Die Vereinigung ist nämlich erst dann wirklich vollzogen, wenn der männliche Samen tief genug in das weibliche Organ eingedrungen ist und dort eine Samenzelle in eine solche Lage gebracht hat, daß diese eine Eizelle erreichen und sie befruchten kann. Daraufhin *kann* eine Befruchtung eintreten – oder aber auch nicht. Geschlechtsverkehr führt weder im Pflanzen- noch im Tierreich zwangsläufig zur Befruchtung.

Die Art und Weise, in der Pollen in die weiblichen Blütenorgane eindringt, variiert leicht von einer Spezies zur anderen, aber die Grundprinzipien sind die gleichen. Wie wir gesehen haben, keimt Pollen – fast wie ein Samenkorn –, wenn die richtigen Sekrete und die richtige Stimulierung vom Stigma ausgehen. Aus dem Pollenkorn tritt eine Ausbuchtung hervor und zwängt sich gewaltsam durch das Stigma, die Narbe, nach unten und in den Griffel. Dabei sind zwei Kräfte am Werk: das Bedürfnis, der Luft zu entkommen, und das, einen Weg zu der tiefverborgenen Quelle des Zuckers und der anderen Sekrete zu finden, die durch das weibliche Gewebe abgesondert werden. Diese Ausbuchtung nennt man Pollenschlauch; sie drängt sich durch den Griffel bis zu den Fruchtknoten vor. Wenn der Griffel lang ist, muß der Pollenschlauch eine für ein solches Instrument mit einem so mikroskopisch kleinen Durchmesser ziemlich große Strecke überwinden. Bei einigen Arten helfen dem Pollenschlauch dabei besondere Leitkanäle, oder die Zellen sind so locker angeordnet, daß er ohne großen Widerstand durch sie hindurchkommt; in anderen Fällen aber erfährt der Schlauch wenig Unterstützung, muß er allein durch die Zellen vordringen, sie gegebenenfalls zerstören und sich so seinen Weg bahnen.

Wenn der Pollenschlauch bis in die Höhlung des Fruchtknotens vorgedrungen ist, bewegt er sich auf ein *ovulum* zu und dringt durch eine winzige Zervikalöffnung, *Mikropyle* genannt, in dieses ein. So geschieht es in nahezu allen Fällen, doch einige Typen von Pollenschläuchen ziehen es vor, von hinten in das Ei einzudringen. Ist der Pollenschlauch in das Ei eingedrungen, gibt er zwei männliche Fortpflanzungszellen, die sogenannten Gameten, ab.

Die Verbindung eines dieser *männlichen* Gameten mit der Eizelle, dem *weiblichen* Gameten, kann daraufhin im Ei stattfinden. Geschieht dies, dann ist die Befruchtung erreicht. Aber dies ist ein anderer Prozeß, mit dem wir uns in einem späteren Kapitel befassen werden. Der Akt der Pollination, der Bestäubung, ist beendet, wenn der Pollenschlauch das Ei erreicht hat.

Nach dieser kurzen Behandlung der Natur und Funktionsweise der zwei wesentlichen Teile der Blüte, der männlichen und der weiblichen Geschlechtsorgane, können wir uns jetzt dem »Nebenapparat« zuwenden, der sich bei einer Vielzahl von Blütenpflanzen findet. Diese »Bauteile« spielen vielleicht im direkten Geschlechtsleben der meisten Blumen eine geringere Rolle, aber sie spielen die Hauptrolle, wenn es darum geht, den richtigen Blütentyp zu schaffen, der Insekten und andere Geschöpfe anlocken soll, von denen die Bestäubung abhängt.

Der eine dieser Nebenapparate ist äußerlich und wird als Kelch (*calyx*) bezeichnet. Bei den meisten Arten stellt er das erste sichtbare Zeichen dafür dar, daß sich eine Blüte heranbildet. Er bildet die grüne Umhüllung der Knospe, und seine Hauptaufgabe ist es, die jungen Organe im Inneren der Blüte während ihrer Entwicklungsphase und bevor sie die Geschlechtsreife erlangt haben, zu schützen. Der Blütenkelch kann aus mehreren getrennten Segmenten, den Kelchblättern (*Sepalen*), bestehen, so wie etwa beim Scharfen Hahnenfuß (*Ranunculus acer*). In diesem Fall spricht man von einem *polysepalen* Kelch. Oder aber die Kelchblätter sind verbunden wie bei den Himmelsschlüsseln (*Primula*), dann nennt man den Kelch *gamosepal*. Manchmal besteht die Funktion des Kelches ausschließlich darin, nur die sich entwickelnden Organe zu schützen, daß er später, wenn die Blütenknospe sich öffnet, als nutzlos abgestoßen wird wie bei der Mohnblume (*Papaver*). Meist aber bleibt er erhalten, weil er noch eine ganz andere Funktion zu erfüllen hat. Wir werden das später sehen.

Die zweite Garnitur der Nebenapparate liegt im Normalfall zwischen dem Kelch und den Geschlechtsorganen und wird als *Corolla*, als Blumenkrone, bezeichnet. Ihre Lebensaufgabe ist die Reklame. Die Corolla kann aus mehreren Blütenblättern (*Petale*) bestehen, die getrennt sind, dann bezeichnet man sie meist als *polypetal* (»mit vielen Blütenblättern versehen«); allerdings würde die präzisere Bezeichnung *choripetal* lauten (»mit getrennten Blütenblättern«). Die Blütenblätter können auch von der Basis an aufwärts miteinander verbunden sein; dann werden die Blüten oft als *gamatopetal* (»mit vermählten Blütenblättern«) bezeichnet; aber da die Verbindung der Blätter ja nicht geschlechtlicher Natur ist, wird von Sprachpuristen hier der Begriff *sympetal* (»mit vereinigten Blütenblättern«) vorgezogen, weil in ihm keine geschlechtsbezogenen Untertöne mitschwingen.

Zusammengefaßt kann man Kelch und Krone als das *Perianth* (Blütenhüllblätter) bezeichnen und die einzelnen Teile als *Perianthsegmente*. Sehen sie alle gleich aus – wie bei der Tulpe –, so daß man sie nicht unterscheiden kann, nennt man diese Segmente *Tepale*, ein Anagramm aus dem Wort Petale.

Meist sitzt die Blüte auf einem Stengel, dem *pedicelium*, und das Stengelende, an dem die Blüte sitzt, bezeichnet man als *receptaculum*, als Fruchtboden. In manchen Fällen sieht dieser gar nicht anders aus als der Rest des Stengels, meist aber ist er verdickt. Zuweilen ist er stark angeschwollen wie bei der Erdbeere, bei der der saftige Teil das vergrößerte Receptaculum ist, das sich aus sich ausdehnendem

Stengelgewebe bildet, während die wirklichen »Früchte« die Körnchen auf der Außenhaut der Erdbeeren sind. Es gibt ziemlich viele Möglichkeiten, wie die Blüte am Fruchtboden sitzen kann; bei manchen ist es genau umgekehrt als bei der Erdbeere, es sind dann sämtliche unteren weiblichen Teile tief im Fruchtboden verankert, so daß der Eibehälter ganz von ihm umgeben ist.

Wenn die Basis der weiblichen Organe ganz vom Fruchtboden umgeben ist und die anderen Blütenteile aus seinem oberen Bereich herauswachsen, dann nennt man den Fruchtknoten (*ovarium*) unterständig (*inferior*) und die Blüte *epigyn* (griech.: »über der Frau«). Sitzen die weiblichen Organe über dem Fruchtboden und wachsen die übrigen Blütenteile unterhalb, bezeichnet man das Ovarium als oberständig (*superior*) und die Blüte als *hypogyn* (»unter der Frau«). Es gibt einen dritten Typ, bei dem die weiblichen Organe im Mittelpunkt eines vom Fruchtboden gebildeten flachen Beckens angeordnet sind, die übrigen Blütenteile am Rand dieses Beckens; solche Blüten nennt man *perigyn* (»rings um die Frau«).

Damit hätten wir die drei grundlegenden Systeme der Anordnungen dargestellt. Natürlich gibt es eine ganze Reihe von möglichen Variationen, und bei vielen verschiedenen Arten von Blumen, deren Bauteile in nicht genau zu bezeichnenden Zwischenpositionen angeordnet sind, kann man beispielsweise nicht mit Bestimmtheit sagen, ob die weiblichen Organe oberständig oder unterständig sind. In solchen Fällen muß die Klassifizierung, entsprechend der Position der weiblichen Organe, zwangsläufig willkürlich sein. Dennoch hilft diese Methode den Botanikern oft bei der Identifizierung von Pflanzengattungen; so war sie etwa von höchster Bedeutung für das Studium der Entwicklung der Blütenpflanzen, beginnend bei den frühesten Spuren, die wir in Fossilien finden konnten.

Man ist allgemein der Überzeugung, daß die primitivste Blütenanordnung hypogyn gewesen sein muß. Eine solche Anordnung findet man bei Angehörigen der Magnolienfamilie, von der man glaubt, daß einige der heute noch existierenden frühesten Blütenpflanzenarten zu ihr gehören. Die weiblichen Organe bestehen hier aus vielen getrennten Fruchtblättern, die um einen langgestreckten Fruchtboden herum angeordnet sind und sich weit über die große unbestimmte Zahl von Stamina in einer Blüte erheben; die Petale und die Sepale sind gleichförmig, aber getrennt (*choripetal*). Die meisten Botaniker glauben, dieser Blumentyp habe sich aus früheren Formen entwickelt, bei denen die weiblichen Organe schnurartig am Ende eines Triebes aufgereiht waren, die männlichen unter ihnen saßen und noch weiter darunter, am Stengel, die gewöhnlichen Blätter. Käfer, die heute Pollen wohl als sehr schmackhaft empfinden, haben sie und ihre Verwandten doch auch schon viele Millionen Jahre lang die nur wenig andersartigen Pollen der alteingesessenen *Gymnospermen* genossen, der archaischeren Form der Samenpflanzen, die heute noch als Kiefern und andere Koniferen üppig gedeihen. Und da sie ungeschlachte Kerle mit scheußlichen Tischmanieren sind, klettern diese Käfer jeweils sowohl über die männlichen wie die weiblichen Organe und verschmieren Pollen über alles, wodurch sie die Pollination bewirken.

Im Verlauf der Entwicklung entstanden aus den frühen Strukturen neue, verbesserte Formen, die den Blütenpflanzen ähnlicher sind, die wir heute kennen. Der Fruchtboden verkürzte sich, die weiblichen Organe daran rückten mehr zusammen, um die Chance zu vergrößern, daß sie alle von den pollenbeschmierten Käfern »bestiegen« würden. Die nächstgelegenen Blätter reckten sich nicht mehr weit vom Stengel weg, sondern blieben in dessen Nähe, um zu Besuch kommende Käfer festzuhalten, bis sie ihre Bestäubungsarbeit getan hatten, anstatt sie ziellos über den Pflanzentrieb wandern zu lassen. Dieses Blattbündel veränderte sich auch noch und nahm eine andere Farbe und Textur an als die übrigen Blätter und erregte damit das Interesse der ziemlich kurzsichtigen Käfer; dann entwickelte es sich zu Petalen oder Perianthsegmenten, genau wie wir sie heute noch sehen. Auf diese Weise könnten sich die *Magnoliazeen* und ihre primitiven Verwandten vor Millionen Jahren zu Formen entwickelt haben, wie sie seitdem mehr oder weniger unverändert bei ihren heute lebenden Verwandten zu finden sind. Und sie werden immer noch von der gleichen Art primitiver Käfer besucht und auf die gleiche große Art bestäubt, die Botaniker als »Schmutz-und-Sudel«-Methode bezeichnen.

Seit jenen frühen Tagen, vor ein paar hundert Millionen Jahren oder mehr, haben die Blütenpflanzen eine unglaubliche Vielfalt der Formen, Farben, Gestalten und Größe entwickelt. Dies geschah in enger Partnerschaft mit den Insekten, die in der gleichen Zeit eine Evolution zu einer gleichermaßen erstaunlichen Variationsbreite verschiedener Geschöpfe durchlebten. Sogar aus den Reihen der dummen und primitiven Käfer und Fliegen entwickelten sich einige sehr viel begabtere Abkömmlinge. Außerdem sind vollkommen neue Arten entstanden, die weit raffinierter und intelligenter sind: so etwa unsere Bienenarten von heute, von denen man sagen kann, daß sie durch ihr Unterscheidungsvermögen sozusagen »höhere Gefühle« besitzen.

In ihrer Wechselbeziehung zu der immer differenzierter werdenden Insektenwelt mußten die Blütenpflanzen – um ihre eigenen geschlechtlichen Bedürfnisse befriedigt zu bekommen – eine Rolle spielen, die man traditionsgemäß als eine »weibliche« bezeichnet. Da Pflanzen ortsgebunden sind, können sie nicht die Initiative ergreifen (jedenfalls tun sie so, als könnten sie nicht). Sie sitzen da und warten. Und es ist das Insekt, der bewegliche Partner, der alle Avancen macht (zumindest sieht das so aus). Blüten müssen in ihren Werbungen subtiler vorgehen. Sie müssen so anziehend wie möglich aussehen, und sie müssen eben der Lust der Kunden dienen, gleichgültig, ob die das wollen oder nicht.

Die schlichten Magnolienblüten entsprechen so stark den Geschmacksrichtungen der hinterwäldlerischen, tolpatschigen Käfer, daß sie selig über diese hinwegtrampeln und Pollen verschlingen (und dabei einiges unterwegs verlieren). Feinere Besucher aber, wie etwa Bienen, empfinden solche groben Blütenarten als unattraktiv. Um die Professoren Faegri und van der Pijl zu zitieren: Bienen fühlen sich in solchen großen, locker angeordneten Blütenständen unwohl »wie ein kleines Kind in einem Riesenbett«. Die Geschichte der Entwicklung der Blütenpflanzen ist ein sich fortsetzendes Experiment mit neuen Formen, das immer intelligenter werdende Bestäuber anziehen soll. Aus einer primitiven Blütenpflanzenart mit getrennten Blütenblättern und einem oberständigen Gynäzeum haben sich im Verlauf der Jahre modernste Formen ausgebildet, die dazu bestimmt sind, den Vorlieben und Fähigkeiten auch »modernster« Kunden gerecht zu werden. Jetzt sind die Perianthsegmente verbunden, oft leuchten sie farbig, und das Gynäzeum ist in unterständiger Position angeordnet. Manche der höchstentwickelten Arten haben derart hochspezialisierte Strukturen und Apparate entwickelt, daß nur noch ein einziger Bestäuber dazu in der Lage ist, sie zu befriedigen. Alles weist ausgeklügelte Präzision aus, so daß man damit rechnen kann, daß der bestäubende Gast jedesmal den rechten Platz findet, ohne Zeit oder Energie zu verschwenden.

Mit diesem sehr speziellen System geht die Gattung indes auch ein hohes Risiko ein. Sollte aus irgendeinem

Grund die einzige Kreatur, die ihre Bedürfnisse stillen kann, nicht zur Verfügung stehen oder durch Einwirken des Menschen oder durch irgendeine Naturkatastrophe aus dem betreffenden Gebiet vertrieben worden sein, vielleicht sogar ausgestorben, dann hat die Pflanze keinen anderen »Heiratsvermittler«, an den sie sich wenden könnte, und stirbt eventuell gleichfalls aus. Wir werden noch sehen, was mit einer Pflanzenart passierte, allerdings in anderem Zusammenhang, deren Fortpflanzung von der Riesentaube *Dodo* auf Mauritius abhing, ehe diese durch die Jagd ausgerottet wurde. Die primitiveren Blumenpflanzen jedenfalls werden diesem Schicksal entgehen, da sie für jedes Geschöpf, das sie besuchen will, offen und bereit sind.

Neben den körperlichen Apparaturen, die Pflanzen entwickelten, um Bestäuber anzulocken und zu umgarnen (darunter Drogen und Fallen), haben sie auch die psychologischen Werbemethoden bis zur Perfektion entwickelt, um die Aufmerksamkeit eventueller Kunden zu erregen. Eines der ältesten Lockmittel ist, wie wir gesehen haben, der Geruch, der unter günstigen Umständen das Interesse eines eventuellen Partners über eine beträchtliche Entfernung hin erregen kann. Die Wirkung des Geruchs entspricht etwa der einer Annonce einer Zeitung, in der Rubrik »Persönliches«: »Attraktive, willige Blume, gerade erblüht, sucht passenden Bestäuber zwecks Gestaltung aufrichtiger und inniger Beziehung.« Wir werden hier allerdings Düfte nicht als bloßes Werbemittel behandeln, weil sie dem Kunden oft auch wirkliche Befriedigung bringen, denn Parfüme sind ein wichtiger Bestandteil der Geschmackskomponenten in Pollen, Nektar und anderen Nahrungssubstanzen, die der Besucher aus Blüten entnimmt, um damit sich oder seinen Nachwuchs zu ernähren. In manchen Fällen allerdings scheint der Duft allein bereits die vollkommene Befriedigung zu bringen, und das betroffene Insekt ist offenbar ganz glücklich mit dem olfaktorischen Erlebnis allein und ersehnt sich nichts weiter von seinem Besuch.

Wir wollen das Wort »Werbung« nur für Sachverhalte anwenden, bei denen es ausschließlich darum geht, Interesse zu erregen und Verlangen auszulösen, nicht für Angebote, die tatsächliche Bedürfnisse befriedigen. In diesem Sinne ist das sichtbarste reine »Werbemittel« die Demonstration, die von den Blütenblättern oder manchmal von den Sepalen oder sogar von allen Perianthsegmenten zusammen ausgeht, wenn Farbe, Textur, Gestalt und Leuchtkraft eingesetzt werden, um Aufsehen zu erregen und einen günstigen Eindruck zu machen. Eine derartige Zurschaustellung dient genau dem gleichen Zweck wie die bunte Verpackung um Waren, die in den Geschäften angeboten werden, oder die modegerechte Kleidung, mit der sich jemand ausstaffiert: Sie soll Aufmerksamkeit erregen und Neugier auf das, was »dahintersteckt«.

Es wurden recht intensive Studien über die chemischen Substanzen angefertigt, aus denen sich die Färbung von Pflanzen zusammensetzt. Das ist ein kompliziertes Thema, und man weiß keineswegs alles darüber. Doch scheint es, daß zwei bestimmte Substanzen eine Rolle spielen. Die eine ist im allgemeinen für die Purpur-, Blau- und die meisten Rottönungen zuständig, die andere bestimmt zum großen Teil die Färbungen, die im »gelben« Bereich des Farbspektrums liegen. Zusammen oder für sich allein und in Verbindung mit anderen Substanzen in den Zellen liefern diese Farbsubstanzen die ganze reiche Skala der Farben, die wir in der Welt der Blumen finden können. Reines Weiß wird meistens durch Lichtreflexionen zwischen den Zellen, die kein Pigment enthalten, hervorgerufen. Schwarz – obwohl es keine wirklich »schwarzen« Blüten gibt – entsteht durch die Reflexionen zwischen Zellen mit komplementärer Farbgebung.

Da Farben überall in der Werbung eine solche vordringliche Rolle spielen, müssen sie jeweils so klar und anziehend sein wie nur möglich, wenn die Blüte auf den Besuch ihrer Kunden wartet. Manche Farben sind allerdings nicht »lichtecht« und verbleichen, sobald die Blüte sich geöffnet hat. Sie müssen das Auge des Kunden ganz rasch auf sich lenken, ehe ihre Reize schwinden. Viele Blüten wechseln die Färbung, sobald sie sich geöffnet haben. Die Lungenkrautgewächse (*Pulmonaria*) zeigen sich erst rosa an und werden dann violett und blau; ihre Verwandten, die Bunten Vergißmeinnicht (*Myosotis discolor*), haben anfangs, wenn sie sich öffnen, gelbe Blüten, dann werden sie rot und schließlich blau. Man weiß nicht genau, warum dies so ist, aber vielleicht liegt der Sinn dieser »Farben-Show« darin, daß die Blüten ihre Kunden nur in dem richtigen Augenblick anlocken wollen, wenn sie für sie bereit sind, nicht früher und nicht später.

Eine ziemlich klare und nützliche Methode des Farbwechsels zeigt sich bei der Roßkastanie (*Aesculus hippocastanum*), die ein recht kompliziertes Geschlechtsleben hat. Die Pflanze ist *andromonökisch*, das heißt, sie hat getrennte männliche und hermaphroditische Blüten. Die männlichen Blüten sind früher geschlechtsreif, aber die hermaphroditischen, zweigeschlechtlichen, beginnen ihre Laufbahn als weibliche Blüten. Das ist ein recht seltsames sexuelles Arrangement, aber es funktioniert erstaunlich gut, wenn man die jährlich produzierten Samen bedenkt. Die Funktion der Färbung ist in diesem Fall die, den zu Besuch kommenden Hummeln zu signalisieren, welche Blüten sie aufsuchen können und welche sie besser in Ruhe lassen sollen. Das spielt sich so ab: Wenn die Blüte sich öffnet, tragen die weißen Blütenblätter am Unterende gelbe Pünktchen, mit denen sie die Bienen dorthin führen, wo der Nektar ist. Sie sollen ihn leicht finden und von dem rötlichen Pollen bepudert werden, während sie sich betrinken. Und danach sollen sie, so rasch es eben geht, zur nächsten Blüte weiterwandern. Wenn kein Nektar mehr in einer Blüte enthalten ist, werden die gelben Flecken rötlich. Und so wie die Blüten mit den gelben Pünktchen für Bienen attraktiv waren – denn eine ihrer Lieblingsfarben ist gelb –, so verlieren sie nun, rötlich eingefärbt, jeden Sex-Appeal für ihre Bestäuber.

Nicht, daß Bienen etwas gegen Rot hätten, sie können diese Farbe nur leider nicht wahrnehmen. Bienen sind rotblind; also erscheinen ihnen die verwandelten Pünktchen nicht als rot, sondern als schwarz. Beobachtungen haben gezeigt, daß die meisten Bienenarten Blüten meiden, die mit einer ihnen als schwarz erscheinenden Zeichnung versehen sind, sich aber auf die jüngeren stürzen, die (noch) gelbe Markierungen aufweisen. Der Farbwechsel ist eine Art Informationsmechanismus, der den Bienen erklärt, sie sollten ihre Zeit nicht an Blüten verschwenden, die nicht mehr jung sind. Dabei ergibt sich möglicherweise eine Zeitersparnis von höchstens ein, zwei Sekunden pro Blüte; wenn man aber die Tausende von Blüten auf einem ganzen Kastanienbaum in seine Rechnung einbezieht, kommt man darauf, daß die Zeitersparnis doch recht beträchtlich ist. Sie könnte in einem ungünstigen Jahr, wenn die Blütezeit verkürzt ist, darüber entscheiden, ob die Produktion von Früchten gut oder schlecht sein wird.

Es wurden zahlreiche Untersuchungen darüber angestellt, welche Färbungen für die verschiedenen Besucher am attraktivsten sind. Allgemein sieht es so aus, als seien die meisten unter ihnen recht konservativ bezüglich ihrer Geschmacksrichtungen und als zögen sie immer nur die gleichen altgewohnten Farben vor, die bereits ihre Eltern und Großeltern geliebt hatten. Manchmal taucht in ein, zwei Blüten – besonders bei Gartenblumen – eine Farbvariante auf, die wegen des künstlichen Lebens, das diese Blumen führen müssen, meist nicht stabil ist. Aber je auffälliger andersfarbig diese Blüten sind, desto wahrscheinlicher ist es, daß sie von dem »Kundenstrom« gemieden werden, der sich lieber auf die gewohnten konventionellen Farben »seiner« Blüten verläßt. Nur sehr selten rührt eine neue Farbvariante etwas in einem besonders sensiblen Besucher an, und dann entsteht vielleicht eine neue Mode. Aber es ist unwahrscheinlich, daß sie sich durchsetzen kann. Wenn natürlich der Besucher ein Mensch ist, und sein Geschäft ist die Züchtung von Pflanzen, dann wird der versuchen, sie so rasch wie möglich weiterzuzüchten, weil er hofft, sie zu Tausenden oder Millionen abzusetzen und so ein Vermögen machen zu können, weil *ihm* ja da ein »Durchbruch«, eine Neuzüchtung gelungen ist. Aber Insekten haben für Veränderungen nicht viel übrig; jahrmillionenlang sind sie damit befaßt gewesen, Beziehungen zu einer Farbe oder einer Farbenkombination herzustellen, und deshalb ist es recht unwahrscheinlich, daß sie auf einen neuesten Modetrick hereinfallen.

Amateure und Berufsbotaniker haben Tausende von Experimenten durchgeführt, um herauszufinden, wie Insekten auf unterschiedliche Formen und Farben reagieren. Wegen ihrer herausragenden Bedeutung für die Bestäubung, wegen ihrer Intelligenz, ihrer Lernfähigkeit und ihres Erinnerungsvermögens und wegen ihrer leichten Haltung in Stöcken und den damit gebotenen Beobachtungsmöglichkeiten wurden bei solchen Experimenten Honigbienen häufiger verwendet als irgendeine andere Insektenart. Man setzte dabei die vielfältigsten Methoden der Untersuchung ein, von schlichter Beobachtung im freien Feld bis zu höchstraffinierten Techniken unter vollkommen kontrollierten Laboratoriumsbedingungen. Man verwendete bei den Versuchen echte Blüten und künstliche, flache

Pappdeckelattrappen mit einfachen Kreisen und Rechtekken bis hin zu sternförmigen und komplizierten geometrischen Umrissen, die in Weiß, Schwarz, Grau und jeder denkbaren Farbkombination angeboten wurden, auch in Farben, die jenseits des menschlichen Sehbereichs liegen. Man setzte dreidimensionale Modelle von unterschiedlicher Kompliziertheit ein. Zuckerwasser, Honig und andere süße Substanzen wurden beigegeben oder aber auch nicht verwendet. Natürliche und künstliche Parfüms mußten herhalten, um die Bienen möglicherweise zu interessieren, einige angenehm, andere abstoßend (für menschliche Nasen natürlich – bei Insekten könnte es durchaus umgekehrt sein). Man verwendete unterschiedliche Käfige, die von natürlichem oder künstlichem Licht in jeder Farbe des für uns Menschen sichtbaren Spektrums beleuchtet waren. Man wollte herausfinden, welches ihre Vorlieben sind, einzeln oder in einer Gruppe. Insektenforscher haben ungezählte Versuche angesetzt, um die Reaktionen auf die verschiedenen Anreize zu entdecken und zu messen. Und einige bemerkenswerte Entdeckungen, auch wenn sie nicht immer in Einklang miteinander stehen, vermitteln uns eine genauere Kenntnis über die Reaktionen von Insekten.

Unter den zahlreichen Versuchen gilt der von Karl Daumer sozusagen als klassisch, seit im Jahre 1956 die entsprechenden Ergebnisse veröffentlicht wurden. Daumer verwendete einen speziell angefertigten verbesserten »Spektralfarben-Mischapparat« und konnte so die Reaktion von Bienen auf Licht von jeder Farbe und von verschiedenen Intensitätsgraden aufzeichnen. Viele seiner Ergebnisse waren nicht neu, doch die unerhörte Genauigkeit bei der Durchführung erlaubte Daumer, die Fakten mit neuer Gründlichkeit und Exaktheit herauszuarbeiten.

Experimente, bei denen man Bienen trainiert, sich zur

Nahrungsaufnahme auf Papier von bestimmter Farbe niederzulassen und andere Blätter in verschiedenen Grautönen nicht zu beachten, obgleich auch dort Nahrung zu finden ist, waren schon viele Jahre früher von Insektenforschern wie etwa Karl von Frisch entwickelt worden. Man weiß aus diesen Studien, daß die Bienen über ein erstaunliches Farbunterscheidungsvermögen verfügen, sich gern eine besondere Farbe auswählen und ihr sehr »treu« bleiben. Mit ähnlichen verfeinerten Methoden trainierte Daumer Bienen, auf eine ganz bestimmte Farbe zu reagieren, und bemühte sich dann herauszufinden, bis aus welcher Entfernung sie die Farbe von anderen unterscheiden konnten, wobei Vergleichsfarben ausgewählt wurden, die auf der Farbskala sowohl nah beieinander als auch weit voneinander entfernt plaziert sind. Das Ergebnis ist, daß wir heute Farben sozusagen mit den Augen der Bienen zu sehen vermögen und wissen, daß sie keineswegs die gleichen optischen Eindrücke erfahren wie Menschen.

Beim Fall der Roßkastanienblüten sahen wir, daß Bienen Rottöne überhaupt nicht erkennen können. Rot existiert für sie als Farbe nicht. Also würde sich jede Blume, die ausschließlich rot wäre, vergeblich Liebesmühen machen. Andererseits doch können Bienen am anderen Ende der Lichtskala etwas für uns Menschen vollkommen Unsichtbares ausmachen: ultraviolettes Licht. Mensch und Biene ist also versagt, einen Teil der normalen alltäglichen visuellen Eindrücke des anderen wahrzunehmen. Und selbst die Farben, die Bienen und Menschen beide sehen können, müssen auf sie beziehungsweise auf uns ganz unterschiedlich wirken.

Rot, das die längste Wellenlänge unter allen dem Menschen sichtbaren Farben besitzt, empfinden die meisten Menschen als die »heißeste« Farbe, als aufregend, als Gefahrensignal, voller sexueller Anreize. Es kann keinen

Zweifel daran geben, warum ein Strauß roter Rosen sagt: »Ich liebe dich!« Oder warum es in »besagten« Vierteln rote Laternen gibt. Und warum militante Protestanten und andere Moralisten die römisch-katholische Kirche als »die scharlachrote Hure« (ein alttestamentarisches Schimpfwort für Babylon) bezeichneten.

Doch für die rotblinden Bienen ist gelb die Farbe mit der längsten Wellenlänge, also dürfte gelb für sie das sein, was rot uns bedeutet. Blautöne, die Menschenaugen als kühl empfinden, dürften den Bienen als Mischfarbe erscheinen, ähnlich wie uns das Grün. Die wirklich kühle Farbe für Bienenaugen ist wohl Ultraviolett, und das können wir überhaupt nicht sehen. Aus diesen Gründen müssen Blüten, die Bienen und andere Insekten mit ähnlichem Sehbereich anlocken wollen, Farben einsetzen, die uns, den Menschen, oft nichts bedeuten.

Leider allerdings werden wir niemals, trotz unseres neugewonnenen Wissens und trotz der ausgeklügelten wissenschaftlichen Meßapparate, die Welt wie Bienen sehen können, einfach weil unsere Augen dafür nicht eingerichtet sind. Es scheint allerdings Gründe für die Annahme zu geben, daß wir durch unsere Ultraviolettblindheit mehr verlieren als die Bienen durch ihre Rotblindheit. Es besteht wenig Zweifel daran, daß sie Farben nicht nur besser als wir zu unterscheiden vermögen, sondern auch tatsächlich eine Vielzahl verschiedener Farben wahrnehmen können. Zum Teil rührt dies daher, daß ihre Facettenaugen rascher als die unseren auf ständig durch Schwankungen der Lichtintensität entstehende Farbveränderungen, die im Verlauf des Tages eintreten, reagieren, beim Wechsel zwischen Sonnenschein und Wolken beispielsweise. Viel wichtiger allerdings ist die Tatsache, daß das Farbspektrum im Bienenauge breiter und klarer abgegrenzt ist als in unserem Sehbereich.

Bei dem Versuch, uns die Unterschiede zwischen dem Farbensinn der Bienen und dem unsrigen klarzumachen, nehmen wir einmal an, daß eine Farbfernsehröhre für Bienen geschaffen werden soll. Sie müßte nach ganz neuen Gesichtspunkten konstruiert werden. Der Bildschirm eines durchschnittlichen modernen Farbfernsehgerätes ist von winzigen Pünktchen übersät, die jeweils rot, grün oder blau leuchten. Alle drei Farben sind in gleicher Anzahl und gleichmäßiger Verteilung auf dem Bildschirm vorhanden. Aus der unterschiedlichen Lichtmenge, die durch diese Pünktchen dringt, baut sich das ganze Bild auf und bietet getreulich jede Farbe, die das menschliche Auge wahrnehmen kann. Der Grund für die Farben Rot, Gelb und Blau ist der, daß sie den drei unterschiedlichen Sehstäbchen und -zapfen im gesunden menschlichen Auge entsprechen: rotsensitiv, gelbsensitiv, blausensitiv. Auf diesen drei kleinen Empfangsgeräten basiert unsere gesamte Farbwahrnehmung; jede andere Schattierung, die wir sehen, ergibt sich aus einer Kombination von Reizen auf diese drei Sensorentypen. Aus diesem Grund bezeichnen wir Rot, Gelb und Blau als die *Primär*farben im Spektrum.

Ein Bild auf einem für Menschen gebauten Fernsehschirm wäre für eine Biene zutiefst enttäuschend, weil ein Drittel der Farbpünktchen, die rotleuchtenden, für sie nicht wahrnehmbar wäre. Die Pünktchen auf dem »Bienenfernseher« müßten gelb, blau und ultraviolett sein, denn darauf reagieren die Sehstäbchen im Bienenauge. Tatsächlich gibt es mehr ultraviolettsensitive Sehstäbchen als gelbe und blaue, also müßte wohl ein Fernsehen für Bienen mehr ultraviolette Pünktchen auf dem Bildschirm haben. Eine derartige Anordnung der Farbpünktchen ergäbe für die Biene ein völlig zufriedenstellendes Bild, weil es alle Farben enthält, die das Insekt wohl je wahrnehmen kann.

Zu den bemerkenswertesten Fakten, die Daumer entdeckte, gehört die Fähigkeit von Bienen, haargenau zwischen ihren Primärfarben unterscheiden zu können (als Gelb, Blau und Ultraviolett), und zwar nicht nur bei heller Beleuchtung, sondern bei nahezu völliger Dunkelheit. Man testete eine große Zahl verschiedener Schattierungen aller drei Bienen-Primärfarben und stellte fest, daß Bienen auch manche Gelbtöne und manche Blautöne unterscheiden können, doch versagte die entsprechende Fähigkeit graduell, wenn die Beleuchtung vermindert wurde; die Bienen vermochten dann nicht mehr genau zwischen ähnlichen Farbtönen zu unterscheiden. Im Ultraviolettbereich hingegen konnten sie Unterschiede noch bei reduziertester Beleuchtung ausmachen. Neben den Primärfarben konnten Bienen auch ausgezeichnet Sekundärfarben erkennen; zwischen Gelb und Blau erkannten sie die Farbe Blaugrün (die Fotografen Zyangrün nennen), und zwischen Blau und Ultraviolett nahmen sie die Farbe Violett wahr, die am äußeren Ende des menschlichen Sehbereichs liegt.

Neben dem Ultraviolett sehen Bienen noch zwei weitere Farben, die uns verschlossen sind. Da diese Farben für die Biene ungefähr das darstellen, was wir als Weiß und Purpur empfinden, nennt man sie meist »Bienenweiß« und »Bienenviolett«. Eine weiße Blüte reflektiert sämtliche Primärfarben, für menschliche Augen also Rot, Gelb und Blau; für eine Biene dagegen würde eine solche Kombination überhaupt nicht als weiß erscheinen, sondern als bunt, denn es fehlt eine der drei Primärfarben der Biene, das Ultraviolett. Darum muß im »Bienenweiß« Ultraviolett enthalten sein. Ähnlich setzt sich »Bienenviolett« aus einer Mischung von Primärfarben mit den längsten und kürzesten Wellenlängen zusammen. Für menschliche Augen bedeutet das Rot und Blau; für eine Biene würde diese Mischung nur als Blau erscheinen, weil das Rot für sie nicht sichtbar ist. Also müßte Bienenviolett eine Mischung aus Gelb und Ultraviolett sein, die wir einfach als Gelb empfinden würden.

Es hat den Anschein, daß uns Menschen weit mehr als nur zwei Farben entgehen, wenn wir »Bienenweiß« und »Bienenviolett« nicht zu sehen vermögen. Dies hängt damit zusammen, daß Bienenaugen (wir haben es bereits angedeutet) äußerst empfindlich auf verschiedene Mengen und Wellenlängen ultravioletten Lichts reagieren. Bei einer Versuchsreihe wurde nachgewiesen, daß knappe zwei Prozent Ultraviolett als Beimischung zu achtundneunzig Prozent Gelb die Bienen bereits in die Lage versetzten, die Kombination von reinem Gelb zu unterscheiden; andererseits mußten mindestens fünfzig Prozent Gelb zu Ultraviolett gemischt werden, damit die Bienen es von reinem Ultraviolett zu unterscheiden vermochten. Aus diesen und anderen Versuchsergebnissen wird deutlich, daß die Massierung und die Wellenlänge der ultravioletten Komponente eine vorrangige Rolle dabei spielen, welche von mehreren möglichen verschiedenen Schattierungen von »Bienenviolett« eine Biene sieht. Ähnlich muß es verschiedene Abstufungen von »Bienenweiß« geben, die sich unterschiedlich stark auf die Biene auswirken, je nach der Art und Menge der ultravioletten Beimischung.

Wir haben uns ausführlicher mit der Farbwahrnehmung der Bienen beschäftigt, weil mit ihnen weit mehr Versuche als mit anderen Insekten vorgenommen wurden. Teils steht dies mit dem wirtschaftlichen Nutzen in Zusammenhang, den Bienen uns Menschen bringen – nicht nur als Honiglieferanten, als die sie sich in einigen Gebieten der Erde zu Trägern eines Massengeschäfts entwickelt haben, sondern auch als Bestäuber volkswirtschaftlich wichtiger Pflanzen. Hier sind wir in zunehmendem Maß von der zahmen Stockbiene oder Honigbiene (*Apis mellifera*) abhängig geworden, die in allen einigermaßen passenden Klimaten in großem Umfang gehalten wird. Umweltschützer zeigen sich alarmiert über die künstlich erzeugte »Bevölkerungsexplosion« unter den Honigbienen, weil diese das natürliche Gleichgewicht zerstöre und den Fortbestand vieler Wildpflanzen und Wildbienen gefährde, die für ihr Überleben aufeinander angewiesen sind. Und tatsächlich könnten solche Wechselbeziehungen, die sich über unendlich viele Jahre hin entwickelten, nur allzu leicht zerstört werden.

Hauptgrund für die Verwendung der Honigbiene bei Experimenten ist allerdings, daß dieses Insekt das ideale Laboratoriumsobjekt abgibt. Bienen bilden hochorganisierte Gemeinschaften mit jeweils totalitärem Gefüge; jede Biene kennt ihren Platz in der Gesellschaftsstruktur genau und würde diese Stelle niemals in Zweifel ziehen oder sich aus ihrer »sozialen Klasse« zu erheben versuchen. Ihr Verhalten ist stets vorhersehbar. Sie kennt keine Persönlichkeitsstörungen, weil sie keine Persönlichkeit besitzt. Man kann sie lehren, und sie erinnert sich an ihre Lektionen. Sie ist gehorsam. Kurz, sie ist das, was Laborwissenschaftler »intelligent« nennen. Und wegen ihrer Fähigkeit, hart zu arbeiten, wegen ihrer totalen Anpassung und der völligen Unterordnung ihres Selbst unter das Wohl der Gemeinschaft wurde die Honigbiene der Menschheit jahrhundertelang als leuchtendes Beispiel vor Augen gehalten. Wir haben schon in anderem Zusammenhang darauf verwiesen, daß zeitweise die moralisierende Behauptung vertreten wurde, aus dem Studium des Bienenverhaltens könne man Verhaltensregeln für den Menschen ableiten. Frühere Forscher, Faegri und van der Pijl etwa, unterstellten in diesem Zusammenhang schlicht und einfach, daß die Sinnesorgane der bestäubten Insekten wie die von Menschen funktionierten. Heute wissen wir, daß dem nicht unbedingt so ist. Und wenn man in neueren Experimenten auch immer wieder verblüfft darüber ist, wie ähnlich sich die Wirkungen sensorischer Betätigung bei Insekten und Menschen sind, so gibt es doch auch handfeste Ausnahmen, etwa verschiedene Sichtweiten, Unterschiede auf taktilem und olfaktorischem Gebiet. Eine ernstzunehmende Fehlerquelle – so Faegri und von der Pijl abschließend – sei, daß sowohl der Forscher wie seine Versuchstiere schließlich zu »schlau« würden und daß letztere durch Training bestimmte Tricks erlernen könnten, die sie niemals unter natürlichen Umständen ausführen würden.

Das Erlebnis eines starken Triebes, des Geschlechtstriebes, ist den Honigbienen, die von Blüte zu Blüte fliegen, versagt geblieben. Sie sind Arbeitsbienen, unfruchtbare Weibchen, die alle Arbeiten im Bienenstock erledigen müssen: die Königin, die Drohnen (die männlichen Bienen) und die Brut füttern, den Stock säubern, ausbauen, reparieren und – gegebenenfalls – Polizeifunktionen gegenüber Eindringlingen wahrnehmen. Und daneben müssen sie Nektar und Pollen sammeln. Sie sorgen dabei dafür, daß die Blumen ein erfülltes Geschlechtsleben haben – doch sie selber besitzen keines. Sieht man von einigen anderen unterprivilegierten Bienen, Wespen und Ameisen ab, macht dieser Mangel im Leben die Arbeitsbienen zu einer bemerkenswerten Besonderheit. Aus diesem Grund sind auch Versuche nutzlos, ihre »Motive« (von »Moral« ganz zu schweigen) mit denen anderer Lebewesen, ob Menschen oder Tiere, zu vergleichen. Die meisten modernen Forscher bemühen sich nicht länger, Gründe zu finden, *warum* Bienen oder andere Insekten etwas tun, sondern sie geben sich damit zufrieden, aufzuzeigen, *was* sie tun.

Daumer, der einen Meilenstein setzte mit seiner exakten und präzisen Berichterstattung über seine Erforschung des Farbsehvermögens von Bienen, arbeitete konsequent weiter und lieferte eine gleichermaßen bedeutende Analyse der »echten« Färbung von Blumen, wie sie das Augen einer Biene sieht. Er fotografierte nicht weniger als zweihundert verschiedene Blumenpflanzenarten durch drei verschiedene optische Filter (solche für die Bienen-Primärfarben Ultraviolett, Blau und Gelb) und konnte nachweisen, daß ein und dieselbe Blüte für menschliche und für Bienenaugen ganz verschieden gefärbt sein kann. Das Kriechende Fingerkraut (*Potentilla reptans*) etwa erscheint uns als hellgelb, dem Insekt dagegen als bienenviolett mit einer kleinen Beimischung von Bienenweiß. Andererseits sehen sowohl Bienen wie auch die Menschen Schlüsselblumen (*Primula veris*) gelb, weil diese kein Ultraviolett reflektieren. Sieben ganz verschiedene Blütenfarben, vom Bienenstandpunkt aus gesehen, kann man experimentell nachweisen, von denen der Mensch nur sechs sehen kann, und nur zwei dieser wirken gleich auf Insekten und Menschen.

Einige Geheimnisse sind inzwischen aufgeklärt worden. Früher fragte man sich beispielsweise, warum sich Bienen, wenn sie doch rotblind seien, dennoch von einigen rotblühenden Blumen angezogen fühlen könnten, so etwa vom Gemeinen Feldmohn (*Papaver rhoeas*), auf dem sie Pollen in großen Mengen sammeln. Die Farbanalyse konnte nachweisen, daß der Mohn, den wir als rote Blüte sehen, für die Bienen ultraviolett wirkt. Und daß sich die grünlichen Blüten der stinkenden Nieswurz (*Helleborus foetidus*) für die Bienen offenbar deutlich von deren grünem Blattwerk abheben, liegt nicht nur daran, daß diese Blüten für Bienen gelb statt grün wirken, sondern daß das Laubwerk recht stark »bienenweiß« reflektiert und dadurch für Bienen als graugetönt erscheint.

Eine große Zahl der übrigen Bestäuber unter den Insekten, die überhaupt über Farbenwahrnehmung verfügen (nur manche der primitivsten Wanzen und Käfer tun dies nicht, sondern müssen sich mit einem Weltbild wie auf einem alten Schwarzweißfilm begnügen), besitzen nach den experimentell erbrachten Beweisen mehr oder weniger die gleiche Wahrnehmungsspanne wie die Bienen. Allerdings gibt es auch hier Ausnahmen: Einige Schmetterlingsarten scheinen Rot erkennen zu können. Leider ist es unmöglich, hier auf alle Unterschiede einzugehen, doch oftmals ist es so, daß eine uns als sehr feine Farbschattierung erscheinende Tönung für ein Insekt, aufgrund der Besonderheit seines optischen Sinneseindrucks, bestimmend ist für die Frage, ob es die eine Blüte aufsuchen soll oder eine andere.

Um sich eventuellen Kunden anzudienen, können Blumen auch verschiedene andere optische Werbemittel einsetzen. Etwa wie sie sich »anziehen«. Die Oberflächentextur der Blütenblätter kann genauso verschiedenartig sein wie die von Kleidungsstoffen, die die Menschen verwenden. Veränderungen der äußeren Zellenanordnung können den Eindruck von Samt, Seide, Wolle, ja von Fiberglas oder metallischen Gold- oder Silberfäden erwecken. Manche Blütenblätter bedecken sich mit einem stark glänzenden Überzug aus Öl, das in speziellen Zellen produziert wird. Es ist vielleicht nicht erstaunlich, daß derartige vordergründige Auftakeleien auf Grünschnäbel unter den Kunden, die ihren Jungfern(schaftsverlust)flug antreten, weit anziehender wirken als auf altgediente Haudegen, die genau wissen, was sie wollen und wo sie es bekommen können.

Man hat unzählbare Experimente vorgenommen, um herauszufinden, welche Rolle die Blütenform bei der Anziehung auf Insekten spielt. Dabei wurden alle möglichen Insektenarten beobachtet – von Wanzen und Käfern bis zu Fliegen, Schmetterlingen, Nachtfaltern und anderen –, doch ein Großteil der Experimente wurde auch hier mit

Honigbienen durchgeführt. Da heranschwirrende Insekten eine Blüte zunächst nur als zweidimensionale Form erkennen und die Art dieser Form eine bedeutende visuelle Rolle bezüglich der Frage spielt, ob ein Insekt eine Blüte besucht oder nicht, hat man bei zahlreichen Versuchen verschiedenartigste flache Papierschnitte benutzt, um die attraktivsten Formen herauszufinden. Sehr wichtig ist allein schon der Umfang, denn wenn ein Papierstück zu klein ist, wird es einfach nicht bemerkt. Andererseits ist eine zu große Fläche, besonders wenn sie einen regelmäßigen Umriß hat, unwirksam, weil sie dem Besucher keine Leitwege bietet. Was Insekten, besonders die höherentwickelten, anzieht, scheint Kontrast zu sein, und wenn die Form keine Kontraste aufweist, dann wandert der Kunde an den Rändern der »Blüte« entlang – falls er überhaupt »landet« – und bewegt sich nicht auf den Blütenmittelpunkt zu, der bei jeder echten Blume das wäre, worauf es ankommt.

Experimente mit raffinierten Formen, ausgehend von einfachen Rechtecken und Kreisen bis hin zu Sternen, Kreuzformen und kompliziert geschnittenen Mustern mit »Blütenblättern« wie denen echter Blumen, ergaben, daß fortschrittlichere Insekten wie die Gesellschaftsbienen längliche, segmentierte Umrisse bevorzugen. Man könnte sagen, sie »stehen« auf die »rüschenbesetzten« Blüten. Und dies scheint sich zu bestätigen, bedenkt man, wie wir uns die Entwicklung der Blumen von den einfachen schlüsselförmigen Gewächsen mit regelmäßiger Kontur, jedem Besucher zugänglich, so brutal und ungehobelt er auch sein mochte, bis zu den modernen Typen vorzustellen haben, die differenziertere und unregelmäßigere Blütenformen aufweisen, nur intelligenteren Kunden zugänglich, die Bescheid wissen und sich auf die rechte Art annähern können. Da diese neueren Blüten meist tiefer sind, ihre Geschlechtsorgane verborgen, ihr »Angebot« nur für fortschrittliche Besucher mit langen Zungen erreichbar, erscheint es als äußerst wichtig, daß das Insekt (das sich zunächst wohl vom Blütenumriß anziehen ließ) daran gehindert wird, nur am Rand herumzuwandern, daß es vielmehr ins Zentrum gelenkt wird, wo die Blüte es hinhaben will.

Versuche mit dreidimensionalen Modellen ergaben, daß Tiefe an sich bereits anziehend wirkt, daß Insekten durch hohle trompetenförmige oder konische Formen nach innen gelockt werden. Doch viele Blumenarten konnten sich diese praktische und simple Methode des Kundenfangs nicht erlauben. Sie verengten die Kelchöffnung, verschlossen den »Blütenmund« fast völlig, um unerwünschte Besucher abzuhalten. Um dem bestäubenden Insekt die rechte Richtung weisen zu können, haben diese Arten »Leitlinien« entwickelt, die ins Blütenzentrum führen und etwa so gedacht sind wie Straßenschilder. Es handelt sich um auf das Zentrum zulaufende Linien, so bei den Geraniumarten, oder um Punkte wie bei Fingerhutarten (*Digitalis*), die in den Kelch der Blüte führen, oder um eine leuchtend gefärbte Zone am Zugang zu den Blütenlippen, so beim Leinkraut (*Linaria vulgaris*). Zuweilen sind die Leitlinien für menschliche Augen unsichtbar, weil sie aus ultravioletten Mustern bestehen (oder weil sie vor einem ultraviolettes Licht reflektierenden Hintergrund ein diese Wellenlänge nicht reflektierendes Muster abgeben). Manchmal sind die Leitlinien mit Markierungen kombiniert, an denen sich die Zunge des Besuchers orientieren kann, um zur richtigen Stelle durchzufinden. Und in anderen Fällen erfährt die optische Leitlinie Unterstützung durch Linien, an denen Geruchsmuster angebracht sind, die das Insekt ins Ziel lenken. Natürlich bilden die optischen Leitlinien die Hauptattraktion bei vielen unserer beliebtesten Gartenpflanzen.

Wie gesagt, einige Blumen versuchen im Wettbewerb

einfach durch optische Größe einen »Marktvorteil« zu erlangen. Insgesamt und vom Standpunkt der Pflanze aus gesehen ist diese Werbemethode jedoch nicht optimal, denn, je größer die einzelnen Blüten sind, desto weniger von ihnen vermag die Pflanze zu tragen. Außerdem brauchen sehr großflächige Blüten starke Stützstrukturen, um sich aufrecht zu halten. Über die größte Blüte der Welt verfügt die *Rafflesia arnoldii;* sie erreicht etwa einen Durchmesser von einem Meter. Dies ist aber nur möglich, weil die *Rafflesia arnoldii* ein Wurzelparasit ist, der für seine monströsen Blüten keine Stengelstruktur benötigt, da diese auf dem Erdboden ruhen.

Eine Alternativtechnik für den Werbeeinsatz einzelner Blumen ist es, sich klein zu halten, dafür sich jedoch so eng zusammenzudrängen, daß sie gemeinsam ein großes Werbe-Arrangement bilden. Viele der erfolgreichsten Blütenpflanzen in bezug auf die Suche nach Insektenkunden setzen eine solche Zusammenballung von Blüten – man nennt diese einen Blütenstand (*Infloreszenz*) – ein. Dabei gibt es zwei Haupttypen. Den ersten bezeichnet man als *razemös* (mit Blütenständen), und bei diesem beginnen sich die Blüten vom Unterteil des Stengels an aufwärts zu entfalten, bis hin zur Spitze, die sich meist weiterverlängert und neue Knospen treibt. Die schlichteste dieser Formen ist die *Ähren-* oder *Grannen*form, bei der die Blüten nicht an getrennten Stengeln befestigt sind. Hier zeigt sich der Vorteil so, daß die bestäubenden Insekten ohne große Schwierigkeiten von einer Blüte zur anderen krabbeln können, ohne abfliegen und erneut landen zu müssen. Sitzen die Einzelblüten an Stengeln, dann ist die Infloreszenz ein *Razem;* ist das Razem verzweigt, bezeichnet man es als *Rispe. Corymbal* nennt man ein unter dem Gesichtspunkt der Werbung ziemlich auffälliges Display der Blüte. Bei diesem sind die Stengel (*Pedizele*) der unteren Blüten länger, die der weiter oben angesetzten Blüten graduell kürzer, so daß die Spitze der Infloreszenz sozusagen einen flachen Teller darstellt, der auch aus der Entfernung recht auffallend wirken kann.

Der zweite Haupttyp unter den Blütenständen (man nennt ihn *kymotisch*) ist genau umgekehrt angeordnet. Die erste sich öffnende Blüte sitzt an der Spitze des Stengels. Darunter treten Seitentriebe aus, die jeweils in einer Blütenknospe enden; darunter befinden sich weitere Seitentriebe – und so fort. Wenn die Seitentriebe paarweise wachsen wie bei Nelken und anderen *Dianthus*-Arten, heißt der Blütenstand *dichasium;* wachsen sie unparallel wie beim Vergißmeinnicht (*Myosotis*), spricht man von *skorpioidem Blütenstand*.

Dann ist noch die Doldenform (*umbellisch*) zu erwähnen, bei der, wie schon der Name sagt, die Blütenstengel radial von der Spitze des Pflanzenstengels ausgehen. Sehr oft handelt es sich hierbei um eine Mischdolde, wie bei der Karotte (*Daucus carota*), die sich durch den Zusammenschluß kleinerer Dolden zu einer einzigen großen entwickelt.

Schließlich gibt es noch das Kapitell (*capitulum*), das aus einer Anhäufung getrennter, aber eng am Ende eines Stengels nebeneinanderstehender Blüten besteht, was diese wie eine einzige größere Blüte erscheinen läßt. Beispiele hierfür sind die Kardendistel (*Dipsacus*) und die Skabiose (*Scabiosa*). Das Kapitell wurde am schamlosesten von der Korbblütlerfamilie (den *Compositae*) ausgenutzt, die sowieso über nahezu die höchste Mitgliederzahl in der Familie der Blütenpflanzen verfügt. Sie umfaßt einige achthundert Arten und über dreizehntausend verschiedene Untergattungen. Die meisten Botaniker würden wohl auch sagen, daß dies die erfolgreichste Pflanzenfamilie überhaupt sei, weil sie nahezu überall Vertreter hat, wo Blütenpflanzen gedeihen können. Meist sind es Blattpflanzen, aber es gibt auch einige Sträucher und sogar einige Baumarten. Diese

Pflanzen nehmen einen ziemlich hohen Rang in der Evolutionsskala ein, und doch wirkt das typische Gänseblümchen, trotz seiner sehr großen Zahl von Einzelblüten (man nennt sie »Floretten«, »Blümchen«), bei oberflächlicher Betrachtung so, als sei es eine einfache, offene Einzelblüte der allerprimitivsten Prägung.

V

Auch Pflanzen kennen Tabus

Da es der Zweck der Sexualität ist, Vielfalt ins Leben zu bringen, wird dieses Ziel zwangsläufig verhindert, wenn Lebendiges sich selbst befruchtet. Die geschlechtliche Gleichung lautet: Eins und eins macht ein anderes; und den wichtigsten Stellenwert in der Gleichung hat das Wort ein *anderes*. Eins allein vermag sich nur zu wiederholen.

Deshalb liegen die Chancen für *Autogamie* (wörtlich: »Selbstheirat«), wie man die Selbstbefruchtung nennt, ziemlich schlecht. Was wäre der Nutzen dieser Millionen und Abermillionen von Jahren der Mühe und Experimente, derer es bedurfte, um die Sexualität zu erfinden, wenn jede Lebensform, die mit normal entwickelten Geschlechtsorganen versehen ist, diese dazu einsetzte, sich selbst zu befruchten, anstatt sich zu kreuzen? Raoul Heinrich Francé greift dieses Argument auf und liefert gleichzeitig Hinweise auf die für seine Epoche charakteristische Einstellung gegenüber der Familie, wenn er 1926 über die »höheren« Blütenpflanzen schreibt: »Vor allem wissen sie es auf das geschickteste zu vermeiden, daß sie sich selbst befruchten. Die Natur geht der Blutschande ganz aus dem Wege. Sie weiß sie nicht immer zu vermeiden, aber sie greift nur dann zu ihr, wenn sich kein anderer Weg mehr bietet. Die Erhaltung des Lebens siegt schließlich über die Bedenken.« Und er geht, moralisierend, dieser Vorstellung noch weiter nach: »Das Tragikum des Hochadels und der Fürstenfamilien reicht bis zum Wiesenblümchen hinab, wenn es in denselben Fehler verfällt und nur in seiner eigenen Familie heiraten will. Eine Zeitlang geht es, aber dann nimmt die Kinderzahl ab, und die vorhandenen werden zu jugendlichen Greisen und immer untüchtiger. Die Lebensfähigkeit erlischt. Die Natur selbst hebt warnend den Finger: Allzu exklusiv ist ungesund.«

Es trifft zu, daß um 1926 einige ganz besonders kraftlose Gestalten des alten Adels durch die europäischen Großstädte zogen und von den Kunstschätzen lebten, die ihnen aus ihren einstmals reichen Palästen noch übriggeblieben waren. Mehrere von ihnen hatten in Wien, wo Francé lebte, einen ziemlich dekadenten Gesellschaftszirkel gebildet, und so konnte er seine etwas puritanischen Ansichten über die Schwächung und den Verfall der Jugend, hervorgerufen, wie er meinte, durch jahrhundertelange Inzucht unter den »großen« Familien, leicht belegen. Man kann ihm als Beobachter kaum vorwerfen, daß er sich seine Beweise für die negativen Folgen der Inzucht unter den exzentrischen Sprößlingen der dekadenten Oberschicht suchte. Diese Einstellung teilte er mit vielen fortschrittlichen Leuten in jenen Jahren nach dem Ersten Weltkrieg, der die Gesellschaft unwiederbringlich verändert und durch die Opferung von Millionen der kräftigsten und gesündesten jungen Männer das europäische »Zuchtpotential« für die nächsten Generationen schwer geschädigt hatte.

Die Einstellung von Francé bietet nur ein weiteres Beispiel dafür, wie sehr zeittypische Moralvorstellungen auch das Denken eines sogenannten objektiven Wissenschaftlers zu bestimmen vermögen. In Wirklichkeit war Inzucht in kleinen ländlichen Gemeinden bei weitem verbreiteter. Denn dort gab es nie eine große Mobilität. Man blieb meist an dem Ort, an dem man geboren worden war. Die Adeligen verließen zumindest zum Zweck gesellschaftlicher Begegnungen und der Erholung gelegentlich ihren Wohnsitz;

und manchmal fiel ein einfaches Mädchen dem Charme eines »gnädigen Herrn« und seinen feinen Umgangsformen zum Opfer, wurde schwanger und benutzte diesen Umstand dazu, einen kräftigen Burschen aus ihrem Dorf zur Heirat zu veranlassen. Auch kam es vor, daß eine Erzherzogin ihrem angetrauten Erzherzog einen Sohn und Erben in die väterlichen Arme legte, der eine starke Ähnlichkeit mit einem ansehnlichen Stallknecht aufwies, dem sie in einem Gasthof klammheimlich ihre Gunst geschenkt hatte.

Wollte man auf Francés Argumentation, daß eine Parallele zwischen der Fortpflanzung der Pflanzen und der menschlichen Vermehrung besteht, noch näher eingehen, dann müßte man freilich noch erwähnen, daß die »aristokratischen« Gene sich unter dem Bauernvolk sehr viel weiter verbreitet haben als die »bäuerlichen« Gene in der Aristokratie. Die Oberschicht besaß nicht nur größere Erfahrung in den Künsten der Verführung, sondern sie war eben auch sehr viel mobiler. Daraus wird deutlich, daß Francés Besorgnis über die genetische Verarmung der Hochwohlgeborenen nicht ganz der Wirklichkeit entsprach. Es gab glücklicherweise stets eine gewisse Anzahl von Bastardgeburten – oder, wie es Biologen vielleicht ausdrücken würden, »Auszucht« – an *beiden* Enden der gesellschaftlichen Rangskala, die für die sehr erwünschte Variationsbreite sorgten und den Bestand der Erbmöglichkeiten, die »Gen-Reserve«, der Bevölkerung in hohem Maße vergrößerten und verbesserten.

Auf jeden Fall unterlief Francé ein grundlegender Fehler, als er Pflanzen und Menschen verglich. Kein Adeliger – und sei er noch so degeneriert – könnte jemals mit seiner Frau – und sei sie noch so eng mit ihm verwandt – eine genaue Kopie seiner selbst produzieren. Der Nachwuchs würde auf jeden Fall »verschieden« sein. Vielleicht nicht verschieden genug, daß Sohn oder Tochter hübscher, attraktiver, stärker, gesünder oder weniger borniert als die Eltern wäre, doch er oder sie wäre gewiß »anders«. Denn so ähnlich sich der Erzherzog und die Erzherzogin auch im Aussehen und der Intelligenz (oder im Mangel an beidem) sein mögen, sie sind zwei verschiedene Personen, und darum kann man ihre geschlechtliche Verbindung nicht wirklich als einen Akt der Selbstbefruchtung bezeichnen. Die Selbstbestäubung einer Pflanze dagegen ist etwas ganz anderes. Sie kann viel leichter zu sehr viel größerer Ähnlichkeit zwischen der Elternpflanze und dem Nachwuchs führen. Aber auch in diesem Fall würde der Nachwuchs mit der Elternpflanze nur dann identisch sein, wenn diese wirklich *homozygotisch* in jeder Hinsicht war (also Vater und Mutter gleich); wenn jedes Gen auf jedem Chromosomen genau dem anderen Gen auf derselben Stelle des entsprechenden Chromosomenpaars entsprach.

Die überwältigende Mehrzahl der geschlechtlich entstehenden Pflanzen sind indes *heterozygotisch* – jedenfalls bis zu einem gewissen Grad. Das heißt, ihre genetische Struktur ist gemischt und besteht aus vielen Paaren unterschiedlicher Gene. Eizellen und Samenzellen unterscheiden sich voneinander selbst in ein und derselben Pflanze in bestimmtem Maß, und das Ergebnis ist, daß die Nachkommenschaft eben nicht haargenau mit der Elternpflanze identisch sein kann, auch wenn die Pflanze eine Selbstbefruchtung vorgenommen hat. (Es gibt eine Ausnahme, ähnlich wie beim Menschen und den Tieren, wenn identische Zwillinge oder manchmal Drillinge oder Vierlinge aus einer einzigen Eizelle entstehen, die sich nach der Befruchtung teilte.)

In dem Kapitel über *Parthenogenese* (Jungfernzeugung)*

* Vgl. Seite 248.

werden wir eine ganze Reihe von Fällen kennenlernen, in denen selbst Pflanzen, die von großem wirtschaftlichem Nutzen sind, durch Selbstbestäubung offenbar recht gut ihre Fortpflanzungsfunktion erfüllen. Es besteht also im Pflanzenreich keineswegs jener Abscheu vor dem Inzest, den Francé unterstellte. Bei allen verwandten Eigenschaften, die manche Botaniker zwischen dem Seelenleben von Pflanzen und Menschen entdeckt zu haben glauben, wird man wohl kaum jemals eine Pflanze finden, die an einem Ödipuskomplex leidet. Leider scheinen jedoch auch exzellente Biologen – genauso wie viele andere Leute – einen Ödipuskomplex und folglich eine irrationale Inzestangst zu haben. Vielleicht neigen sie deshalb dazu, »Gesetze« im Reich der Natur zu entdecken, die den von uns Menschen aufgestellten Inzestgesetzen entsprechen. Durch solche Gesetze pflegen ja alle Gesellschaften, von dem primitivsten bis zu den sogenannten zivilisierten, ihre Ängste bezüglich des Inzests auszudrücken und den Geschlechtsverkehr unter nahen Verwandten zu verbieten. Daß diese Verbote eine irrationale Ursache und nicht eine genetische haben, wird deutlich aus der Tatsache, daß zahlreiche Tabus keineswegs irgendwelche blutmäßigen Verbindungen berühren. Vor kurzem wurde einem jungen Mann in England die Erlaubnis verweigert, die zweite Ehefrau seines Großvaters zu heiraten, weil dies gegen das Gesetz sei.

Glücklicherweise scheint es im Pflanzenreich keine derartigen angstbedingten Tabus zu geben. Pflanzen betreiben Inzucht oder »Auszucht«, je nachdem, was für ihr Überleben und ihr Wohlbefinden am besten ist, und sie haben keine Gesetze in dieser Hinsicht aufgestellt.

Es könnte denkbar sein, daß Francé sich beunruhigt fühlte durch eine Assoziation zwischen Selbstbestäubung und Selbstbefleckung, wie man damals die Masturbation bezeichnete. Sogar 1926 gab es noch Lehrer, Geistliche,

Ärzte und sogar Wissenschaftler, darunter Botaniker, die allen Ernstes behaupteten, daß »Selbstbefleckung« eine Sünde sei, die zu schrecklichen Strafen der Natur führen müsse; daß jene, die sie praktizierten, wahnsinnig oder blind oder beides werden müßten. Und wenn sie aufgrund einer besonderen göttlichen Gnade diesem Schicksal entronnen seien, würden sie zumindest geschwächt und zu »jugendlichen Greisen« werden.

Man muß also die oft wiederholten Erklärungen, die Natur sei gegen Selbstbefruchtung und unternehme alles, um diese zu verhindern, mit großer Vorsicht behandeln. Derartige Behauptungen entspringen dem Bedürfnis, allgemeinverbindliche moralische Prinzipien aufzustellen, aus denen sich dann seelenstärkende Traktätchen, Sermone und hübsche Zeitungsartikel destillieren lassen – nur mit der Lebenswirklichkeit haben sie nichts zu schaffen. Sie stellen eine Art geistiger Inzucht dar, die kritiklos und stereotyp ein im Jahre 1799 von Thomas Andrew Knight veröffentlichtes Prinzip übernommen und weiterveröffentlicht hat, wonach keine Pflanze sich über mehrere Generationen ohne schwerwiegende Erbschäden durch Selbstbefruchtung vermehren könne.

Weil der große Charles Darwin die meisten seiner Untersuchungen an Pflanzenhybriden vornahm, die Bienen und andere Insekten anzogen, die ihn so faszinierten, scheint er Knights Behauptung ziemlich unkritisch übernommen zu haben. Und die Autorität seines Namens führte dazu, daß dieses »Prinzip« als das *Darwin-Knightsche Gesetz* in die Botanik einging, wonach die »Natur eine fortgesetzte Selbstbefruchtung verabscheut«. Dieses »Gesetz« sollte dann (um die Professoren Faegri und van der Pijl zu zitieren) eine ziemlich unselige Rolle innerhalb der Pollinationsökologie spielen, weil es dazu geführt hat, daß weniger kritische Darwinanhänger das Phänomen der Selbstbestäubung außer acht ließen und zuweilen hektisch nach Methoden der Kreuzbestäubung und nach entsprechenden Zuchtanordnungen selbst bei gewohnheitsmäßig Inzucht betreibenden Pflanzen suchten. Glücklicherweise scheinen die Wissenschaftler seit den Tagen Darwins die Vorstellung fallengelassen zu haben, sie müßten die durch den Glaubensverfall entstandene Leere ausfüllen, indem sie religiöse Gesetze durch sogenannte wissenschaftliche ersetzen. Sie haben – jedenfalls im Bereich der beobachtenden Wissenschaften wie der Biologie – aufgehört, sich als Gesetzgeber und Propheten zu betragen. Sie geben sich damit zufrieden, zu beschreiben, *was* geschieht und *wie* es geschieht, ohne den Versuch zu unternehmen, zu erklären, *warum* es geschieht und welches der Endzweck ist. Wir können also das Darwin-Knightsche Gesetz und sämtliche anderen sogenannten »Gesetze« beiseite lassen und uns mit ein paar Fällen beschäftigen, an denen sich die Funktionsweise von Sexualtabus zur Verhinderung der Eigenbefruchtung bei Fremdbestäubern unter den Pflanzen demonstrieren läßt.

Fremdbestäubende Pflanzen sind für die Kreuzbefruchtung eingerichtet. Sie stellen einen Großteil der Blütenpflanzen. Bei einigen Arten wird jedoch das Tabu gegen die Inzucht nicht absolut wirksam. Wenn diese die Wahl haben, entweder überhaupt nicht befruchtet zu werden oder sich selbst zu befruchten, dann wählen sie als Ausweg das letztere. Bei den meisten Arten funktioniert das Tabu indessen vollkommen, und die Selbstbestäubung wird mit allen Mitteln verhindert.

Bevor wir uns aber mit einigen der Methoden befassen, die das Tabu wirksam werden lassen, erscheint es wichtig, noch einen besonderen Punkt zu klären: Die Selbstbefruchtung umfaßt nicht nur den Blütentyp, bei dem die weiblichen Organe einer Blüte Pollen von den männlichen Organen derselben Blüte empfangen. Diese sogenannte Autogamie stellt nur das offenkundigste Beispiel der Selbstbefruchtung dar. Lange Zeit glaubte man, hierbei handle es sich um das einzige Beispiel. Schließlich ist ja eine Blume sie selber, und verschiedene Blumen sind – nun ja, verschieden. Diese Ansicht war bestimmend, bevor neue Entdekkungen in der Genetik und *Zytologie* (Zellforschung) und bewiesen, daß sie völlig unzutreffend ist. Verschiedene Blüten an derselben Pflanze sind *nicht* verschieden. Das genetische Material ihrer Zellen ist exakt identisch, wie es identisch ist mit dem jeder anderen Zelle der Pflanze. Deshalb müßte die Bestäubung einer Blüte dieser Pflanze durch Pollen einer anderen Blüte derselben Pflanze gleichbedeutend sein mit einer Selbstbestäubung ein und derselben Blüte. Man bezeichnet zwar eine solche Geschlechtsbeziehung zwischen zwei Blüten derselben Pflanze als *Geitonogamie* (griech.: »Vermählung zwischen Nachbarn«), doch besteht zwischen diesem Vorgang und dem gelegentlichen Partnertausch, den die Menschen sich erlauben, keine wirkliche Ähnlichkeit. Auf einer Pflanze sind die zwei verschiedenen Blüten in keiner Weise »Nachbarn«, sondern Bestandteil ein und desselben pflanzlichen Individuums.

Um die Geschichte noch weiter zu komplizieren: Das Tabu der Selbstbefruchtung besteht auch bei Blüten verschiedener Individualpflanzen, wenn diese Teil eines *Klons* sind, das heißt, wenn sie durch Ableger aus der gleichen Pflanze entstanden sind, durch Ausläufer, durch Schnittlinge einer krautartigen Pflanze oder durch Teilung von Zwiebeln. Denn bei all diesen Formen ist die genetische Struktur identisch, und die Bestäubung einer Pflanze durch eine andere aus demselben Klon wäre immer noch eine Selbstbefruchtung.

Um das Tabu der Selbstbefruchtung nicht zu durchbrechen, haben verschiedene Arten eine unendliche Vielfalt von Tricks entwickelt, durch die sie die damit verbundenen Probleme umgehen. Man könnte fragen, warum die Pflanzen nicht den einfachen Ausweg gewählt haben, den die Menschen und die meisten Tiere fanden: die Geschlechtlichkeit auf weibliche und männliche Individuen zu verteilen, nicht aber beide Geschlechtsvarianten in einer Person zu vereinigen. Dann gäbe es auch bei den Pflanzen die Möglichkeit der Selbstbefruchtung nicht.

Manche Pflanzengattungen treiben nun tatsächlich ihre männlichen und weiblichen Blüten auf getrennten Pflanzen. In einigen Fällen scheint sich dieses Arrangement, das man als *diökisch* (griech.: »zweihäusig«) bezeichnet, ziemlich erfolgreich auszuwirken. Aber – und das durfte man ja wohl erwarten – die getrennten Wohnsitze von Frau und Mann erweisen sich meist als ziemlich kostspielig. Die Brennessel erlaubt sich diesen Luxus, ebenso die Stechpalme (obwohl sich ab und zu ein Vertreter dieser Art einschleicht, der »polygam« ist). Man nimmt an, daß die Geschlechtertrennung eine erst in jüngster Zeit erworbene Eigenschaft einiger weniger Arten ist, die ursprünglich beide Geschlechter in einer Pflanze vereint hatten. Man kann diese Auffassung unter anderem dadurch untermauern, daß bei vielen zweihäusigen Pflanzen die Blüten allem Anschein nach noch nicht lange Zeit getrenntgeschlechtlich sind. Ein bestens dokumentierter Fall ist der unserer Roten Lichtnelke (*Silene dioica*), deren männliche Blüten rudimentäre weibliche Geschlechtsorgane aufweisen, während die weiblichen Blüten halbausgebildete männliche Organe enthalten. Dies läßt sehr wohl den Schluß zu, daß die Pflanze erst vor nicht allzulanger entwicklungsgeschichtlicher Zeit die hermaphroditische Praxis ihrer Blüten aufgegeben hat.

Man kann über die Gründe für die Aufgabe des Hermaphroditismus nur Vermutungen anstellen, sicherlich aber sind sie jeweils Folge der Anpassung an irgendwelche veränderten Umweltbedingungen. Die meisten gewöhnlichen Blütenpflanzen sind jedoch nach wie vor Hermaphroditen, und dies trotz der Probleme, die es für sie mit sich bringt, die Selbstbestäubung zu vermeiden. Der Grund, warum es für Pflanzen weniger effektiv ist, die Geschlechter auf verschiedene Individuen zu verteilen, als dies bei Mensch und Tier der Fall ist, liegt in einem wirtschaftlichen Nachteil. Männliche Blüten können ebensowenig wie die Männer Mutter werden. Wenn also die eine Hälfte einer bestimmten Population männlich, die andere weiblich ist, dann ist die männliche Hälfte nutzlos geworden, sobald sie ihre Aufgabe als Befruchter der weiblichen Teile erfüllt hat. Sie nimmt dann nur Platz weg, der viel nützlicher von den Pflanzen verwertet werden könnte, die den Nachwuchs hervorbringen. Beim Menschen ist ein zukünftiger Vater zwar ebenfalls ziemlich nutzlos, während die Frau, die durch ihn schwanger geworden ist, das Kind zur Welt bringt. Immerhin vermag er der Gebärenden und dem gemeinsamen Nachwuchs jedoch Nahrung und Schutz zu bieten. Eine männliche Pflanze kann dies nicht. Sobald sie den einzig ihr möglichen Beitrag, nämlich den Samen zu produzieren und zu verbreiten, geleistet hat, gibt es für sie keine weiteren Aufgaben und keine weitere Verantwortung.

Hermaphroditische Pflanzen verdoppeln ihre Chancen, Nachwuchs zu produzieren und dadurch Terrains zu besetzen, die sonst von anderen, fruchtbareren Arten besetzt werden könnten. Darum kann es kaum erstaunen, wenn wir erfahren, daß die hermaphroditischen Pflanzen den eingeschlechtlichen pro Einzelpflanze bei weitem an Zahl überlegen sind. Allerdings haben wir damit die Frage noch nicht beantwortet, wie diese Pflanzen die Selbstbefruchtung vermeiden. Es ist zu erwarten, daß verschiedene Pflanzenarten mit diesem Problem auf unterschiedliche Weise fertig werden.

Der einfachste Weg ist der, daß die ganze Pflanze hermaphroditisch ist, jedoch verschiedengeschlechtliche Blüten getrennt voneinander auf ihr wachsen: Einige Blüten sind männlich, andere weiblich, aber keine Blüte ist beides zugleich. Man bezeichnet Arten dieser Richtung als *monökisch* (griech.: »einhäusig«). Wollte man unsere menschliche juristische Terminologie anwenden, dann leben sie sozusagen in »wilder Ehe« zusammen. Aber wie funktioniert das, ohne daß die beiden Geschlechter Paarungsversuche unternehmen? Ganz so leicht ist die Erklärung nicht, wie es zunächst scheinen könnte. Es besteht nicht nur die Gefahr, daß die geringfügigste Erschütterung der Pflanze durch einen Windhauch oder ein vorbeiziehendes Tier den Pollen von einer männlichen Blüte auf das Stigma einer weiblichen bringt, sondern auch, daß ein Insekt von einer Blüte zur anderen fliegt oder kriecht und so die nichterwünschte »Schwangerschaft« durch Selbstbefruchtung auslöst.

Es gibt ein paar einhäusige Pflanzen, die von Insekten bestäubt und befruchtet werden, etwa die Gurken und Kürbisse; deren Blüten müssen einigermaßen groß und attraktiv sein, wenn sie Insekten zum Besuch verführen sollen. Sie bieten als Belohnung Nektar und Pollen an und scheinen sich um die Eigenbestäubung keine besonderen Gedanken zu machen, denn man sieht oft auf derselben Pflanze Bienen von weiblichen zu männlichen Blüten und umgekehrt wandern. Die Blüten dieser Arten ziehen besonders große Hummeln mit pelzigen Leibern an, die dazu geeignet sind, den recht schweren Pollen in den langen Körperhaaren von einer Blüte zur anderen zu transportieren. Die Frucht sitzt bei diesen Arten oft hinter den weiblichen Blüten, anstatt, wie in den meisten Fällen, innerhalb der Blüte selbst. Man nimmt an, daß die Frucht dadurch während des frühesten Wachstumsstadiums vor der Beschädigung durch die groben Mundpartien der schweren Hummeln geschützt werden soll – dann, wenn diese Besucher in der Blüte schlemmen. Aber womöglich ist die Vernachlässigung der Schutzmaßnahmen gegen Selbstbestäubung bei diesen Arten nicht ganz so vollständig, wie es den Anschein hat. Vielleicht werden Tabus auf einer tieferen Ebene wirksam, etwa durch Vorlieben oder Unverträglichkeit für bestimmte Pollen. Davon später.

Viele monökische Arten bemühen sich nicht um Insektenbesucher, sondern verlassen sich auf den Wind, der die Pollen von den männlichen zu den weiblichen Blüten trägt. Eine dieser Pflanzen ist der Mais. Bei früheren Experimenten wurde er ziemlich ausgiebig untersucht. Dabei wurde die Kastration sowohl der weiblichen wie der männlichen Blüten zur Demonstration der Geschlechtlichkeit bei Pflanzen benutzt, denn bei dieser Pflanze sind die Unterschiede zwischen den Blüten beiderlei Geschlechts so offensichtlich, daß weder besondere Geschicklichkeit noch Behutsamkeit vonnöten sind, um die männlichen oder die weiblichen Organe zu entfernen. Da die Blüten nicht darauf angewiesen sind, sich mit bunten Blütenblättern aufzutakeln oder irgendwelche anderen Lockmittel einzusetzen, um Insekten anzuziehen, können die getrennt stehenden männlichen und weiblichen Blüten vollkommen nackt bleiben. Sie sind pure Sexualorgane, die ausschließlich zwei Funktionen zu erfüllen haben: einerseits, Pollen zu produzieren, andererseits, sich befruchten zu lassen. Dies ist der Grund dafür, daß bei so vielen windbestäubten eingeschlechtlichen Pflanzen die Blüten so unauffällig und bescheiden wirken. Der Wind muß nicht verlockt werden, um zu wehen.

Auch bei diesen getrenntständigen männlichen und weiblichen Blüten, die auf nackte Geschlechtsorgane reduziert sind, mit denen der Wind spielt, ist die Selbstbestäubung recht häufig, ähnlich wie bei den mit leuchtenden Blütenblättern ausgerüsteten Bienenverführern der Kürbispflanzen. Aber wenn durch bestimmte Prozesse innerhalb der weiblichen Organe die Geschlechtszellen der Pollen anderer Blüten willkommener sind als die derselben Blütenpflanze, dann wird zumindest ein Teil der Nachkommenschaft ein Kreuzprodukt und nicht das Ergebnis von Inzucht sein. Und wenn der Nachwuchs der gemischten Kreuzung, der *Xenogamie* (griech.: »Heirat mit einem Fremden«), kräftiger und gesünder ist, als der durch Inzucht gezeugte, dann gewinnt er im Rennen um das Überleben und vergrößert seine Zahl in der Pflanzenbevölkerung.

Die meisten monökischen Pflanzen tragen ihre männlichen Blüten nicht in voneinander getrennten Einheiten, sondern in langen Blütenständen, die weit stärker im Wind schwingen, als dies einer Einzelblüte möglich wäre. Auf diese Weise können sie ihre Pollen über ein größeres Gebiet verbreiten und haben mehr Chancen, andere Pflanzen zu erreichen. Die weiblichen Blüten hingegen werden meist entweder einzeln oder in kleinen Büscheln von nur zwei oder drei Blüten produziert, denn sie sollen später die Frucht hervorbringen und benötigen Raum, um anzuschwellen und zu wachsen. Die länglichen männlichen Blütenstände (oft als »Kätzchen« bezeichnet) sind weiter von keinem Nutzen, nachdem sie den Pollen abgegeben haben; also verwelken sie rasch und fallen ab.

Eine für diese Methode typische Art zeigt der Haselnußstrauch, von dessen langen, schaukelnden »Kätzchen« im Frühlingswind goldene Pollenwolken in die Luft stäuben, wodurch diese Pflanze als eine der ersten in jedem Frühjahr diejenigen Menschen in Mitleidenschaft zieht, die gegen ihre Pollen allergisch sind. Jedes der Millionen Pollenkörner, aus denen sich die Befruchtungswolken zusammensetzen, ist der potentielle Vater einer Haselnuß und damit eines Haselstrauchs. Doch vorher muß das Korn zunächst einmal auf eines der kleinen rötlichen Haarbüschel fallen, die von den halbverborgenen weiblichen Blüten aufragen. Auf diesem Haarbüschel, dem Oberstück des weiblichen Geschlechtsorgans, des Griffels, finden sich vielleicht Hunderte von Pollenkörnern ein. Aber nur ein Korn, das sich durch das Haarbüschel vermittels einer Ausstülpung, der Pollenröhre, seinen Weg bahnt, wird der männliche Elternteil einer neuen Haselnuß. Die Pollenröhre wächst und verlängert sich, bis sie das Ei erreicht, um dort die männliche Keimzelle abzugeben, die in Verbindung mit der weiblichen Eizelle ein neues Lebewesen hervorbringt.

Die anderen Pollenkörner treiben ihre Pollenröhren ebenfalls durch das weibliche Zellgewebe, um das »Rennen« zu machen und Vater der Frucht zu werden. Doch entscheiden verschiedene Dinge darüber, welches Pollenkorn den Sieg davontragen wird. Einmal etwa, welches Korn das Glück hatte, als erstes auf das rote Haarbüschel zu wehen. Damit hat es gegenüber den anderen bereits einen Platzvorteil. Dann beginnen einige Pollenkörner früher als andere die Pollenröhre auszutreiben und das weibliche Zellgewebe zu durchdringen; in dieser Phase kann natürlich auch der Erstkömmling langsamer als die anderen sein und zurückfallen. Die schnellsten Starter verfügen indes nicht unbedingt über die nötige Ausdauer; sie stoßen ein Stück weit vor und geben dann auf. Aber auch jene, die es schaffen, ins Ziel zu gelangen, sind in ihrer Qualität verschieden. Der Endsieger ist nicht zwangsläufig der schnellste oder der hartnäckigste Samen, nicht der ausdauernste, sondern jener, der dem weiblichen Partner bei der Begegnung am attraktivsten erscheint. Während des gesamten

Vorgangs werden nämlich im Griffel Hormone abgesondert und rasch im Zellgewebe verbreitet, die einigen Rennern Ermutigung übermitteln, andere aber entmutigen. Die weiblichen Geschlechtsorgane sind in einem sehr konkreten Sinn Kontrollorgane. Sicher, der siegreiche Pollen muß im Wettbewerb der überlegene sein, um in das Ei vordringen und es befruchten zu können. Doch das allein genügt eben nicht. Wenn die genetische Struktur der männlichen Zelle mit derjenigen der weiblichen Zelle unverträglich ist, dann »spürt« die weibliche dies auf chemischem Wege, und sie baut chemische Barrieren gegen die Annäherung auf. Selbst wenn die männliche Samenzelle bis zur Eizelle vorgedrungen ist, sorgt eine echte Unverträglichkeit dafür, daß entweder die Verbindung nicht stattfindet oder, falls doch, daß sich kein Samen bildet oder der Samen unfruchtbar bleibt.

Da bei einer sehr großen Zahl von Pflanzenarten die weiblichen Organe »fremden« Pollen dem Pollen, der von derselben Pflanze oder vom selben Klon stammt, vorziehen, bewirkt diese Zurückweisung unverträglicher Pollen vielleicht einen letzten Schutz vor der Selbstbefruchtung. Aber die Sache hat einen Haken. Wenn zwischen den männlichen und den weiblichen Zellen ein und derselben Pflanze (oder Klons) eine hundertprozentige Unverträglichkeit besteht, dann gibt es auch keine Möglichkeit, überhaupt Nachwuchs zu erzeugen.

Die Botaniker zweifeln heute kaum mehr daran, daß die getrennten männlichen und weiblichen Blüten unter den höheren Pflanzen – gleich, ob auf ein und derselben Pflanze oder auf verschiedenen – nicht (wie man einst glaubte) Primitivformen im evolutionären Sinn darstellen, sondern daß sie neuere Entwicklungen aus hermaphroditischen Blumen sind. Manche Wissenschaftler sagen sogar, sie stellten nicht verbesserte, sondern degenerierte Formen dar. Wir haben gesehen, daß einige Pflanzen mit eingeschlechtlichen Blüten erfolgreich sein können, aber möglicherweise sind diese am Ende einer Evolutionslinie angelangt und verfügen über kein weiteres Entwicklungspotential mehr. Dafür gäbe es mehrere Gründe. Einen haben wir schon angeschnitten, nämlich daß es eine enorme Kraftverschwendung für die Hälfte der Blumen einerseits und die Hälfte der Pflanzen andererseits darstellt, wenn sie keinen Nachwuchs hervorbringen können.

Es gibt einige seltsame Zwischenformen zwischen Pflanzen mit völlig hermaphroditischen Blüten und solchen mit getrenntgeschlechtlichen Blüten. Jede nur denkbare Kombination, und sei sie noch so absurd, hat die Natur bestimmt bereits experimentell während ihrer »kosmischen Kritzeleien« ausprobiert. Manche als *androdiökisch* bezeichnete Pflanzen haben nur männliche Blüten auf einigen Pflanzen und hermaphroditische auf anderen. Andere, als *andromonökisch* bezeichnet, besitzen getrennte männliche und hermaphroditische Blüten an ein und derselben Pflanze. Wieder andere, man bezeichnet sie als *gynodiökisch* treiben nur weibliche Blüten auf einigen Pflanzen und hermaphroditische auf anderen. Ferner gibt es die *gynomonökischen* Pflanzen, bei denen getrennte weibliche und hermaphroditische Blüten auf ein und derselben Pflanze auftreten. Und schließlich, damit auch die allerletzte Sexualvariante durchgespielt wird, gibt es Pflanzen mit männlichen, weiblichen und hermaphroditischen Blüten entweder an einer Pflanze oder an verschiedenen. Botaniker bezeichnen sie (ziemlich irreführend) als polygam. Meist scheinen sich diese Pflanzenzwischenformen ganz gut mit der Selbstbefruchtung zurechtzufinden, doch sie haben wohl auch genügend Möglichkeiten zur Kreuzzucht, die durch einen gewissen Grad an Unverträglichkeit gegenüber dem eigenen Pollen unterstützt wird, so daß stets »neues Blut« zugeführt und die Degeneration vermieden wird.

Der Normalfall allerdings ist es, wie wir bei den Blütenpflanzen gesehen haben, bisexuell zu sein und sowohl die männliche als auch die weibliche Funktion ausüben zu können. Dies gilt für die Mehrzahl aller Pflanzen, und dabei ergeben sich auch ihre schwierigsten geschlechtlichen Probleme: Wie ist zu vermeiden (oder die Gefahr zu verringern), daß bei hermaphroditischen Blüten, bei denen die männlichen und die weiblichen Organe beständig eng nebeneinander stehen, eine Selbstbestäubung eintritt?

Es gibt zu diesem Zweck grundsätzlich zwei verschiedene Methoden. Durch beide wird der männliche Teil vom weiblichen getrennt und die Vereinigung dieser Teile miteinander verhindert, sowohl die direkte Vereinigung als auch die durch einen Vermittler – man könnte ihn auch einen Heiratsvermittler nennen. Gewöhnlich ist dieser Vermittler ein Insekt, zuweilen aber auch ein anderes Lebewesen, das während eines Besuchs der Blüte den männlichen Pollen auf das weibliche Stigma überträgt und damit den Geschlechtskontakt ebenso wirkungsvoll herstellt, als wenn die männlichen und weiblichen Geschlechtsorgane sich direkt berühren könnten.

Eine der erwähnten Methode der Geschlechtertrennung nun ist räumlich, die andere zeitlich. Die körperlich-räumliche Trennung, man spricht von *Herkogamie* (etwa »Ehehindernis«), ist für die bisexuellen Blütenpflanzen der Normalzustand, und zwar in dem Sinn, daß weibliche und männliche Blütenorgane voneinander getrennt liegen. Man verwendet den Begriff auch oft für Fälle, in denen die Bestäuberinsekten auf eine strukturelle Sperre oder einen Mechanismus in der Blütengestalt stoßen, die verhindern, daß der Pollen auf das Stigma übertragen werden kann.

Ein berühmtes Beispiel dafür ist die Stengellose Schlüsselblume (*Primula vulgaris*), die Darwin mit jener Detailgenauigkeit beobachtete und beschrieb, für die er berühmt war. Der dabei wirksame Mechanismus wird als *Heterostylie* bezeichnet und funktioniert in folgender Weise: Es sehen zwar auf den ersten Blick alle Primelblüten gleich aus, doch bestehen sie aus zwei völlig verschiedenen Typen – aus stiftförmigen und fransenförmigen Blüten. Bei den stiftförmigen ist das Stigma sichtbar und sieht aus wie ein Nagelkopf, der sich leicht über dem Blütenzentrum erhebt. Dies rührt daher, daß der Griffel mit dem Stigma lang ausgeprägt ist und die Stamina, die den Pollen tragen, innerhalb der Blüte versteckt liegen, wo sie etwa in halber Höhe des Blütenkelchs sitzen. Wenn man eine Blüte durch einen Längsschnitt teilt, entdeckt man sie dort in halber Höhe. Bei den fransenförmigen Blüten andererseits liegt das Stigma im Blüteninneren versteckt, während die Stamina an der Blütenoberseite sichtbar auftreten. Hier ist der Griffel kurz, und das stecknadelköpfige Stigma wächst nur etwa bis zur Hälfte des Kelchs empor, etwa so hoch wie die Stamina beim anderen Blütentyp. Beide Blütentypen wachsen stets auf verschiedenen Pflanzen, und in jeder freilebenden Population von Primelgewächsen ist ihre Anzahl stets ziemlich ausgewogen. Der Biologe J. B. S. Haldane, der sich dermaßen stark für Genetik interessiert, daß er seine Ideen in die Praxis umsetzte und eine neue Katzenart züchtete, veröffentlichte 1938 die Ergebnisse einer Untersuchung, bei der er mit Engelsgeduld nicht weniger als 2302 Primelpflanzen an verschiedenen Orten untersuchte, um herauszufinden, wie viele von jedem Typ es gibt. Er fand fast die gleiche Zahl von Pflanzen für jeden Typ.

Zusätzlich zu den recht deutlichen Unterschieden der Griffellänge und der Position der Stamina bei den zwei Blütentypen gibt es noch andere. Die Pollenkörner auf den fransenartigen Blüten sind größer, passen also besser in die etwas gröbere Stigmaoberfläche der stiftköpfigen Blüten. Darwin notierte äußerst genau die verschiedenen Ergebnisse, die er durch Kreuzbestäubung und durch Bestäubung der zwei Blütentypen mit einer Blüte der jeweils gleichen Art erhielt, in letzterem Fall sowohl mit einer Blüte von der gleichen Pflanze, als auch mit der von einer anderen. Seine Ergebnisse bestärkten ihn in der Überzeugung, daß die Kreuzbestäubung der Selbstbefruchtung weit überlegen sei, und zwar nicht nur, was die Anzahl der produzierten Samen, sondern auch, was die Lebenskraft des Nachwuchses betraf. Was man dann als das Resultat einer »legitimen« Verbindung im Unterschied zu den minderen Ergebnissen einer »illegitimen« zwischen gleichen Blüten bezeichnete.

Aus »illegitimen« Begattungen gingen also weit weniger Samen hervor als aus »legitimen«. Später fand man heraus, daß unter natürlichen Bedingungen durch »illegitime« Befruchtung sogar noch weniger Samen produziert werden, denn Darwin hatte in seinen Experimenten die »illegitimen« Pollenkörner begünstigt, indem er ihre Konkurrenz ausschaltete. Folgeexperimente, bei denen man beide Pollenarten verwendete, zeigten, daß die Absonderungen der weiblichen Organe einer Blüte durchaus in der Lage sind, »legitimen« Pollen auszuwählen, indem sie diesem die Durchdringung des weiblichen Zellgewebes erleichtern.

Ein Experiment bestand darin, »illegitimen« Pollen auf das Stigma zu übertragen, dann vierundzwanzig Stunden zu warten, ehe man »legitime« Pollenkörner ansetzte. Trotz seines zeitlichen Handikaps erreichte der »legitime« Pollen das Ziel zuerst und bewirkte die Befruchtung, weil die weiblichen Geschlechtsorgane der Pflanze seine Annäherungsbemühungen denen des Rivalen vorzogen.

Erst heute kennen wir genetische Tatsachen, über die man in Darwins Tagen weder etwas wußte noch nach dem Stand der Technik erfahren konnte. Das Fortpflanzungssystem der Schlüsselblume beruht auf jenem Darwin unbekannten Prinzip, daß die Pflanzen mit den stiftköpfigen Blüten zweimal das gleiche Gen für diese Eigenschaft aufweisen (sie sind *rezessiv homozygotisch*), während die mit den Fransenblüten ein unterschiedliches Genpaar haben (sie sind *heterozygotisch*). Aus diesem Grund wird die Kreuzzucht stark begünstigt, und, wie man gemäß der Gentheorie erwarten darf, werden beide Typen in gleicher Anzahl hervorgebracht.

Das Schöne an diesem einfachen Mechanismus der Heterostylie ist, daß die Kreuzung fast absolut sichergestellt ist, gleichgültig welches Insekt zu den Blüten zu Besuch kommt. Die Schlüsselblume bedient verschiedenartige Gäste mit verschieden langen Zungen. Man hat Bienen und Schmetterlinge auf den Blüten gesehen, zuweilen auch jene huschenden blitzschnellen Imitatoren, die Wollschweber (*Bombyliidae*). Darwin glaubte, daß Nachtfalter ebenfalls wichtige Bestäuber sein könnten. Alle diese Geschöpfe besuchen beide Blütentypen und lassen ihnen die gleiche oberflächliche bzw. tiefdringende Behandlung mit ihren Zungen zukommen. Angesichts solcher wohlfunktionierenden Einrichtungen für die Kreuzbestäubung und eines solch breitgestreuten Kundenstamms von Insekten ist in Verbindung mit der begrenzten Möglichkeit der Selbstbefruchtung – falls keine Besucher kommen – der Fortbestand der Schlüsselblume offenbar gesichert.

Viele andere Primelarten, so die Hohe Schlüsselblume und die Mehlprimel, weisen ähnliche Mechanismen der Heterostylie zur Tabueinhaltung gegen die Selbstbefruchtung auf. Die Funktionsfähigkeit dieses Mechanismus geht daraus hervor, daß Angehörige völlig anderer Familien ihn ebenfalls einsetzen, so die anmutigen *Pulmonaria*, die Lungenkräuter, wie man sie wegen der angeblichen Ähnlichkeit zwischen ihren weißgefleckten Blättern und der menschlichen Lunge nennt. Sie haben wie die Schlüsselblumen zwei Blütenformen, die beide zunächst rosa erblühen und sich dann in einen Blauton umfärben, der sich mit dem Rosa ziemlich beißt.

Andere Arten treiben diesen Mechanismus noch weiter. Bei ihnen erfolgt die Vermehrung nicht mittels zwei, sondern mittels drei verschiedenen Blütentypen auf getrennten Pflanzen. Eine dieser Arten ist der Blutweiderich (*Lythrum salicaria*), von dem kultivierte Abarten als Begrenzungspflanzen in Gärten gezogen werden. Dort vermehrt man sie durch Ableger oder durch Abschneiden überwuchernder Pflanzenbüschel, und in den meisten Fällen haben sie dort keine Chance, je ein eigenes Geschlechtsleben zu führen, weil man nur eine Form mit nur einem Blütentyp züchtet. In solchen Fällen wirkt das Tabu gegen die Selbstbefruchtung so stark, daß die Pflanze entweder niemals geschlechtliche Erfüllung findet oder höchstens ein, zwei unbefriedigende Erfahrungen macht. In freier Natur hat der Blutweiderich eine Blütenform mit kurzem Griffel und langen oder mittellangen Stamina, einen zweiten Blütentyp mit mittellangem Griffel und langen sowie kurzen Staubgefäßen und eine dritte Form mit einem langen Griffel und kurzen wie mittellangen Stamina. Jeder Typ findet sich auf einer eigenen Pflanze. Um die Sache noch komplizierter zu machen, gibt es überdies drei verschiedene Größen von Pollenkörnern, die jeweils in den kurzen, den mittellangen und den langen Staubgefäßen auftreten.

Dasselbe Schema der drei verschiedenen Blütentypen findet man auch bei anderen Pflanzenfamilien, etwa beim Waldsauerklee, dem Flachs und einer wunderschönen, gefährlichen Pflanze in tropischen Gewässern, der Wasserhyazinthe. Daß dieser Mechanismus funktioniert, daran kann kein Zweifel bestehen. Doch viele Botaniker glauben, daß die Zersplitterung in verschiedenartigen Blütentypen am Ende zu eingeschlechtlichen Blüten auf verschiedenen Pflanzen geführt haben könnte.

Es lassen sich noch zahlreiche Beispiele für verschiedene Blütenformen bei ein und derselben Art anführen, doch wir begnügen uns mit einem letzten Beispiel, das sehr schlicht und sehr überzeugend ist. In diesem Fall geht es nicht darum, daß die ganzen Blüten verschieden sind und auf getrennten Pflanzen stehen, auch nicht, daß die Geschlechtsorgane in verschiedenen Positionen angeordnet wären – nein, der Unterschied bezieht sich ausschließlich auf die Pollen und das Stigma. Es handelt sich dabei um die Gemeine Grasnelke (*Armeria maritima*). Schaut man nicht genau hin, dann sehen ihre Blüten alle gleich aus. Doch mit einem Vergrößerungsglas (oder sogar dem bloßen Auge für jene, die gut sehen können) erkennt man zwei Arten von Pollenkörnern und zwei Arten von Stigmata. Manche Pflanzen tragen Blüten mit rauhflächigen Pollen und einer feinstrukturierten Stigmaoberfläche; andere Pflanzen haben Blüten mit feinziselierten Pollen und grobgerasterter Stigmaoberfläche. Dies ist ein wundervoll einfacher Weg, um die Kreuzbestäubung sicherzustellen. Der grobe Pollenklotz der einen Blüte paßt gut zum groben Stigma einer anderen, und deren feingliedriger Pollen stellt fest, daß er genau für die Zartheit der ersteren geschaffen ist.

Man könnte sich fragen, warum in Fällen, in denen eine starke Unverträglichkeit zwischen der Pflanze und ihrem eigenen Pollen besteht, es notwendig sein sollte, alle diese Tricks anzuwenden, um die Selbstbestäubung zu verhindern. Die Antwort ist vielleicht ganz einfach: Blüten sind nur eine gewisse Zeit lang geöffnet, und das weibliche Stigma ist vielleicht nicht sehr lange in idealem Zustand. Wenn also »unpassender« Pollen, der sich für eine Vereinigung entweder überhaupt nicht eignet oder der nur magere Ergebnisse produziert, auf das weibliche Organ fällt, dann verschwendet er die Zeit dieses Stigmas und nimmt eventuell einem geeigneteren Bewerber den Platz weg. Es scheint ganz vernünftig, daß Pflanzen derartige Mechanismen einsetzen – so, als dächten sie wie altmodische Eltern, die zu ihrer Tochter sagen: »Verschwende nicht deine Zeit mit unpassenden jungen Männern! Suche dir den Richtigen, bevor du alt und verwelkt bist!«

Soviel zu den Verhütungsmechanismen gegen Selbstbefruchtung durch räumliche Trennung der männlichen und weiblichen Geschlechtsteile der Pflanze. Eine zweite Methode, die viel für sich hat, ist die *Dichogamie*, die zeitliche Trennung. Sie beruht auf der zeitlich unterschiedlichen Reifung der männlichen und weiblichen Blütenteile, so daß etwa das Stigma für die Befruchtung bereit ist, aber der Pollen noch nicht, oder umgekehrt.

In den meisten Fällen (ganz wie beim Menschen, wenn man den Leserbriefen über sexuelle Probleme in unseren Illustrierten Glauben schenken will) ist das Männchen früher bereit als das Weibchen. Ein gutes Beispiel dafür ist das Schmalblättrige Weidenröschen (*Epilobium angustifolium*), auch als »Feuerkraut« bezeichnet, weil es wie aus dem Nichts plötzlich auf Ruinenstätten und Ödland auftaucht und sich dort mit seinen hohen Stengeln voller purpurner Blüten und später mit den flaumigen Samen breitmacht, als wolle es die unwirtliche Stätte so rasch wie möglich zudekken. Vor fünfzig Jahren war das Schmalblättrige Weidenröschen noch eine ziemlich bescheidene und sehr begrenzt auftretende Pflanze, aber der Verfall unserer Städte hat seine Chancen beträchtlich verbessert und es in vielen verwahrlosten Stadtgebieten zur beherrschenden Pflanze gemacht. Die Stamina des Schmalblättrigen Weidenröschens wachsen aus krallenartigen Blütenblättern und verstreuen ihren Pollen, wenn die weiblichen Geschlechtsteile noch klein und unreif sind. Erst wenn aller Pollen verstreut ist und die Antheren verwelkt sind, erreicht der Griffel das Stadium der Pubertät und drängt sich über die Stamina hinaus; er wird klebrig und empfangsbereit für die Pollenkörner einer fremden Pflanze, die noch in ihrer männlichen Phase verharrt.

Es gibt zahlreiche Beispiele für eine solche *Protandrie*, wie man die frühere Reife der männlichen Geschlechtsorgane bezeichnet. Eines der verblüffendsten Beispiele bietet der Fetthennen-Steinbrech (*Saxifraga aizoides*). Um völlig sicherzugehen, daß sie nicht durch den eigenen Pollen befruchtet wird, kastriert sich die Blüte selbst, sobald ihre männliche Phase beendet ist: Die Antheren fallen ab, wenn sie die Pollenabgabe beendet haben. Während dieser Selbstverstümmelung ist der weibliche Teil der Blüte noch völlig unentwickelt. Man sieht nur ein großes scheibenförmiges Nektarium, in dem Nektar in großen Mengen zur Labe der vielen Fliegenbesucher produziert wird. Erst geraume Zeit nach der Kastration der männlichen Blütenteile entwickelt sich die Blüte zur Geschlechtsreife, so daß eventuell noch in der Nähe liegender Pollen zu alt und damit unbrauchbar geworden ist. Dann aber wachsen die weiblichen Organe rasch, schwellen an und entwickeln brustwarzenähnliche Stigmata, die den Pollen von anderen, noch unkastrierten Blüten aufnehmen können.

Allerdings haftet einer Kastration etwas sehr Endgültiges an. Die Möglichkeit, weiteren Nachwuchs zu erzeugen, wird vollkommen ausgeschaltet, auch für den Fall, daß trotz aller Mühen die Kreuzbestäubung nicht eintritt; denn die Selbstbefruchtung als letztes Hilfsmittel ist dann ausgeschlossen. Dies mag der Grund dafür sein, daß manche Exemplare der *Saxifraga aizoides* gelegentlich schon einmal ein wenig schummeln und die eine oder andre Anthere stehenlassen, wenn die übrigen abfallen.

Nebenbei sei erwähnt, daß im Pflanzenreich sowohl die männliche als auch die weibliche Kastration durchgeführt wird. Wo das weibliche Organ nur während einer kurzen Periode empfängnisbereit ist, kann die Kastration eine wirkungsvolle Methode sein, um unbrauchbare Geschlechtskontakte zu verhindern und die erwünschte Kreuzbestäubung zu erhalten. Die Shoofly-Pflanze (»Fliegenverscheuchpflanze«), eine wundervolle blaublühende Familienangehörige der Kartoffelfamilie (*Solama*) aus Peru, liefert dafür ein verblüffendes Beispiel. Sobald das dickliche Stigma befruchtet wurde, beginnt es zu welken. Innerhalb einer Stunde ist es völlig verschrumpelt, und der ganze Griffel fällt ab. Diese Selbstkastration, die sehr rasch durch Reaktionen des Zellgewebes im Griffel ausgelöst wird, wenn der Pollenschlauch durch ihn vordringt, besteht in einer radikalen Abstoßung sämtlicher äußerlichen weiblichen Organe der Blüte; diese wird unfähig für weiteren Geschlechtsverkehr und kann sich ausschließlich ihrer Aufgabe widmen, Nachwuchs hervorzubringen.

Meist werden allerdings weniger drastische Mittel eingesetzt. Nehmen wir die Gartenraute (*Ruta graveolens*), das Symbol der »Reue und Gnade«, wie Shakespeare sie nennt. Die Blüten dieses gestrüppartigen Buschs machen kurz vor der Selbstentmannung halt. Bald nachdem sich die Blüte geöffnet hat, dringen die Stamina aus den taschenartigen Blütenblättern nach oben, bis sie vollkommen erigiert dastehen. Wenn die Antheren sich öffnen und den Pollen abgeben, ist der weibliche Blütenteil für Geschlechtsverkehr noch nicht weit genug entwickelt. Der Griffel ist sehr kurz, die Narbe, das Stigma, noch nicht geschlechtsreif. Während ein Großteil der Pollen abgesondert wird, bleiben die weiblichen Blütenteile infantil, aber der Griffel beginnt zu wachsen, und das Stigma bereitet sich auf seine Aufgabe vor. Wenn der Griffel vollkommen ausgewachsen, das

Stigma geschlechtsreif geworden ist, haben die Staubfäden sich meist erschöpft, und ihre Erektion ist beendet. Wenn alles gutgeht, empfängt die Narbe den Pollen, den ein Insekt von einer fremden Blüte heranträgt, und so wird die Kreuzbestäubung möglich. Andernfalls wird die Selbstbestäubung durch eine letzte äußerste Anstrengung der Stamina durchgeführt, wobei sich diese wieder aufrecken und weit genug strecken, um das Stigma zu berühren und die wenigen noch vorhandenen Pollenkörner dorthin zu übertragen.

Eine ähnlich galante Notlösung von seiten der männlichen Blütenteile findet man in Berichten über die dekorative Kletterpflanze Glockenrebe (*Cobaea scandens*), die in ihrem natürlichen Wachstumsbereich in Südamerika von Fledermäusen bestäubt wird. Wenn sich keine Fledermaus einfindet oder wenn diese keine Pollen mitbringt oder wenn der Pollen, den sie mitbringt, unbrauchbar ist für eine Kreuzung, dann raffen sich die Staubgefäße in der unbefriedigten Blüte auf und führen eine Selbstbestäubung durch.

Sehr viel genauer und besser organisiert gehen viele Arten der Glockenblumen (*Campanula*) das Problem an, wie man soweit wie möglich verhindert, daß die Blüten sich selbst befruchten, wie man aber auch einen letzten Ausweg offenläßt, wenn alle Stricke reißen. Blüten dieser Art werden vorwiegend von größeren Insekten, z. B. Hummeln, angeflogen. Die Besucher müssen groß und kräftig sein, um mit ihren Zungen bis in den Blütenkelch vordringen zu können, wo der Nektar von einem Ring auf einem speziellen Zellgewebe am Fuß des Griffels abgesondert wird.

Die Antheren, die um den Griffel einen Kreis bilden, öffnen sich nach innen und laden ihre Pollen mitten auf dem Griffel ab, der die Pollenkörner mit seiner dichten Behaarung einfängt und festhält. Man könnte vermuten, daß damit automatisch eine Selbstbefruchtung eintreten müßte. Aber in diesem Stadium besteht die Gefahr keineswegs, weil die Griffeloberfläche vollkommen außerstande ist, geschlechtlich zu reagieren, und weil die Narbe am Ende des Griffels fest geschlossen ist. Der nächste Schritt in der Entwicklung ist, daß der Griffel sich zu verlängern beginnt. Dabei wird der behaarte Teil, auf dem noch immer die Pollenkörner kleben, vorwärtsgeschoben. Die Narbe ist auch jetzt noch fest verschlossen. Im nächsten Stadium schrumpfen die männlichen Organe vollkommen ein, nachdem sie ihre Funktion erfüllt haben. Nun endlich beginnt die Narbe behutsam ihre drei Lappen zu öffnen, die sich auf den Pollen vorbereiten. Wenn alles nach Plan verläuft, erhalten sie diesen von der nächsten vorbeifliegenden Bienenbesucherin, die zufällig von einer anderen Blüte herkommt. Dieses Arrangement ist meistens erfolgreich, wie man an dem Wohlergehen der meisten *Campanula*-Arten ersehen kann. Wenn allerdings aus irgendeinem Grund die Kreuzbestäubung nicht eintreten sollte, dann verfügt die Blüte über eine absolut narrensichere Methode der Selbstbefruchtung, die in keiner Weise so zufallsabhängig ist, wie dies bei unseren vorherigen Beispielen der Fall war: Die Narbenlappen öffnen sich weiter, dabei rollen sie sich nach unten, bis sie schließlich mit den Pollenkörnern in Berührung gelangen, die sich an dem haarigen Griffel festgesetzt hatten, als die Antheren der gleichen Blüte sie dort abluden. Günstige Schutzmechanismen und ausreichende, doch nicht übermäßige Feuchtigkeit im Innern der Blüte erlauben es diesen Pollenkörnern, frisch und funktionstüchtig zu bleiben.

Der Trick mit dem protandrischen Mechanismus (wobei also zuerst die männlichen Geschlechtsorgane reifen) ist im Pflanzenreich dermaßen verbreitet und weist so zahlreiche Varianten auf, daß man diesem Thema allein ein ganzes

Buch widmen könnte. Wir wählen abschließend das Beispiel einer Pflanze aus, bei der der Befruchtungsablauf wie das Drehbuch zu einem etwas unglaubwürdigen Sensationsfilm aussieht. Es geht um einen Angehörigen der Kreuzblumenfamilie, den Zwergbuchs (*Polygala chamaebuxus*), der in den Alpen heimisch ist. Um bienenartige Bestäuber anzulocken, treiben seine Blüten obere Kelchblätter von leuchtend mauvefarbener Tönung. Die Blütenblätter bilden eine violette Röhre, ihre äußeren Teile sind gelb. Dieses Farbschema ist gerade richtig für die Bienen, die regelmäßige Kunden dieser Blumen sind. Sie landen auf dem unteren Blumenblatt, das durch ihr Gewicht wie an einem Scharnier nach unten klappt. Bei diesen Blumen ist die Protandrie so stark ausgeprägt, daß die Antheren sich schon öffnen und den Pollen abgeben, während die Blütenknospe noch geschlossen ist. Der Pollen wird dann auf einer Art Plattform abgelegt, die am Griffel befestigt ist. Wenn die Knospe sich zu öffnen beginnt, verlängert sich der Griffel langsam und hebt wie ein Gabelstapler die Pollenplattform in die Höhe und über die Antheren hinaus.

Rings um den Fruchtknoten am unteren Ende des Griffels wird Nektar abgesondert, der für die Bienen äußerst lecker schmeckt. Nur kann man zu ihm ausschließlich durch die von den oberen Blütenblättern gebildete Röhre gelangen, die sich nach rückwärts erweitert. Um die Sache noch zu komplizieren, hat jedes Blütenblatt eine Tasche, die eine Sackgasse bildet. Man nimmt an, daß die Verzögerung, die dadurch entsteht, daß die Bienen gezwungen sind, in diesen Sackgassen herumzuirren, bei der Bestäubung hilft. Hat die Biene die rechte Richtung gefunden, zwängt sie sich durch den Schlauch, um an den Nektar zu gelangen. Doch die Blütenröhre, die nur von den zwei oberen Blütenblättern gebildet wird, hat keinen Boden. Die Biene verliert den Halt und stürzt auf das untere Blütenblatt; dadurch setzt die Scharnierwirkung ein und das Blütenblatt klappt plötzlich nach unten. Dadurch wiederum wird der Griffel herausgetrieben und versetzt der Biene einen deftigen Schlag, bei dem sie mit dem Pollen von der Plattform bedeckt wird. Den trägt die Biene dann zur nächsten Blüte und gibt ihn an das Stigma ab, kurz bevor der Falltürmechanismus erneut in Kraft tritt und sie mit frischem Pollen belädt.

Manchmal ist aber auch der weibliche Teil früher als der männliche geschlechtsreif. Man bezeichnet diese Art der Verhinderung von Selbstbefruchtung bei hermaphroditischen Blüten als *Protogynie*, was man mit »die Frau zuerst« wiedergeben könnte. Protogynie tritt bei einer ganzen Reihe von Pflanzenfamilien auf, allerdings keineswegs so häufig wie Protandrie. Das ist nicht verwunderlich, denn hier werden die gewohnten Rollen der Geschlechter umgekehrt. Der »normale« Ablauf der Entwicklung einer Blütenpflanze ist der, daß der Kelch sich vor den Blütenblättern zu formen beginnt, diese vor den Geschlechtsorganen und das männliche Organ vor dem weiblichen. Wenn sich das weibliche Organ vor dem männlichen entwickelt, dann könnte man sinngemäß von »widernatürlichem« Verhalten sprechen. Um dies zu rechtfertigen, müßte ein Vorteil für jene Blumen entstehen, die Protogynie betreiben. Und nach Meinung vieler Botaniker gibt es diesen Vorteil wirklich. Man argumentiert so: Wenn die weiblichen Geschlechtsorgane einer Blüte vor den männlichen reif werden, dann hat Pollen aus fremden Quellen einen Vorsprung, und die Befruchtung kann stattfinden, ehe der Pollen aus dieser Blüte selbst erscheint. Man könnte sogar behaupten, daß diese »Frau-voran«-Blüten fortschrittlicher seien als die »Mann-voran«-Blüten und einen höheren Rang in der Evolutionsskala einnehmen. Dies scheint in vielen Fällen tatsächlich so zu sein. Aber es gibt keinen einfachen Weg in der Entwicklung von niedrigeren Formen zu höheren. In der Entwicklung neuer Formen, ob bei Pflanzen oder bei anderen Lebensformen, verläuft keine gerade Linie. Manche Arten scheinen aufgestiegen zu sein, andere abgesunken oder eine Seitenentwicklung durchgemacht zu haben. Also darf man wohl sagen, daß jene, die in der Ausbildung der Protogynie bei Pflanzen ein progressives Merkmal ähnlich der Emanzipationsbewegung bei den Frauen zu entdecken glauben, die Sache zu stark vereinfachen.

Ein Beispiel für protogyne Blütenpflanzen ist die Knotige Braunwurz (*Scrophularia nodosa*). Die Blüten haben jene rötlich-braune Färbung, die anscheinend den Wespen gut gefällt, da sie sich auf ihrer Nektarsuche eifrig um die Blüten bemühen. Während der ersten zwei Tage nach dem Erblühen ist die Blüte fast aggressiv weiblich, und die Antheren auf den Stamina kommen, doppelt gefaltet, den Kunden nicht in die Quere, während der Griffel aus einer glockenförmigen Blütenöffnung hervorragt. Dadurch wird dieser unweigerlich gegen den jeweiligen Wespenbesucher gepreßt, und nachdem die Blüte vom Insekt den Pollen abgestreift hat, den dieses eventuell mitbringt, belohnt sie den Kunden mit dem Nektar, der von dem kreisförmigen Zellgewebe am unteren Ende der weiblichen Organe abgesondert wird. Wenn die zweitägige weibliche Phase vorbei ist, vollzieht die Blüte eine Geschlechtsumwandlung. Der Griffel biegt sich nach unten, so daß die Narbe mit Besuchern nicht mehr in Berührung kommen kann. Dafür rekken sich die Staubgefäße nach oben und entblößen ihre pollenbeladenen Antheren. Die Blüte ist nun vollständig männlich.

Man versteht den Zeitmechanismus, durch den die Blüte erfährt, wann sie den Geschlechtswandel durchführen soll, nur unvollständig. Eine nahe Verwandte der Knotigen Braunwurz, im Volksmund Moschuspflanze oder Gauklerblume (*Mimulus moschatus*) genannt, verfügt über einen völlig anderen, äußerst bemerkenswerten Zeitmechanismus. Sobald die Narbe berührt wird, schließen sich deren Lappen fest zusammen. Wenn sie dabei einen verträglichen Pollen ergriffen haben, bleiben sie geschlossen; wenn dies nicht der Fall ist, öffnen sie sich nach einiger Zeit wieder und bieten anderen Pollen eine Chance.

Bei einer Vielzahl von Pflanzen, bei denen man sagen könnte, daß die Weibchen die Initiative ergreifen, wird eine Trickfalle eingesetzt. Der Großblättrige Gewürzstrauch (*Calycanthus occidentalis*) aus Kalifornien ist dafür ein recht typisches Beispiel. Allerdings ist bei ihm die Fallenstellerei im Vergleich zu anderen Blüten noch recht sanft. Die Blüten an diesem attraktiven Strauch mit den würzig riechenden Blättern besitzen zahlreiche Tepalen (Blütenblättchen), die violett-rötlich mit brauner Schattierung gefärbt sind. Wenn die Blume sich öffnet, verströmt sie einen starken Duft, fast wie ein sehr fruchtiger Wein, die äußeren Blütenblätter falten sich nach rückwärts, die inneren bilden einen Hohlkegel. Ein, zwei Tage lang nach dem Erblühen sind die Blüten rein weiblich. Kleine Käfer werden von ihrem Duft angelockt und krabbeln in das kuppelförmige Gemach, wo sie einige weißliche Nahrungskörner vorfinden, die fast wie Grieß aussehen und an denen sie sich gütlich tun. Wenn sie satt sind, versuchen sie zu entkommen, aber nach unten gerichtete Borsten verhindern dies, und so bleiben sie Gefangene. (Man hat behauptet, daß die Käfer nicht Gefangene wären, sondern daß es ihnen dort gefalle, wo sie reichlich Nahrung und einen angenehmen Duft vorfinden; doch andererseits konnte gezeigt werden, daß, wenn man eine Blüte aufschnitt, die Käfer in aller Eile zu entkommen versuchten. Vielleicht war ihnen der Geruch doch zuviel geworden.)

Nach ein, zwei Tagen wechseln die Blüten in das männliche Stadium über. Die Stigmata, die in den Kelch ragten, nachdem sich die Blüte geöffnet hatte, welken nun rasch dahin. Die Antheren auf den Staubgefäßen öffnen sich und bepudern die Käfer mit Pollen. Und um sicherzustellen, daß der Pollen nicht auf noch empfängnisbereite Narben übertragen wird, sind schützende Auswüchse, ähnlich den Stamina, doch ohne Antheren, hervorgewachsen und bilden einen empfängnisverhütenden Wall. Nachdem die Käfer mit Pollen bestäubt worden sind, öffnet sich die Spitze des Blütenhohlkegels, die Tepalen stülpen sich zurück – und die Käfer sind frei. Danach wandern sie sofort zu einer gerade geöffneten Blüte im weiblichen Stadium, tragen den Pollen auf deren Stigmata, schlemmen, finden sich wieder in der Falle und verbringen erneut ein, zwei Tage im Kittchen.

Viele protogyne Blütenpflanzen verwenden Trickfallen, doch einige von ihnen bieten keinerlei Gegenleistung, außer einem anreizenden Duft. Sie lassen ihre Kunden hungern. Manche verurteilen sie zu längerfristigen Haftstrafen, gelegentlich sogar zum Tode. Und manche Arten haben sogar höchst raffinierte Foltermethoden erfunden. Vielleicht könnte man in Abwandlung eines Ausspruchs von Rudyard Kipling sagen, daß die protogyne Art tödlicher ist als die protandrische.

Abschließend wollen wir noch zwei recht außergewöhnliche Fälle von Blütenpflanzen mit zeitlich verschobenem Geschlechtswandel untersuchen. Bei Avokadobäumen (*Persea americana*) öffnen sich die Blüten tatsächlich zweimal, einmal als weibliche, danach als männliche Blütenstände. Das erste Stadium ist dann erreicht, wenn die weiblichen Blütenteile sich öffnen und die weiblichen Organe geschlechtsreif sind. Wenn die Blüten sich zum zweitenmal öffnen, sind nur die männlichen Geschlechtsteile funktionstüchtig. Aber dann gibt es bei dieser Pflanze noch zwei Baumtypen, bei denen im einen Fall die Blüten morgens männlich und nachmittags weiblich, im anderen Fall morgens weiblich und am Spätnachmittag männlich sind.

Ein zweites Beispiel erscheint vielleicht noch absurder; dennoch entspricht es der Wahrheit. Der Christusdorn (*Zizyphus spinachristi*) wächst ebenfalls auf zwei verschiedenen Bäumen. In diesem Fall allerdings sind die Blüten auf dem einen Baum morgens männlich und nachmittags weiblich, während auf der anderen Baumpflanze die Blüten mittags männlich sind und nachts und morgens weiblich... Es scheint, daß Pflanzen fast jedes Mittel recht ist, die Selbstbefruchtung zu vermeiden. Am geschicktesten angepaßt scheinen allerdings jene zu sein, die – falls es nicht anders geht – sich selbst bestäuben können.

VI

Partnerschaftsprobleme

Jedes Lebewesen, das nach geschlechtlicher Befriedigung strebt, muß etwas zum Tausch anbieten. Das Versprechen kann ehrlich sein oder nur vorgetäuscht, auf jeden Fall muß es aufregend genug wirken, wenn es das Interesse des richtigen Partners erregen und ihn zu Liebesdiensten veranlassen soll.

Bei der Bienen-Orchis und anderen Orchideenarten sahen wir, daß die sexuelle Verlockung im Grunde nichts anderes als eine Vorspiegelung falscher Tatsachen ist und dem Besucher eine Befriedigung in Aussicht stellt, die er nie erreichen wird. Sexuelle Gaukelei stellt jedoch nur eine der zahlreichen Formen von Betrug dar, den Pflanzen verüben, wobei zur Ehrenrettung der Betrogenen gesagt sei, daß die raffinierten Betrugsformen auf seiten des Betrogenen ein nicht geringes Maß an Intelligenz voraussetzen. Ähnlich wie in der Menschenwelt muß das Opfer eines Trickbetrügers einigermaßen klug, sensibel und phantasiebegabt sein, um getäuscht werden zu können. Echte Dummheit bietet hinlänglichen Schutz, weil dumme Geschöpfe einfach nicht zu begreifen imstande sind, was ihnen da mit einem mehr oder weniger faulen Trick angedient wird, und deshalb gar nicht darauf hereinfallen können.

Ehe wir uns jedoch weiter mit den Täuschungsmanövern befassen, wollen wir zunächst die echten Befriedigungen untersuchen, die Pflanzen ihren Kunden zu bieten haben.

Wir sagten bereits, daß Reklame wichtig ist, um die Aufmerksamkeit auf das Angebot zu lenken. Verlangen muß immer erst geweckt werden, bevor es befriedigt werden kann. Aber was wird denn so an Waren und Dienstleistungen den Bestäubern geboten, sobald man ihre Aufmerksamkeit erregt hat?

Ohne Zweifel ist der wichtigste Trieb, den eine Blüte zu ihrem Vorteil ausnutzen kann, der Trieb eines Besuchers, Nahrung zu finden. Eine große Zahl bestäubender Insekten sind nur an der sofortigen Stillung ihres Hungers oder ihrer Begierde interessiert. Dies trifft besonders auf die primitiveren Geschöpfe zu, die nach der Begattung und nach der Eiablage keine weiteren Elternpflichten zu erledigen haben; sobald die Brut geschlüpft ist, muß sie allein zurechtkommen und sich selbst ernähren. Manche höheren Arten, etwa die staatenbildenden oder sozialen Bienen, sammeln Nahrung und füttern damit die Brut; als Blütenbestäuber sind sie von höchster Wichtigkeit, denn die Angehörigen der Arbeiterklasse dieser Bienen verbringen ihr ganzes Leben damit, emsig von Blume zu Blume zu fliegen, bis sie sich zu Tode gearbeitet haben.

Der Pollen ist das offenkundigste Nahrungsangebot, das die Blume ihren Besuchern zu bieten hat. Alle Biologen sind sich darin einig, daß Pollen das erste – und vielleicht über Millionen Jahre hin das einzige – war, was die Insekten zu den Blumen zog. Es gilt außerdem als sicher, daß, lange bevor es Blumen oder Pollen überhaupt gab, die Insekten die Sporen verzehrten, durch die sich die primitiveren Pflanzen vermehrten. Pollen sind eine hochentwickelte Form von Mikrosporen, darum ist es nur logisch, daß Käfer und ähnliche Arten, die sich von den Sporen der Vorzeitpflanzen ernährten, im Laufe der Entwicklungsgeschichte dazu übergingen, ihre Nahrungsbedürfnisse mit dem Pollen der Samenpflanzen zu decken. Hinsichtlich der Gymnospermen, der Nacktsamigen, kann man dieses Verzehren des Pollens kaum als einen notwendigen oder nützlichen Akt der Befruchtung ansehen. Selbst wenn zweifellos bestimmte Pollenmengen dabei von den männlichen auf die weiblichen Organe übertragen werden, so geschieht das doch rein zufällig. Da die Gymnospermen ausreichend durch den Wind befruchtet werden (man kann dies an Nadelbäumen im Blütenstand erkennen), könnte man ihre Anziehungskraft auf Pollenesser als selbstzerstörerisch bezeichnen, da einzig die Insekten davon profitieren.

Pollen ist eine hervorragende, besonders proteinreiche Nahrungsquelle. Seine Analyse liest sich wie die Idealdiät für Kalorienbewußte: bis zu dreißig Prozent Protein, zwischen einem und sieben Prozent Stärke, zwischen einem bis zehn Prozent Zucker, durchschnittlich fünf Prozent Fett und bis zu zehn Prozent Ballaststoffe. Die äußere Zellwand, die *Exine,* ist sehr hart und widerstandsfähig; das ist der Grund dafür, warum Pollenkörner nahezu unzerstörbar sind und man sie unversehrt in viele Millionen Jahre alten Fossilien findet, woraus die Paläobotaniker mit großer Exaktheit die Art der Vegetation der Vorzeit bestimmen können. Unter dem Mikroskop erscheint die Oberfläche der winzigen Körnchen wie mit äußerst feinen komplizierten Mustern geprägt, von denen jedes jeweils nur bei einer Art auftritt. Nach diesen Mustern lassen sich Pflanzen so genau bestimmen, daß Kriminologen zahlreiche Verbrechen, wie Mord oder Vergewaltigung, aufklären konnten, indem sie Pollenkörner vom Körper oder von der Kleidung Verdächtiger wissenschaftlich untersuchen ließen. Solche Oberflächenprägungen, die aussehen wie die unendlich feinen Ornamente eines geschickten Graveurs, stellen sicher, daß der richtige Pollen in das richtige Stigma paßt wie der Schlüssel ins Schloß, und die rauhe, dazu oft auch noch klebrige Oberfläche sorgt dafür, daß die Pollenkörner am

Körper des Insektenbesuchers festhaften, bis dieser eine andere Blüte erreicht hat, und nicht vorher abfallen und verschwendet sind.

Wegen der äußerst widerstandsfähigen Exine und der zähen inneren Zellwand, der *Intine*, die großenteils aus Zellulose besteht, lassen sich Pollenkörner nicht leicht zerbeißen, es sei denn von Käfern und anderen primitiven Insekten mit kräftigen und ziemlich groben Kiefern. Für Bienenlarven sind die äußeren Teile der Körner jedoch zu hart, als daß sie sie aufbeißen könnten. Dennoch ist Pollen für ihre Ernährung lebenswichtig, weil er das Protein liefert, das sie zu ihrem Wachstum benötigen. Wie gelingt es also den Bienenlarven, aus den Pollenkörnern, die die Arbeitsbienen gesammelt haben, ihren Proteinbedarf zu decken, wenn die Schale so hart und sogar unverdaulich ist? Untersuchungen des Verdauungstrakts der Larven ergaben, daß die Schalen der Körner mehr oder weniger unversehrt blieben, daß aber das Innere verschwunden war; anscheinend wurde es durch die winzigen Löchern und dünnen Stellen, die sich durch das Strukturmuster in der Hülle ergeben, herausgesogen.

Man nimmt an, daß Insekten auf der Pollensuche zunächst vom Geruch angelockt werden, entweder vom Geruch der Pollenkörner oder dem der klebrigen oder öligen Substanzen, die sie bedecken – Duftsubstanzen, die die Botaniker in vielen Fällen als »spermatischen Duft« identifizieren. Da Pollen nun tatsächlich die männliche Fortpflanzungssubstanz enthält, dürfte es als wahrscheinlich gelten, daß er einen derartigen Geruch absondert, obwohl die meisten Menschen ihn nur bei bestimmten besonders duftintensiven Arten wahrnehmen können. Wahrscheinlich wirkte dieser Duft auf irgendeinen primitiven Sexualtrieb der Käfer und lockte sie an. Nachdem ihr Geruchssinn sie zum Pollen geführt hatte, versuchten sie ihn zu verzehren und fanden, daß er gut schmeckte. Ferner wird auch darauf hingewiesen, daß Bienen und andere während des Larvenstadiums mit Pollen ernährte Insekten einen starken Drang zum Pollensammeln entwickeln, sobald sie ausgewachsen sind und zu arbeiten beginnen, weil sie die Erinnerung an Geschmack und Geruch ihrer »Säuglingsnahrung« bewahrten, genau wie wir auch durch einen plötzlichen Duft oder einen fast vergessenen Geruch lebhaft an unsere Kindheit erinnert werden können.

Dem Nektarsammeln der Bienen, aus dem der Honig entsteht, wird so große Aufmerksamkeit geschenkt, daß man dabei manchmal vergißt, daß das Pollensammeln für die Ernährung ihrer Nachkommen meist sehr viel wichtiger ist. Es gibt zahlreiche verschiedene Methoden, mit denen Bienen, die wichtigsten Sammler von Pollen, diesen zum Stock oder zum Nest tragen. Einige Arten schlucken ihn einfach, bringen ihn, vermischt mit dem Nektar, im Kropf nach Hause und würgen ihn dort wieder aus. Die meisten Bienenarten tragen den Pollen jedoch mittels dafür eingerichteter Haare auf der Körperaußenseite. Die Arten, die ihn an ihrem Unterleib transportieren, sind an der Bauchseite dicht mit nach hinten gebogenen Haaren bedeckt. Um die gesammelten Pollenkörner zu diesem Haarbüschel am Hinterleib bürsten zu können, sind die Beine mit besonderen steifen Bürsten- und Kammhaaren ausgerüstet, mittels derer die Körner zurechtgelegt werden. Einige Bienen sammeln Pollen, indem sie bei ihren Blütenbesuchen die Beine hängen lassen und mit ihnen die Körner zusammenscharren; sie reichen den Pollen mit den vorderen Beinen zu den Hinterbeinen, holen ihn mit diesen an den Körper heran und legen ihn in den Haaren am Hinterleib ab.

Andere Bienen transportieren den Pollen mit den Beinen, die mit besonderen Sammel- und Transporthaaren ausgerüstet sind. Es gibt die unterschiedlichsten zweckdienlichen Einrichtungen dabei, bestehend aus glatten oder verzweigten Haaren, aus Bürstchen und in manchen Fällen sogar aus Haarkörbchen. Für diese Pollenkörbchen bilden besonders lange Haare einen »Deckel«, durch den verhindert wird, daß die Körner wieder verstreut werden. Manche Bienen verpacken den Pollen von einer Blüte ordentlich in ihre Behälter, ehe sie zur nächsten Blüte weitergehen; dabei bürsten sie ihn mit einer Reihe von raschen Beinbewegungen an seinen Platz. Andere sparen diese Zeit und verpacken den Pollen mit den Beinen, während sie von einer Blüte zur anderen fliegen. Es gibt auch einige Bienenarten, die die Körner mit ausgewürgtem Nektar befeuchten und sie so leichter transportierbar und weniger leicht verlierbar machen.

Der bemerkenswerteste und höchstentwickelte Sammel- und Transportapparat für Pollenkörner ist der der Honigbiene und anderer staatenbildender Bienen. An der Außenseite eines Gelenks ihres dritten Beinpaars befindet sich je ein stark vergrößertes und entwickeltes Pollenkörbchen, die *corbicula*. Durch Verwendung von Rechen, Kämmen und Bürsten, durch Befeuchten des Pollens mit Nektar und mit Hilfe einer sogenannten »Pollenpresse« lassen sich diese Körbchen füllen, bis sie fast von der klebrigen, zusammengedrückten Pollenmasse platzen. Dann wird eine vom Bein ausgehende Spezialborste durch die Pollenmasse getrieben, um sie zu sichern. In einem vollbeladenen Körbchen kann eine Biene an einem Bein bis zu einer Million Pollenkörner tragen, ein beträchtliches Gewicht für ihren Heimflug.

Wenn eine Blüte Insekten mit Pollen als Nahrung versorgt, dann verschenkt sie einen Teil ihrer Fortpflanzungsmöglichkeiten. Also müssen von der Pflanze her gesehen, genügend überschüssige Pollenkörner unbeabsichtigt vom Insekt fortgetragen und auf den weiblichen Aufnahmeorganen abgelegt werden, um die verlorengegangene Menge wettzumachen.

Alle typischen Pollenblüten bieten die Geschlechtsorgane allen und jedem in einer Weise an, die die Biologen als »promiskuitiv« bezeichnen. Die Pollenblume besteht aus einer offenen schüsselförmigen Blüte von meist ziemlich einfachem Typ mit getrennt stehenden Blütenblättern, und ihre Besucher brauchen nicht lange zu lernen, wie sie beschaffen ist. Ein Beispiel dafür ist der Gemeine Klatsch- oder Feldmohn (*Papaver rhoeas*). Seine Blüten überdauern nur einen Tag, also haben sie es eilig, zwischen dem frühen Morgen, wenn sie sich öffnen, und dem Abend, wenn sie verblüht sind, bestäubt zu werden. Alle möglichen Insekten kommen zu Besuch und nehmen den Pollen fort, der in großer Menge von zahlreichen Stamina produziert wird: Käfer, Fliegen und Bienen sind die hauptsächlichen Besucher und sitzen oft gemeinsam auf den Blüten, daneben kommen aber auch Läuse und andere Geschöpfe, die in den offenen Blüten herumkrabbeln können. Bienen haben ihre spezielle Behandlungsmethode für Mohn und ähnliche schüsselförmige Blütenpflanzen mit zahlreichen Stamina: Nach dem Anflug legen sie sich auf die Seite und krabbeln in einer Art hoher Erregung rund um die Blüte, dabei ziehen sie die Stamina zwischen ihre Beine, um den Pollen von den Antheren zu streifen und ihn in ihrem Pollenkorb zu verstauen. Bei kurzblühenden Blumen wie dem Mohn müssen die männlichen und die weiblichen Geschlechtsorgane gleichzeitig funktionsbereit sein, sobald die Blüte sich öffnet. Bei ähnlichen anderen Pollenblüten besteht oft die Möglichkeit, daß männliche und weibliche Teile zu verschiedenen Zeiten funktionsbereit sind, so etwa im Fall des Buschwindröschens (*Anemone nemorosa*), einer weiteren promiskuitiven Art mit verschiedenartiger Insektenkundschaft. Wenn seine Blüte sich öffnet, sind die Stamina zunächst über die Stigmata geneigt und falten sich erst nach außen, um sie freizugeben, wenn der Pollen verstreut ist; die Stigmata sind dann reif und können bestäubt werden.

Einfache und etwas rudimentäre Blumen dieser Art mit einer großen, unbestimmten Anzahl von Stamina bringen gewöhnlich Pollen in großen Mengen hervor; sie können es sich also leisten, daß beträchtliche Portionen für Nahrung abgezweigt, ja sogar von primitiven, unbeholfenen Käfern und ähnlichen Tieren vergeudet werden. Diese scheinen nicht nur schmuddelige Fresser zu sein, sondern sie neigen auch dazu, in den Blüten herzumzulungern, anstatt in Bewegung zu bleiben, weil sie nicht den Arbeitstrieb kennen, der zum Beispiel Gesellschaftsbienen zur Aktion anregt. Aber auch wenn solche Pflanzenarten dadurch einen hohen Prozentsatz ihrer Pollen verlieren, bleiben ihnen gewöhnlich noch genügend Körner für eine zufriedenstellende Befruchtung übrig. Fortschrittlichere Blumen mit begrenzter Anzahl von Stamina und begrenzter Pollenmenge können dagegen Mechanismen entwickeln, die das Ausmaß der Verschwendung verringern. Manche Arten haben zwei verschiedene Antheren, eine auffällige, die den Insekten Pollen als Nahrung anbietet, und eine zweite, unscheinbare, die den befruchtenden Pollen produziert, der den Besucher bepudert, ehe dieser zur nächsten Blüte weiterzieht. Solch eine Pflanze ist der schöne rosablütige Sankt-Bartholomäus-Baum (*Lagerstroemia indica*), der auffallende gelbe Stamina mit Futterpollen aufweist, die eifrig von Insekten angeflogen werden, und graubraune Befruchtungs-Stamina, die von ungewöhnlich gekräuselten Blütenblättern versteckt werden. Ein weiteres Beispiel ist der bekannte violettblühende Strauch *Tibouchina*, der ins andere Extrem verfällt und die befruchtenden Stamina groß und purpurfarben ausformt, so daß Besucher sie nicht von den

Blütenblättern unterscheiden können, während die Stamina mit dem Nahrungspollen sich leuchtendgelb von der restlichen Blüte abheben.

In manchen Fällen erstreckt sich der Unterschied zwischen den Stamina mit Nahrungspollen und denen mit Fruchtpollen sogar auf den Pollen selbst, und in vielen Fällen führt dies zu einem Betrug am Kunden. Bei der *Tripogandra grandiflora* ist der von den Nahrungsantheren dargebotene Pollen degeneriert und unfruchtbar; bei vielen Angehörigen der Familie der *Commelinazeen* tragen einige besondere Stamina starkfarbige Antheren, die überhaupt keine Pollen produzieren, so daß ein Besucher restlos betrogen wird, es sei denn, er verzehrt die Antheren, die eine milchige Flüssigkeit enthalten.

Manche Pflanzen produzieren Pollenimitationen. Orchisarten der Gattung *Eria* tragen auf der Blütenlippe Staub, der dem Pollen sehr ähnlich ist, und eine weitere Orchis, *Maxillaria*, stellt eine Pollenimitation her, die von bestimmten Bienenarten verzehrt wird, wie die in ihren Eingeweiden gefundenen Reste bewiesen haben. Pflanzen der verschiedensten Familien verwenden Pollenimitationen, um Kunden anzulocken; so zum Beispiel eine Art der *Rondeletia*, ein immergrüner tropischer Strauch, bei dem in und um den Schlund der Blüten reichliche Mengen eines den Pollenkörnern ähnlichen protein- und stärkereichen Stoffes produziert werden.

In mehreren Beispielen wird auch berichtet, auf welche Weise Vibration verwendet wird, um die Ausstoßung des Pollens aus den männlichen Geschlechtsorganen von Pflanzen zu bewirken. Bei *Cassia*-Arten, gelbblühenden Sträuchern aus der Familie der Schmetterlingsblütler, gibt es gleichfalls getrennte Futter- und Bestäubungsstamina. Die Blüten werden von einer großen kräftigen Biene besucht, die die Antheren der Nahrungsstamina »melkt« und dabei heftig die Flügel wirbeln läßt; die Folge davon ist, daß eine Pollenwolke aus den fruchtbaren Stamina ausgestoßen wird, die teilweise auf den Rücken des Insekts niedergeht, obwohl dieses oben auf der Blüte sitzt. Beim Wiesen-Wachtel-Weizen (*Melampyrum pratense*) ist die Position der Biene umgekehrt: Sie drängt sich in die zweilippige gelbe Blüte, dringt, mit dem Rücken nach unten hängend, unter die überhängenden Antheren vor, vibriert mit den Flügeln und veranlaßt, daß diese den Pollen auf ihren Hinterleib streuen, wo er eingesammelt wird. Nicht nur Bienen funktionieren dergestalt als Vibratoren, sondern auch Nachtfalter und sogar Kolibris, die mit ihren schnellwirbelnden Flügeln über den Blüten einen Luftwirbel erzeugen.

Nach dem Pollen, der Ur-Verlockung für Insekten, ist als weiterer Anreiz für Bestäuberkunden der Nektar zu nennen. Man hat weidlich herumargumentiert, wann und wie die Nektarproduktion erstmalig auftrat. Pollen oder Mikrosporen spielen bekanntlich eine lebenswichtige Rolle für die Fortpflanzung nahezu sämtlicher Pflanzen; der Nektar hingegen hat im tatsächlichen Fortpflanzungsprozeß keine Funktion, er lockt die Bestäuber nur an. Nektar ist im Grunde eine extravagante Verschwendung von Stoffen, die die Pflanze produzieren muß. Manche Forscher haben vermutet, die Pflanzen hätten auf irgendeine mysteriöse Weise den ersten Schritt getan und den Nektar als eine Art großzügige Geste »erfunden«, um die Besucher für ihre Mühe zu entlohnen und sie durch das Angebot weiterer Belohnungen zur Fortsetzung ihrer Bemühungen um die Bestäubung zu veranlassen. Raoul Heinrich Francé ging in *Das Liebesleben der Pflanzen* sogar so weit, zu schreiben: »Der Übergang von der Windbefruchtung zur Insektenbefruchtung ist dadurch markiert, daß die Pflanzen Honig ausscheiden. Wer züchtete das heran? Niemand. Das ist eine freie und selbständige Handlung, für die wir keine Beweggründe wissen.

Das bedeutet also: Die Pflanze mußte zuerst entgegenkommen, dann fand sie bei den Insekten Gehör. Im Blumenantlitz erscheint da plötzlich ein neuer Zug, und auf den ›Kampf ums Dasein‹, die sinnlosen Grausamkeiten der Natur, fällt versöhnend ein milderes Licht... der Haß und Widerstreit wird ergänzt durch Anpassung und gegenseitige Hilfe, und wir erkennen, daß der Fortschritt nur der Lohn für diese Intelligenz und Güte ist.«

Die meisten modernen Botaniker würden eine solche Erklärung zurückweisen, weil sie den Pflanzen nicht nur die Intelligenz zuspricht, auf die Idee von Belohnungen zu kommen, wie Eltern, die ihren Kindern Bonbons anbieten, wenn sie im Haushalt helfen, sondern sie auch mit Gefühlen wie Zuneigung und Dankbarkeit ausstattet. Heute vertritt man im allgemeinen eine weniger sentimentale Erklärungsweise. Es gibt zahlreiche Beweise dafür, daß mit dem Pollen und den anderen Sporentypen, die ihm vorausgingen, zuckerige Substanzen, die bereits nektarähnlich waren, über Millionen Jahre hin von recht primitiven Pflanzenarten hervorgebracht worden sind, ehe die höheren Pflanzenarten entstanden, und damit das Bedürfnis nach Bestäubung durch Insekten. Manche Farne sondern bis heute im Vorfrühling, wenn es noch kaum Blüten gibt, eine Art Nektar ab, den Insekten, darunter auch Bienen, begierig suchen; aber – Farne haben weder Blüten noch Pollen, also kann der von ihnen abgesonderte Nektar kaum den Zweck haben, Insekten zur Bestäubung anzulocken.

Es erscheint deshalb als viel wahrscheinlicher, daß die Absonderung sirupartiger Lösungen von den Pflanzen ganz unabhängig von jeder Fortpflanzungsfunktion begann, einfach als das Ausschwitzen überschüssigen Zukkers. Jungtriebe von Kakteen sieht man oft von schimmernden Siruptropfen bedeckt; Feigenkaktusarten (*Opuntia*) sondern sogar Nektar aus ihren scharfen Stachelspitzen ab. Viele andere Pflanzenarten schwitzen Nektar aus Blättern, Stengeln oder anderen Teilen neben den Blüten aus; diese süßschmeckenden Flüssigkeiten – man nennt sie *extranuptial*, »außerhalb der Begattung«, weil sie Bestäuber nicht an die Geschlechtsorgane heranführen – werden von allen möglichen Insekten gern verzehrt, wenn sie darauf stoßen. Besonders Ameisen werden von dem Sirup angezogen, und sie wimmeln oft in gierigen Schwärmen über die ganze Pflanze. Für diese können sich daraus zwei Vorteile ergeben. Erstens: Ameisen sind notorische Stehler und können Pflanzenblüten den Nektar wegnehmen, ohne sie zu bestäuben, denn sie sind klein genug, um die Blüten zu plündern, ohne dabei deren Geschlechtsorgane zu berühren. Also ist alles, was sie von den Blüten fortlockt, gut für die Pflanze, und der extranuptiale Nektar ist dafür bestens geeignet, zumal Ameisen ihn dem Blütennektar vorzuziehen scheinen.

Der zweite Vorteil für die Pflanze besteht darin, daß die wütende Angriffslust der Ameisen dazu dienen kann, einen hochwirksamen Schutz zu gewähren. Diese Insekten sind stets bereit, Feinde zu beißen und zu stechen, und ein großzügiges Nektarangebot lockt unweigerlich eine ganze Armee von Ameisen an. Für bestimmte Pflanzen ist dies von besonderem Nutzen, etwa für die schöne blaublühende Kletterpflanze *Thunbergia grandiflora* im nördlichen Indien, die durch große Bienen bestäubt wird. Der von der Pflanze abgesonderte Nektar befindet sich am Ende einer langen *corolla* (Blütenkrone), und um zu ihm vorzudringen, muß die Biene sich ihren Weg ins Blüteninnere erzwingen; dabei berührt sie die Geschlechtsorgane und bewirkt so die Bestäubung. Die Öffnung der Blüte ist ziemlich eng, die Corolla fleischig und kräftig, also benötigt die Biene für ihr

Eindringen beträchtliche Kraft. Es wäre für sie viel einfacher, um die Blüte herumzufliegen und in deren unteres Ende ein Loch zu beißen, um an den Nektar zu gelangen; das aber ist schlecht für die Pflanze, weil die Biene den Nektar stehlen würde, ohne ihre Aufgabe als Bestäuber zu erfüllen. Mit Hilfe einer Zahl von »Nektarien« an der Unterseite der Blüte, am Kelch (*calyx*) und am Stengel, ist die Pflanze jedoch in der Lage, dieser Gefahr zu begegnen. Ihre Nektarien sondern reichliche Mengen von extranuptialem Nektar ab, die Horden von Ameisen anziehen. Und jede Biene, die es wagen sollte, durch die Hintertür in die Blüte zu gelangen, wird sehr bald von einer wütenden Schar Ameisen in die Flucht geschlagen. Wenn die Biene also an den Nektar im Innern der Blüte gelangen will, muß sie die Vordertür benutzen. Wir kennen zahlreiche weitere Beispiele von solchen »Ameisen-Wachtposten«, besonders in den Tropen, wo eine Vielzahl von großen, kampf- und zerstörungsbereiten Insekten lebt.

Es gibt also ganz allgemein extranuptialen Nektar als Abfallprodukt, und in irgendeiner Form gab es ihn zweifellos lange vor dem Auftreten der Blütenpflanzen. In der Blüte indessen erreichte die Produktion von Nektar ihren Höhepunkt, und zwar durch Anpassung an die Wechselbeziehung zwischen den geschlechtlichen Bedürfnissen der Pflanze und den Geschmacksrichtungen und Begehrlichkeiten ihrer Besucher. Heute stellt Nektar in den Blüten die stärkste Lockung für die größte Zahl von Geschöpfen dar, die eine Bestäubung herbeiführen können. In vielen Fällen wird er großzügig sämtlichen Besuchern aus der Insektenwelt dargeboten, so etwa, wenn die Nektarien bei einfachen, schüsselförmigen Blüten, beispielsweise beim Scharfen Hahnenfuß (*Ranunculus acer*), leicht zugänglich sind.

Bei geöffneten Blüten dieser Art ist also der Nektar jedem Insekt erreichbar, selbst den primitivsten Gattungen wie

Käfern und Fransenflüglern, die in der Lage sind, ihn aufzulecken, aufzusaugen oder ihn sonstwie in sich aufzunehmen. Die Entwicklung von einfachen, promiskuitiven Blütenpflanzen zu spezialisierten geschah jedoch durch Anpassung an die »Persönlichkeit«, Körperbeschaffenheit, Kraft, Intelligenz und die Gewohnheiten anspruchsvollerer Befruchter, nicht nur von Insekten, sondern auch von Vögeln und Fledermäusen. Im Normalfall verlief die Entwicklung so, daß immer raffiniertere Blütenstrukturen und Blüten-»Gewänder« kreiert wurden, die bestimmte Reize der Pflanze vor den Scharen zufälliger Besucher versteckten und sie nur jenen zugänglich machten, die bereit waren, eine tiefere Beziehung einzugehen. Das Wort »tiefer« ist hier in seiner ursprünglichen Bedeutung gebraucht, denn im allgemeinen zeigt sich in der Entwicklung der Blüten eine Tendenz von der offenen, flachen Blüte hin zur geschlossenen mit tiefem Blütenkelch.

Aber ehe wir uns vom Nektar als einer der Verlockungen für die Bestäuber abwenden, sehen wir uns noch das Produktionsverfahren an, durch das er entsteht: Gewöhnlich wird er von einem Nektarium abgesondert, einer spezialisierten Gewebsstruktur aus dichtgedrängten Zellen, die von einer mehr oder weniger porösen Haut umgeben sind, durch welche der Nektar abgegeben wird, wenn der Druck, der sich durch den Flüssigkeitsstau in den darunterliegenden Zellen aufbaut, ausreichend ist. Wie zu erwarten, ist die Oberfläche der Nektarien meist schimmernd und blitzend; die Farben sind zumeist gelbgrün schattiert. Bei den Gewächsen der Wolfsmilch-Familie sind die Nektarien leicht auszumachen, weil die Pflanze keine Blütenblätter besitzt, um sie zu verstecken: Eine Anzahl kleiner männlicher Blüten, die nur aus Stamina bestehen, gruppiert sich in einer becherartigen Anordnung, die als *cyathium* bezeichnet wird, rings um eine einzelne weibliche Blüte. Der

Nektarausstoß ist so reichlich, daß bei einer der Arten, allgemein als Weihnachtsstern (*Euphorbia pulcherrima*) bekannt, Vögel anfliegen, um sich zu bedienen, sowie natürlich auch die leuchtendroten blättrigen Brakteen anlockend wirken, die aus der Entfernung wie leibhaftige Blütenblätter aussehen.

Blütenpflanzen bieten neben Pollen und Nektar weitere, zum Teil echte, zum Teil trügerische Attraktionen, doch darauf kommen wir in einem anderen Kapitel zurück. Zunächst müssen wir noch kurz auf zwei Varianten der Bestäubung eingehen, bei denen völlig auf Lockung verzichtet werden kann: Bei ihnen findet keine Vermittlung durch andere Lebewesen statt.

Eine Befruchtungsmethode haben wir bereits kurz erwähnt: die Bestäubung durch den Wind (der Fachausdruck heißt *anemophilie,* »Liebe per Wind«). In diesem Fall führte der evolutionäre Anpassungsprozeß in die genau entgegengesetzte Richtung wie bei Pflanzen, die sich auf Lebewesen als Zwischenträger bei ihrer Paarung verlassen. Anstatt sich raffinierte und auffälligere Kleider anzuziehen und die wichtigen Organe geschickter zu verbergen, neigen windbestäubte Pflanzen dazu, sich nackt auszuziehen und sich soweit wie möglich zu exponieren. Die männlichen Organe werden lang und dünn, sie hängen herunter, so daß der geringste Windstoß, ja die kleinste Luftbewegung dazu führen müssen, daß sie wedeln und tanzen und dabei Wolken von Pollen abstoßen. Die weiblichen Organe sind groß und haarig, die Stempel und Stigmata oft federig, so daß sie jedes Pollenkorn auffangen könne, bevor es herunterfällt und für die Befruchtung verloren ist. Die Pollenstruktur ist meist ganz anders als bei Pflanzen, die auf Lebewesen als Vermittler bei der Befruchtung angewiesen sind: Da es nicht nötig ist, sich an Körper oder Haarbesatz der Besucher anzuklammern, sind diese Pollen weder klebrig noch mit einem Riffelmuster versehen, sondern trocken und glatt, so daß die einzelnen Pollenkörner nicht aneinander haften, sondern so weit wie möglich verbreitet werden können.

Befruchtung durch Wind, wir haben es bereits bemerkt, kann immense Mengen an Pollen verbreiten. Ein einziges Haselnußkätzchen kann vier Millionen Pollenkörner hervorbringen, ein Birkenkätzchen fünfeinhalb Millionen. Es ist offensichtlich, daß die Verlustquote nicht übermäßig sein kann, denn sonst wäre es unmöglich, daß so viele Vertreter des Pflanzenreichs, darunter die Gräser und zahlreiche Bäume, weiterhin durch Windbestäubung fortbestehen.

Die zweite von Lebewesen unabhängige Art der Bestäubung ist die im Wasser erfolgende (der Fachausdruck *hydrophilia* bedeutet »Liebe per Wasser«). Bei höheren Pflanzen ist sie relativ selten, denn schließlich sind sie von den Algen und ihren primitiven Verwandten, mit denen ursprünglich das Leben im Meer seinen Anfang nahm, recht weit entfernt.

Der Schraubenstengel (*Vallisneria spiralis*) hat bänderartige Blätter und lebt in ziemlich flachen Gewässern. Die Pflanze lebt getrenntgeschlechtlich auf verschiedenen Einzelpflanzen. Die weiblichen Blüten beginnen als Knospen an sehr schlanken Stengeln an der Basis der Pflanze. Diese Stengel verlängern sich nach und nach, bis sie die Wasseroberfläche erreicht haben; während ihrer Auftauchaktion sind die Knospen durch eine wasserdichte Haut geschützt. Sobald sie die Oberfläche erreicht haben, öffnen sich die Knospen und präsentieren drei dicke Stigmata, die mit dichter, wasserabweisender Behaarung versehen sind. Danach treiben die geöffneten weiblichen Blüten auf der Wasseroberfläche und warten darauf, daß die entsprechenden männlichen Blüten erscheinen. Diese sind sehr viel kleiner, und sie sind zu mehreren in einer Art Rollverpakkung in der Nähe der Pflanzenwurzel angeordnet. Wenn die winzigen männlichen Blüten ihren sexuellen Reifegrad erlangt haben, trennen sie sich von der Mutterpflanze und driften an die Oberfläche; dabei sind sie alle fest verschlossen, um das, was sie beinhalten, vor dem Wasser zu schützen. An der Oberfläche angelangt, öffnen sie sich. Das Perianthium wölbt sich nach unten, um die Drift der Blüten zu unterstützen, und dabei werden zwei (oder gelegentlich auch drei) Stamina bloßgelegt. Die Antheren öffnen sich, setzen eine gewaltige Menge reifen Pollens frei, und die männlichen Blüten treiben auf dem Wasser, bis sie zufälligerweise in die Nähe einer weiblichen Blüte gelangen. Geringfügige Schwankungen in der Oberflächenspannung rings um die weiblichen Blüten lassen die männlichen Blüten auf sie zutreiben, die Stamina berühren die ausgebreiteten Stigmatalappen, und dabei wird der Pollen auf deren haarige Oberfläche übertragen. Sobald die Bestäubung erfolgt ist, wird die weibliche Blüte durch eine spiralförmige Kontraktion des Stengels unter die Oberfläche gezogen. Er sieht dann fast wie eine Spiralfeder aus.

Die weitere Entwicklung nach der Befruchtung findet dann unter Wasser statt, aber man darf nicht vergessen, daß die wirkliche Bestäubung, also die Übermittlung des Pollens auf das Stigma, über dem Wasser eintritt. Das trifft auch für die meisten anderen Wasserpflanzen zu. Selbst bei Pflanzen wie der Kanadischen Wasserpest (*Elodea canadensis*), einer Verwandten des Bandgrases, bei dem die Antheren der männlichen Blüten sich explosiv entladen und den Pollen über die Wasseroberfläche verstreuen, stellt man fest, daß die äußere Schutzhülle der Pollenkörner deren Durchnässung verhindert und durch winzige

Luftbläschen ermöglicht, daß sie so lange driften, bis sie auf eine weibliche Blüte stoßen.

In sehr seltenen Fällen scheint die Befruchtung tatsächlich unter Wasser stattzufinden, so beim Hornblatt (*Ceratophyllum*) und beim Seegras (*Zostera*), bei denen der Pollen nicht in rundlichen Körnern, sondern in winzigen Fäden auftritt. Diese werden mit den Gezeiten angeschwemmt und winden sich sofort um die schmalen Stigmata, wenn sie mit ihnen in Berührung kommen. Dadurch wird vermieden, daß die männlichen und weiblichen Geschlechtspartikel wieder auseinandergerissen werden, bevor ihre Vereinigung vollendet ist.

VII

Die ganz persönliche Duftnote

Dem menschlichen Auge dürfte wohl als das drastische Beispiel dessen, was wie sexueller Exhibitionismus im Pflanzenreich aussieht, der Pilz *Phallus impudicus,* zu deutsch wörtlich der »schamlose Penis«, erscheinen. Die Stinkmorchel, wie dieser Pilz gewöhnlich genannt wird, ähnelt in Form und Größe erstaunlich einem reichlich bemessenen menschlichen Penis im Zustand der Erektion. Die Stinkmorchel macht sich im Spätsommer zunächst als eine Schwellung im Boden bemerkbar, die dann rasch zu Eigröße, dem sogenannten »Hexenei«, anschwillt; dann bricht die Spitze durch die Haut, und innerhalb weniger Stunden hat sich der Pilz zu seiner ganzen respektablen Länge ausgerichtet. Ebenso auffallend wie sein Aussehen ist der Geruch des *Phallus impudicus.* Margaret Anne Plues beschreibt in ihrem 1865 veröffentlichten Buch *Rambles in Search of Flowerless Plants* (»Streifzüge auf der Suche nach blütenlosen Pflanzen«), wie sie mit einem Freund durch die Swaledale-Wälder in Yorkshire wanderte und wie ihr Begleiter vermutete, daß ein paar Kaninchen oder größere Tiere tot herumliegen müßten, weil der Aasgeruch so stark wurde. »Als wir näher kamen, wurde der Gestank, über den er sich beklagt hatte, unerträglich. Nach einer weiteren Wegbiegung entdeckte ich eine Gruppe von *Phalli,* groß und prächtig wie eine Gruppe von Marmorobelisken. Ich erklärte meinem Freund eiligst, daß die ›toten Tiere‹ nichts weiter als lebendige Stinkmorcheln seien.«

Der Pilz lockt aber die Kunden, die er benötigt, nicht durch seine phallische Gestalt, sondern durch seinen penetranten Geruch an, der für menschliche Nasen ekelerregend sein mag, für Schmeißfliegen aber, die auf verwesendem Fleisch leben, köstlich ist. Die Quelle des Gestanks ist eine dunkelgrüne schleimige Gallerte, die den zugespitzten Kopf am Ende des Schafts bedeckt und von den Fliegen begierig verzehrt wird. In diesem stinkenden Schleim sind Millionen Sporen eingebettet, und die Fliegen verschlukken sie so nebenbei. Da die Sporen gegen Verdauungsprozesse höchst resistent sind, wandern sie unbeschadet durch die Fliegen und werden mit den Ausscheidungen wieder abgestoßen. Ein einziger kleiner Fliegendreck, den eine gewöhnliche Schmeißfliege absondert, kann zwanzig Millionen Sporen enthalten, die sich auf diese Verbreitungsmethode verlassen, um weitere Generationen von Stinkmorcheln zu erzeugen.

Es gibt eine andere Gattung, *Phallus hadriani* (»Hadrians Penis«), die viel dünner, meist etwas gebogen und rosafleischfarben ist und einen ekelhaft süßlichen Geruch verströmt. Neben Fliegen lockt sie auch eine stattliche Anzahl von Nacktschnecken an. Ein kleinerer Angehöriger der gleichen Pilzfamilie heißt *Mutinus caninus*. Der erste Bestandteil dieses Namens, *Mutinus*, war einer der Namen des antiken Gottes der männlichen Potenz, Priapus; der zweite Teil des Namens, *caninus*, also »hundeartig«, beschreibt den Pilz näher, denn dieser sieht exakt wie ein Hundepenis aus. Gemeinhin wird er als Hunds-Stinkmorchel (und gelegentlich viel drastischer) bezeichnet, denn dieser Pilz bringt es zuwege, noch weit widerlicher zu stinken als seine zuvor beschriebenen Verwandten. Er verbindet den Aasgestank des ersteren mit dem ekelhaft süßlichen Geruch des zweiten und fügt dem noch einen Hauch von verrottenden Exkrementen bei. Obwohl sein Duft nicht ganz so kräftig ist wie jener der *Phalli*, wirkt die Kombination des aromatischen »Bouquets« unbeschreiblich indezent. Doch Mistfliegen und ihresgleichen fühlen sich davon aus großer Entfernung angezogen und kommen, um sich an dem Schleim gütlich zu tun, und helfen somit, die Sporen zu verbreiten.

Doch was uns als schamloser Exhibitionismus seitens der Pilze erscheinen mag, ist natürlich nichts dergleichen. Es ist ihnen vollkommen gleichgültig, wie sie in unseren Augen wirken, da sie durch unsere Sympathie nicht das geringste zu gewinnen hätten. Und was die Fliegen angeht, so kann man von ihnen kaum erwarten, daß sie auf die phallische Gestalt reagieren; es ist äußerst unwahrscheinlich, daß eine Penisimitation sie stimulieren könnte. Da die Attrappe dem Pilz also keinen Vorteil bringt, müssen wir annehmen, daß die deutliche Penisähnlichkeit einfach zufällig ist.

Ein weiteres Mitglied derselben Familie bietet einen erstaunlichen, farbenprächtigen Anblick, der sich den Erklärungsversuchen der Wissenschaftler bisher entzogen hat. Sein Name ist *Clathrus ruber*, im Volksmund Gitter-Stinkmorchel. Wie die *Phalli*-Pilze tritt er zuerst in Form eines schwellenden »Eies« mit grauweißer Haut in Erscheinung. Während diese sich ausdehnt, sieht es so aus, als sei sie über ein geripptes Netz gespannt. Wenn die Haut sich nicht weiter ausdehnen kann, platzt sie auf, und mit erstaunlicher Schnelligkeit bricht eine seltsam schöne Struktur hindurch in Gestalt einer Hohlkugel mit netzartigen Gitterdurchgängen, durch die die Fliegen ein und aus gehen können. Die überraschendste Eigenschaft dieses Netzballs ist seine leuchtende korallenrote Farbe, die wie gemalt aussieht. Der Pilz ist so schön, daß Sammler ihn gelegentlich mit nach Hause nehmen. Doch, um aus M. C. Cookes Buch *British Fungi* zu zitieren: »Er ist von solch verweslicher Natur, daß sein Geruch von seiner Schönheit ablenkt; es wird berichtet, daß ein Botaniker, der einen mit nach Hause gebracht hatte, nachts durch den Gestank gezwungen wurde, aufzustehen und den Störenfried aus dem Fenster zu werfen.«

Genau wie die Gitter-Stinkmorchel alle anderen Verwandten ihrer Familie an Schönheit übertrifft, so scheint sie auch durch die Übelkeit erregende Penetranz ihres Geruchs die Spitzenposition einzunehmen – eines Geruchs, der von einem olivgrünen bis braunen Schleim auf der Innenseite der Netzkugel abgesondert wird. Der extreme Widerspruch zwischen dem atemberaubenden Gestank des *Clathrus* und seinem korallenhaften Aussehen faszinierte Francé offenbar, denn er fragte sich, ob die Farbe aufgetragen werde wie Lippenstift, um Kunden anzulocken. In *Das Liebesleben der Pflanzen* schreibt er neckisch: »Ein feuerroter kleiner Pilz behauptet kühnlich von sich, er sei auch eine Blume; denn er unterhalte eine kleine Liaison mit den Fliegen.« Eine weitere *Phallus*-Pilzart, deren außerordentliche Schönheit Francé hervorhebt, *Dictyophora*, gleicht wiederum stark einem menschlichen Penis – mit einer bemerkenswerten Ergänzung: Rings um den Schaft, direkt unter dem Kopf, sitzt etwas, das wie ein kostbar geklöppelter Spitzenkragen oder wie ein Chorhemd aus Spitzen aussieht; es besteht aus einem Netzgeflecht von Membranen, die man *indusium* nennt. Trotz der Ähnlichkeit mit einem aufragenden männlichen Organ, das mit Rüschenaccessoires aufgetakelt ist, wird das Gebilde auch als »die Dame mit dem weißen Schleier« bezeichnet. Francé berichtet über sie: »*Dictyophora*... schießt am Spätnachmittag in zwei Stunden empor, entfaltet mit einem Ruck das duftigste Spitzengewebe, das es gibt, empfängt eine Nacht hindurch ihre Besucher und endet im Morgengrauen als ein Häuflein Unrat.«

Viele andere dieser unangenehm riechenden Pilze, erinnert uns Francé, empfangen ihre Besucher ebenfalls nachts, wenn zahlreiche Geschöpfe unterwegs sind, die sich von Aas ernähren; manche senden auch in der Dunkelheit phosphoreszierendes Licht aus: »Sie flirten des Nachts, und damit die Verehrer sie nicht verfehlen, stecken sie eine Lampe an.«

Heute würden nur wenige Botaniker glauben, daß die optische Zurschaustellung dieser Stinkmorcheln, so seltsam schön sie auch sein mag, irgendeine Rolle bei der Anlockung von Kunden spielt. Genau wie die Fliegen sich kaum für eine Penisattrappe interessieren dürften, werden sie sich wohl auch nicht von der Korallenfärbung des *Clathrus* erregen lassen, da sie rotblind sind. Sie fallen auch nicht auf den Spitzenkragen der *Dictyohora* herein, weil der Schleim, auf den sie es abgesehen haben, nur am Pilzkopf sitzt; und das leichte Schimmern, das manche Arten nachts von sich geben, scheint diesen nicht mehr Besucher einzubringen als den unbeleuchteten.

Der Exhibitionismus der Stinkmorcheln ist in der Tat eher eine Angelegenheit des Geruchs als ein visueller Akt. Und es ist in Wirklichkeit ein ausgemachter Betrug, wie so viele der Tricks, die Pflanzen anwenden, um Besucher zu verführen. Die Gerüche versprechen den Fliegen eine Mahlzeit von verfaulendem Fleisch oder verrottenden Exkrementen – doch die Fliegen erhalten nicht Fleisch oder Exkremente, sondern aromatisierten Schleim. Immerhin ist diese Mahlzeit eine, die sie genießen können, denn sie verzehren jedes Fetzchen Schleim und lassen schließlich einen nackten und gestankfreien Pilz zurück.

In vielen anderen Fällen von »olfaktorischem« Exhibitionismus, in denen Gerüche als Lockmittel eingesetzt werden, ist dagegen die ganze Inszenierung ein reiner Betrug, und die genarrten Besucher erhalten gar nichts, nicht einmal eine Ersatzbefriedigung. Wir wollen später einige dieser Beispiele untersuchen, wenn wir im nächsten Kapitel über die »sexuelle Hörigkeit« sprechen. Indessen sollten wir uns daran erinnern, wie wichtig oft der Geruch ist, wenn Insekten entscheiden, ob sie eine Blüte besuchen oder nicht. In Experimenten wurde bewiesen, daß – wie stark auch immer Besucher sich durch optische Reize angezogen fühlen mögen – ihre Entscheidung, ob sie anhalten oder weiterfliegen, dennoch meistens davon abhängt, ob die Blume »richtig« riecht oder nicht.

Ehe wir uns mit anderen Arten von Exhibitionismus befassen, werfen wir noch einen Blick auf zwei besonders raffinierte Trickbetrüger, die irreführende Gerüche als Köder einsetzen. Das erste Opfer, ein »Sauger« im wörtlichen und übertragenen Sinn, ist eine kleine blutsaugende Mücke. Lange fragte man sich, warum die Blüten des Aronstabs nur von weiblichen Mücken besucht werden. Worin besteht diese ausschließlich auf das weibliche Geschlecht beschränkte Anziehungskraft einer Pflanze, die mit einem »konischen Penis« (*Arum conophalloides*) verglichen wird? Man entdeckte, daß nur die Weibchen dieser Mückenart Blutsaugerinnen sind, denn sie benötigen das Blut zur Vollendung ihres geschlechtlichen Zyklus, und ferner, daß die Blüten genau den gleichen Geruch absondern wie die Haut der Tiere, von denen sie sich normalerweise ernähren. Bei ihren Besuchen bekommen die »Sauger« dann kein Blut, aber die Pflanze erhält alles, was sie sich an sexueller Befriedigung nur wünschen kann.

Eine zweite Pflanze, die betrügerische Düfte ausströmt, um Besucher zu täuschen, ist die Aasblume (*Stapelia*), von der es im tropischen und im südlichen Afrika mehr als neunzig Arten gibt. Es sind Sukkulenten, die kaktusähnlich aussehen und an heißen Stellen leben, wo es zahlreiche Fliegen gibt. Die Blüten treten entweder einzeln oder in Büscheln aus den dicken Stengeln hervor; bei den meisten

Arten sehen sie Seesternen ähnlich und haben fleischige Segmente von violettbrauner Färbung, die dem Aussehen, der Textur und dem Geruch nach an verdorbenes Fleisch erinnern. In Experimenten wurde nachgewiesen, daß Schmeißfliegen zwar im Normalfall gelbe Blüten bevorzugen, daß sie jedoch sofort ihre Vorliebe auf violettbraune richten, sobald der Geruch verdorbenen Fleisches damit verbunden ist; die Kombination dieses Gestanks mit der Farbe von verwesendem Fleisch ist offenbar ganz unwiderstehlich.

Um die Täuschung noch überzeugender zu machen, sind die Blüten der meisten *Stapelia*-Arten gefleckt und mit Haaren bedeckt, so daß sie schimmelig wirken; sie sind außerdem von einem Saum von Flimmerhaaren umgeben, die bei der kleinsten Luftbewegung erzittern, wodurch der Eindruck wimmelnder Schwärme von kleinen Fliegen entsteht, die sich bereits am Fleisch gütlich tun. Aber nicht nur auf die schlichte Gier zielt diese Täuschung ab, sondern auch auf den Mutterinstinkt. Wenn eine befruchtete weibliche Schmeißfliege bereit ist, ihre Eier abzulegen, dann tut sie dies auf einem Stück verdorbenen Fleischs, damit die Maden sich sofort nach dem Schlüpfen auf das appetitliche, verweste Mahl stürzen könne. Die Blüten der *Stapelia* ähnelt nun in Farbe, Textur und Geruch dermaßen deutlich verwesendem Fleisch, daß die Fliegenweibchen ihre Eier auf ihnen ablegen. Dabei werden die Pollinia, die denen der Orchideen ziemlich ähnlich sind, durch eine Art Klemme am Leib der Fliegen befestigt, und dort bleiben sie, bis sie von dem Stigma einer weiteren Blüte abgestreift werden. Betrogen ist in diesem Fall nicht nur das Fliegenweibchen, sondern vor allem die nächste Fliegengeneration; wenn die Maden schlüpfen, stellen sie fest, daß die Blüte ihnen überhaupt keine Nahrung zu bieten hat, und sterben an Unterernährung.

Im Pflanzenreich gibt es zahlreiche weitere Beispiele für betrügerische Düfte, das heißt solche, die andere Gerüche imitieren. In den meisten Fällen hingegen gibt der Blütenduft nicht vor, ein anderes Aroma nachzuahmen. Hier sprechen die Professoren Faegri und von de Pijl von »absolutem Geruch«, das heißt von einem Geruch, der außerhalb des Bereichs der Blüten kein Gegenstück besitzt. Seine Aufgabe ist es, den Bestäuber zur Blüte zu ziehen; er bietet als solcher keine Befriedigung, sondern lenkt auf eine Quelle der Befriedigung hin, meist Nektar oder Pollen oder beides.

Vor kurzem allerdings wurde eine höchst bemerkenswerte Entdeckung gemacht. Manche Blütendüfte können nämlich von bestimmten Insekten einfach um ihrer selbst willen gesucht werden: nicht weil diese Düfte, ehrlich oder betrügerisch, Nahrung oder Flüssigkeit versprechen, sondern weil sie als solche die Befriedigung eines andersartigen Verlangens anbieten. Man hat beobachtet, daß bestimmte männliche Bienen tatsächlich besondere Organe an den Hinterbeinen tragen, mit denen sie den Duft der Blüten in Form wohlriechender Öltröpfchen sammeln. Diese Männchen fliegen von Blüte zu Blüte, schöpfen mit den Vorderbeinen die Parfümtröpfchen ab und reichen sie mit Hilfe der mittleren Beine zu den Duftcontainern weiter, welche mit baumwollartigen Haaren gefüllt sind, um die Öle aufzusaugen. Während dieser Sammelprozedur werden die Männchen oft recht benommen. Sobald das Bienenmännchen seine Duftcontainer gefüllt hat, sondert es sich ab und beginnt den gerade gesammelten Duft wieder zu verströmen, und man nimmt an, daß dieses merkwürdige Verhalten auf dem Geschlechtstrieb beruht; das Bienenmännchen verhält sich genau wie ein Mann, der sich mit dem neuesten Rasierwasser besprüht hat, von dem ihm die Werbung eingeredet hat, es würde ihn für Frauen unwiderstehlich machen; und nun wartet er darauf, daß der Zauber wirkt und die Weibchen in Scharen auf ihn zufliegen.

Dieses Sammeln und Anwenden von »männlichen Toilettenartikeln« durch Insekten konnte man an vielen Orchisarten beobachten, die solche parfümierten Öle in großen Mengen produzieren; doch fand man es auch bei Blüten ganz verschiedener nichtverwandter Familien. Vielleicht handelt es sich hierbei um eine allgemein geübte Praxis, auch wenn wir erst vor kurzem darauf aufmerksam geworden sind; es kann sich möglicherweise auch um einen wachsenden Trend handeln. Welche Entdeckungen man auf diesem Gebiet aber noch machen wird, zahlreiche frühere Beobachtungen und Erklärungen, wonach die Bienenmännchen Duftdrogen von Blüten allein wegen ihrer narkotisierenden Wirkung sammeln, müssen von nun an bezweifelt werden. Heute glaubt man, daß die Sucht nach diesen Drogen nicht nur um der Suchtbefriedigung willen existiert, sondern daß sie vor allem als Mittel eingesetzt wird, um Weibchen anzulocken und sie in die rechte Stimmung zu bringen.

Exhibitionismus durch optische Zurschaustellung ist im Pflanzenreich weit verbreitet; ihm verdanken wir in Wirklichkeit die ganze Schönheit der Blüten, die – so haben wir gesehen – rein sexuelle Ziele verfolgt. Im Interesse einer bestmöglichen Präsentation können neben den Blütenblättern manchmal andere Teile der Pflanze die Rolle des Verlockers übernehmen. Ein Beispiel dafür ist die *Clematis,* bei der die Kelchblätter, die normalerweise schmal und grün sind, sich vergrößerten und leuchtend färbten. Bei dieser Blüte fehlen die echten Blütenblätter völlig, allerdings gibt es unter den zahlreichen Stamina meist einige verkümmerte Organe, die man *petaloide Staminoden* nennt. Die vergrößerten Kelchblätter (oder *Perianth-Segmente*) imitieren Blütenblätter exakt und haben meist Leitlinien, die oft sowohl reliefartig als auch farblich abgesetzt sind, um die Insekten zur Blütenmitte zu lenken, wo die Geschlechtsorgane liegen.

Im allgemeinen spielen diese selbst bei der optischen Zurschaustellung nur eine geringe Rolle oder überhaupt keine. Sie sind lebenswichtige Pflanzenteile, von denen die Existenz der nächsten Generation abhängt, und müssen vor Schäden geschützt werden; sie bleiben daher in vielen Fällen bescheiden und unauffällig und überlassen die Wirkung nach außen den weniger wichtigen Teilen. Manchmal sind freilich die männlichen Organe ganz entblößt. Dies vor allem dann, wenn es sehr viele von ihnen gibt, so daß mehrere Stamina beschädigt oder sogar zerstört werden können, ohne daß die produzierte Pollenmenge drastisch vermindert würde. Und es gibt auch Fälle, bei denen die männlichen Organe selbst dekorativ sind und den hauptsächlichen optischen Reiz liefern. Ein Beispiel dafür ist die Gelbe Wiesenraute (*Thalictrum flavum*) aus der Familie der Hahnenfußgewächse, die dichte Büschel kleiner Blüten hat; die winzigen weißlichen Perianth-Segmente sind unscheinbar, aber die langen, hochgereckten Stamina verleihen den Blütenbüscheln eine goldgelbe Färbung und lokken Myriaden von Schwebfliegen, Honigbienen und Hummeln an, die sich wegen des Pollens einfinden, denn die Blüten enthalten keinen Nektar. Die Stamina sind so lang und die Pollenproduktion erfolgt so reichlich, daß oft eine Windbestäubung stattfindet; da der Pollen glatt und trokken ist und deshalb nicht besonders gut an den Insektenbesucher haftet und da andere *Thalictrum*-Arten als anemophil bekannt sind, könnte es möglich sein, daß die Gelbe Wiesenraute einen Entwicklungsprozeß in Richtung auf ausschließliche Windbestäubung, wie sie ihre Verwandten kennen, durchläuft. Die langen Staubfäden, an denen jetzt schon die schwereren Kunden, wie zum Beispiel Hummeln, nur geringen Halt finden können, werden sich dann vermutlich noch mehr verlängern, um besser für die Windbestäubung als für die durch Insekten geeignet zu sein.

Die erstaunlichsten Beispiele von Blütenpflanzen, bei denen die männlichen Organe nicht nur bloßliegen, sondern auch farbenprächtig und dekorativ sind, findet man wohl bei jenen australischen Angehörigen der Myrtenfamilie, die man gemeinhin als »Zylinderputzer« bezeichnet. Der botanische Name lautet *Callistemon*, was im Griechischen »mit schönem Stamen« bedeutet, und nie wurde eine Pflanze je treffender benannt. Wer jemals im australischen Busch eine Strauchgruppe aus *Callistemon* in voller Blüte gesehen hat, wird den Anblick nie vergessen. Wie der volkstümliche Name vermuten läßt, sieht die dicht mit Blütenpuscheln bepackte Blütenkrone genau wie eine jener steifborstigen Rundbüsten aus, die man zum Putzen der Glaszylinder der Petroleumlampen verwendet. Eine der verbreitetsten Arten ist der *Callistemon citrinus*: Seine »Borsten« sind in Wirklichkeit die Stamina, und sie sind lang, steif aufragend und leuchtendrot. Die zu Besuch kommenden Kunden sind Vögel, deren Sehvermögen etwa dem des Menschen entspricht; im Gegensatz zu Bienen und den meisten anderen Insekten sind Vögel ultraviolett-blind, fühlen sich jedoch stark zu Rottönen hingezogen, je leuchtender, desto besser. Da sie wenig oder gar keinen Geruchssinn besitzen, verlassen sie sich vorwiegend auf die lebhafte Farbe als Leitsignal zu den Nektarquellen, die die Blüten so reichlich anbieten und aus denen sich die Vögel begierig bedienen, um die während des Fliegens verbrauchte Energie wieder zu ersetzen.

Die weiblichen Geschlechtsorgane sind gewöhnlich noch weit weniger auffällig als ihr männliches Gegenstück. Ihre Aufgabe ist es, Nachkommenschaft hervorzubringen, nicht sich in Szene zu setzen. Allerdings gibt es ein paar Fälle, in denen die weiblichen Organe nicht nur bloßliegen, sondern auch vergrößert, farbenprächtig und sogar mit Rüschen verziert sind, so daß sie neben ihren normalen Geschlechtsfunktionen auch noch einen großen Teil des Werbeaufwands übernehmen. Das verblüffendste Beispiel ist hier vielleicht die Iris, die drei farbenprächtige äußere, sich nach unten neigende Kronblätter besitzt, die oft bärtig sind, und drei weitere aufrecht stehende innere Kronblätter. Aus der Mitte der Blüte ragt das äußerst dekorative weibliche Organ hervor, das in drei auseinanderstrebende, kronblattähnliche Griffelzweige mit jeweils doppelten Rüschen am Ende geteilt ist, unter denen sich das Stigma verbirgt. Jeder der Griffelzweige schwingt über einem der äußeren Kronblätter, die ihrerseits eine Änderung aufweisen. Diese Änderung bildet Leitlinien für die Nektarsucher und führt nach innen, wo am Berührungspunkt von äußeren Kronblättern und Griffelblättern ein Nektarvorrat wartet. An diesen Leitlinien kriecht die Biene entlang, um zu dem Nektar zu gelangen. Dabei wird das Insekt von einem dicht über seinem Rücken versteckten Stamen mit Pollen bepudert. Wiederholt das Insekt seine Aktion bei einer anderen Blüte, dann wird der Pollen von dem unter den Rüschen versteckten Stigma an der Spitze der Griffelblätter abgestreift, und das Insekt hat sich, indem es die Bestäubung durchführte, sein Schlemmermahl verdient.

Den vollkommenen Gegensatz zu den Blüten, die ihre Sexualorgane bloßlegen, ja, sie sogar dekorativ herrichten, bilden jene anderen, die völlig auf Sexualität verzichtet haben, um sich ganz der Aufgabe widmen zu können, Besucher zu solchen Blüten zu locken, denen es an Persönlichkeit mangelt, um sich ihre Bestäuber selbst einzufangen. Unter den Gänseblümchen-Arten gibt es zahlreiche Beispiele für solche Kuppler – die selbst geschlechtslos sind, aber geschickt die sexuellen Arrangements für andere treffen. Mehrere Arten besitzen große leuchtende und attraktive, aber unfruchtbare Blütchen rings um den Blütenrand, deren einzige Aufgabe es ist, die Insekten anzulokken. Diese wandern dann über das Mittelstück des Gänseblümchens und bestäuben die unscheinbaren, jedoch fruchtbaren Blütenscheiben.

Die gleiche Technik findet man auch bei anderen Pflanzen. Die Schopf-Traubenhyazinthe (*Muscari comosum*), zu den Liliengewächsen gehörend, weist an der Spitze des traubigen Blütenstands attraktive violette Blüten, weiter unten jedoch unscheinbare braune auf. Insekten fühlen sich von den Blüten an der Spitze angezogen; diese enthalten aber weder Nektar, noch sind sie fruchtbar. In den meisten Fällen arbeiten sich die Besucher nun nach unten vor und stoßen dabei auf die trübseligen braunen Blüten, die nicht nur beide Geschlechtsorgane besitzen und von dem Besuch des Insekts profitieren, sondern auch den Nektar enthalten, um es für seine Mühe zu entlohnen.

Ein noch imposanteres Beispiel für eine Pflanze, die geschlechtslose, aber attraktive Blüten einsetzt, um Kunden für geschlechtlich fruchtbare, aber unscheinbare Blüten einzufangen, ist der Schneeball (*Viburnum opulus*), der Köpfchen von weißlichen, unscheinbaren, aber fruchtbaren Blüten inmitten eines Kranzes sehr viel größerer, leuchtend weißer und für Insekten und Menschen wesentlich attraktiverer Blüten trägt, die allerdings steril sind.

Das wohl bekannteste Beispiel für den Einsatz geschlechtsloser Blüten bei dem Werben der Pflanzen um Aufmerksamkeit bietet die Hortensie. Die meisten Arten, die wir in unseren Gärten und Wohnungen ziehen, weisen große flache Blütenstände aus auffallenden rosa und blauen, unfruchtbaren Blüten auf, die um eine Gruppe kleiner fruchtbarer Blüten im Zentrum angeordnet sind. Manche der Kulturvarianten, die aus Kopfstecklingen gezogen und zu Millionen als Haus- und Gartendekoration verkauft werden, haben ihre fruchtbaren Blüten gänzlich verloren; ihre großen runden Doldentrauben, die aussehen wie enorme Servierplatten voller Blüten, bestehen ausschließlich aus unfruchtbaren »Schau«-Blumen ohne Geschlechtsorgane. Was als ein Trick begann, um Kunden im Hinblick auf ein sexuelles Ziel hin anzulocken, endet hier in völliger Asexualität. Und der Gipfel der Ironie ist: Diese sterilen Blütenköpfe sind auch für Insekten nicht mehr attraktiv, denn sie haben nichts weiter anzubieten, als den schönen Schein.

VIII

»Das ist die sexuelle Hörigkeit ...«

Wie es Menschen gibt, die zu keiner sexuellen Befriedigung gelangen können, wenn sie nicht gefesselt und geschlagen werden, gibt es auch andere Lebewesen, die anscheinend bis zu einem gewissen Grad sado-masochistische Stimulierung brauchen, ehe sie genügend erregt und für eine geschlechtliche Beziehung bereit sind.

In der Tierwelt gibt es mehrere Fälle, in denen beachtliche Gewaltanwendung offenbar die absolut unabdingbare Voraussetzung für die Begattung ist. Zähne, Krallen und schlichtweg brutale Kraft werden oft dem passiveren Partner gegenüber eingesetzt – der gewöhnlich, aber nicht immer, das Weibchen ist –, bis dieser schließlich nachgibt. Manche Leute bringen vor, daß jeglichem Sexualverhalten eine gewisse Aggressivität innewohne, ähnlich wie der Beziehung zwischen Jäger und Beute; manche sagen sogar, der Einsatz von Überredung, wie sie manche Tiergattungen (und auch der Mensch) praktizieren, um das willige Einverständnis des ersehnten Partners zu erlangen, sei nur eine subtilere Form des Erzwingens, wobei Geschenke, schmeichelndes Reden oder protziges Zurschaustellen an die Stelle der körperlichen Gewalt getreten seien. Die Beispiele für solche stärker verführenden Methoden sind zahlreich, doch für den Augenblick wollen wir uns auf das Thema Sex und Gewalt beschränken.

Eines der verblüffendsten Beispiele von Sado-Masochismus in der Natur liefert das Werbeverhalten der Schnecken

– wenn hier »Werben« nicht ein zu zartfühlendes Wort für eine derartig brutale Geschichte ist. Wir erwähnten bereits, daß Schnecken bisexuell sind. Und wie bei hermaphroditischen Pflanzen bietet ein solches Arrangement den großen Vorteil, daß jede Begegnung mit einem beliebigen Angehörigen der gleichen Art zu einer Begattung führen kann, während im Fall von Heterosexualität, bei dimorphen Männchen und Weibchen, die Hälfte der »Begegnungen« gleichgeschlechtlich wären und also zu nichts führten. Die Kopulation der Schnecken ist langsam und langwierig, und beide Partner agieren zugleich als Männchen und Weibchen. Das mag vielleicht wie die allerneueste Sensationsmeldung von aufregenden Sexualerlebnissen klingen, aber es sei doch darauf hingewiesen, daß diese langsamen Kaltblüter erst stimuliert werden müssen, ehe sie sich für Sex interessieren können. Und nur durch Gewalt und körperlichen Schmerz werden die Schnecken hinreichend zu befriedigender sexueller Aktivität stimuliert. In den männlichen Fortpflanzungsorganen, in der Nähe des Penis, befindet sich ein besonderer Beutel, in dem ein scharfer, steinharter Splitter heranwächst – man bezeichnet ihn als *spiculum amoris* (als »Liebespfeil«) –, der mit beträchtlicher Kraft in den Sexpartner abgefeuert wird. Der Liebespfeil durchdringt die zarte Haut des Partners und stachelt ihn zur Reaktion an, oft mit dem Erfolg, daß dieser nun seinerseits seinen Liebespfeil auf den anderen abschießt. Erst nach diesem schmerzhaften Initiationsschock können Sexualität und Liebesbeziehungen erfolgreich stattfinden. Das erregte Paar beginnt sich mit den Fühlhörnern abzutasten, darauf folgt eine Periode langer gegenseitiger Stimulation, die in einem bemerkenswerten bisexuellen Akt endet, der in vielen menschlichen Gesellschaftssystemen als gesetzwidrig und strafbar angesehen würde und den zu beschreiben hier zu weit führen würde.

Etwas Vergleichbares gibt es allerdings unter Pflanzen kaum, dafür jedoch zahlreiche Beispiele für Hörigkeit und Grausamkeit in den Beziehungen zwischen Blüten und ihren Besuchern. Am nächsten kommt im Pflanzenreich wohl der Färberginster (*Genista tinctoria*) einem masochistischen Verhalten; die Pflanze gehört zur Familie der Schmetterlingsblütler und hat gelbe Blüten, die vorwiegend von ziemlich großen Bienen aufgesucht werden, die nicht nur ihre Größe einsetzen müssen, sondern auch ihre Kraft, um in die Blüte vorzudringen. Die einzelnen Teile der Blüte sind so angeordnet, daß sie nach der Entfaltung unter beträchtlicher Spannung stehen. Wenn der erste schwergewichtige Kunde sich vorwärtsdrängt, reißt seine Schwere die Blüte brutal auf, nur das oberste Blütenblatt, gegen das die Geschlechtsorgane gedrückt sind, bleibt senkrecht stehen, die anderen vier Blütenblätter hängen schlaff nach unten. Während dieser »Explosion« wird der Besucher mit Pollen überstäubt. Die gewaltsame »Defloration« hinterläßt eine vollkommen zerstörte Blüte, die ganz unmöglich zu einer Wiederholung dieses Aktes fähig wäre und deren Schönheit für immer dahin ist. Was wir jedoch nicht wissen – und vielleicht niemals erfahren werden –, ist, ob der Kunde den Explosionsmechanismus auslöst, weil er gierig nach dem Nektar sucht, den zahlreiche ähnliche Blüten enthalten; wenn dem so ist, dann kommt das Insekt nicht auf seine Kosten, denn der Färberginster enthält überhaupt keinen Nektar.

Einem weiteren Mitglied der gleichen Familie gelingt es, ein ähnlich entsetzliches Schicksal zu vermeiden; es kann seine attraktive Gestalt nach der Entjungferung bewahren. Es ist die Rede von der Schamblume, deren Blüte stark einem menschlichen weiblichen Geschlechtsorgan mit ausgesprochen gut entwickelter Klitoris ähnelt. Die Methode, die die *Clitoria* anwendet, um ihre Blüten vor Verletzungen durch dicke, unsanfte Insektenbesucher zu schützen, besteht darin, daß die Blüte sich einfach »umdreht«, so daß das breitflächige Blütenblatt, das bei diesem Typus normalerweise oben steht, nun nach unten hängt; so wird es zum idealen Landeplatz selbst für die schwersten Bienen. Die aus den restlichen Blütenblättern geformte »Klitoris« muß nicht mehr das ganze Gewicht des Besuchers tragen und wird darum auch in keiner Weise verletzt, wenn ein Insekt vorwärtsstößt und mit der Zunge herumtastet, um an den Nektar im Blüteninneren zu gelangen. Diese Prozedur ist mühselig, und eine Biene muß dabei ihre Beine gegen die Landeplattform stemmen und relativ viel Kraft einsetzen. Da die Blüte kopfunter angeordnet ist, kann sie den Druck aushalten und dem Eindringling gerade so viel nachgeben, daß er den Zugang findet, ohne daß sie selbst dabei zerstört würde. Die Umklammerung, die die Blütenteile nun auf die Biene ausüben, verzögert deren Rückzug, so daß sie ganz mit Pollen bestäubt ist, bevor sie ihre Freiheit wiedergewinnt und zur nächsten Blüte weiterziehen kann.

Diese dem Besucher beim Abschied aufgezwungene Verzögerung seitens der *Clitoria*-Blüte ist ein sehr harmloses Beispiel unter den zahlreichen Techniken der Fallenstellerei, der Versklavung und des Sadismus, wie sie Blüten an ihren Opfern praktizieren. Das Fettkraut (*Pinguicula*) geht da viel weiter und ermordet seine Bestäuber oft. Die Pflanzen wachsen an sumpfigen oder schlammigen Stellen, dort, wo es von kleinen Fliegen wimmelt. Das Alpen-Fettkraut (*Pinguicula alpina*) trägt weiße Blüten auf Stengel über einer Rosette fettig wirkender Blätter; der Zugang zu jeder Blüte ist mit zwei kleinen Höckern dekoriert, die mit leuchtend gelben Haaren bedeckt sind, was die Fliegen anlockt. Sie kriechen direkt in die Blüte hinein und stecken den Kopf in einen hohlen Sporn am inneren Ende der Blüte. Dieser sieht so aus, als könnte er Nektar enthalten, aber das täuscht; statt dessen ist er am unteren Ende mit kleinen Haaren ausgestattet, die kleine runde Saftköpfchen tragen, die die Besucher zu verzehren beginnen. Wenn eine Fliege satt ist, versucht sie rückwärts wieder hinauszukriechen, aber der Rückzug fällt ihr sehr viel schwerer als das Eindringen. Denn an der Öffnung des Sporns sitzt ein dichtes Büschel nach innen gerichteter Haare. Beim Eindringen boten diese der Fliegen keinen Widerstand, ja sie boten sogar eine angenehme, weiche Ruhestätte während der Mahlzeit. Aber wenn die Fliege nun ins Freie kriechen will, stemmen sich diese Haare gegen sie und verhindern ihren Rückzug; und je heftiger sie zappelt, um sich zu befreien, desto fester halten die Haare sie zurück und blockieren den Fluchtweg. Die einzige Chance, die sie dann hat, sich zu befreien, besteht in einem langsamen, vorsichtigen Rückzug, was bedeutet, daß sie über genügend Intelligenz und Stärke verfügen muß, um ihren Körper hochzustemmen und so von den Haaren freizukommen, die sie am Unterleib festhalten. Dabei streift sie die Geschlechtsorgane der Pflanze mit ihrem Rücken, und da die Blüten protogyn sind – das heißt, sie sind anfänglich weiblich und wechseln später in den männlichen Zustand über –, bewirkt die Fliege die Kreuz-Pollination, indem sie den Pollen von älteren Blüten auf die weiblichen Organe der jüngeren überträgt.

Was geschieht aber, wenn eine Fliege zu schwach, zu ungeschickt oder zu dumm ist und es ihr nicht gelingt, sich aus der Blüte zu befreien? Nun, sie bleibt einfach dort stecken, ihr Zappeln wird schwächer und schwächer, bis sie schließlich verhungert. Tatsächlich fängt und tötet das Fettkraut Insekten auf zweierlei Weise. Zum einen hält es Fliegen, wie wir gesehen haben, in seinen Blüten fest, und wenn die Fliegen stark genug sind und schlau genug, sich zu befreien, werden sie als Heiratsvermittler benutzt, sonst sterben sie eines langsamen Todes. Zum andern aber sind die Blätter der Pflanze von einem feuchten, klebrigen Film bedeckt, der von besonderen Drüsen abgegeben wird und der allen möglichen kleinen Insekten zur Falle wird; die zuckenden Bemühungen der Tiere, sich zu befreien, führen nur zu noch mehr Sekretion von klebrigem Saft und zusätzlich zur Ausscheidung einer scharfen Flüssigkeit, die die Opfer schnell »verdaut«. Auch viele andere Sumpfpflanzen fungieren als »lebendige Fliegenfänger«, indem sie Insekten mit klebrigen Sekreten festhalten und dann verzehren, wodurch sie das kärgliche Nahrungsangebot an ihren Standorten aufbessern.

Eine besonders grausame Methode, um Insekten zu fangen und sie zu zwingen, sich als Bestäubungsagenten zu betätigen, wurde von der Familie der Schwalbenwurz-Gewächse (*Asclepiadaceae*) entwickelt. Ihr Mechanismus wird als Klemmfalle vom Typ »Schlageisen« bezeichnet, und wenn auch ihre Konstruktion bei den verschiedenen Arten in Einzelheiten verschieden ist, so ist doch die jeweilige Funktionsweise stets einfach, wirkungsvoll und skrupellos. Wie Orchideen verkleben die Schwalbenwurze ihren Pollen zu einer wachsartigen Masse, dem *Pollinium*, anstatt ihn als feinen Staub zu produzieren. Das bedeutet, daß diese Pflanzen ihre Besucher nicht einfach mit Pollen bepudern können, sondern daß sie die Pollinien an ihnen befestigen müssen, so sicher, daß diese haften bleiben, bis das Insekt die nächste Blüte erreicht hat. Im Gegensatz zu den Orchisarten, die das Problem größtenteils dadurch lösen, daß sie ihre Pollinien an den Insekten mit einem schnelltrocknenden Klebstoff befestigen, verwenden die Schwalbenwurz-Gewächse Klammern, die sogenannten Klemmkörper. Diese bestehen aus der harten Platte eines hornartigen Stoffes mit einem an der Unterseite gelegenen, sich nach oben zu verengenden Schlitz. Jeder Klemmkörper ist durch zwei starke Bänder an ein Pollinienpaar gebunden, das in Taschen um die Säule aus Staubblättern und Griffel angeordnet ist. Die Art und Weise aber, in der sich die Klammern an den Insektenbesuchern festklemmen, trug zumindest zwei Angehörigen dieser Familie die Bezeichnung »grausame Pflanzen« ein.

Die eine ist die Schwalbenwurz-Art *Cynanchum acuminatifolium*, auch Moskitopflanze genannt. Sie trägt Büschel kleiner weißer Blüten, die von Fliegen und anderen kleinen Geschöpfen besucht werden, welche sich von den Nektarschälchen rund um die Blütenspitze anlocken lassen. Wenn ein Insekt nach dem Trinken wegzufliegen versucht, besteht die Gefahr, daß eines seiner Beine in einer der Klammerfallen festgehalten wird, und je mehr es rudert, um loszukommen, desto fester wird der Zugriff durch den enger werdenden Schlitz. Wenn das Insekt stark und beweglich ist, kann es wahrscheinlich ein Pollinienpaar aus der Tasche ziehen; durch eine bemerkenswert rasche Drehbewegung schließen die Bänder die zwei Pollinia aneinander, so daß sie beim Besuch des Insekts auf der nächsten Blüte leicht in einen für ihre Aufnahme bestimmten Spalt passen und sich dann gegen die Oberfläche des Stigmas pressen können. Das Insekt hat nur eine Möglichkeit, sich zu befreien, nämlich die Bänder zu zerreißen und die Pollinien zurückzulassen. Es muß dabei ziemlich viel Energie und Kraft einsetzen, um sich nicht nur mit den Flügeln in die Luft zu erheben, sondern auch um die fesselnden Bänder zu zerreißen. Manche Besucher, insbesondere kleine Fliegen, schaffen dies nicht und bleiben hilflos gefangen. Sie zucken mit den Flügeln, bis sie schließlich aufhören zu zucken.

Die Besucher der kleinblütigen Schwalbenwurz-Gewächse sind überwiegend Fliegen, deren Fesselung, deren Befreiungsversuche und deren Todesqualen leicht übersehen werden können. Schwalbenwurze mit auffallenderen Blüten locken jedoch größere und stärkere Bestäuber an, etwa die Bienenarten, die zum Nektartrinken die vorstehenden Kelche der schönen nordamerikanischen Seidenpflanze (*Asclepias syriaca*) mit ihren Büscheln von rosigpurpurnen Blüten besuchen. Eine nahe Verwandte, *Asclepias tuberosa*, mit Blütenständen von leuchtend orangefarbenen Blüten, lockt Wolken von Schmetterlingen an, die Stunde um Stunde mit ihren farbenprächtigen Flügeln die sonnige Luft fächeln und aus den Kappen an der Spitze der Blüte reichlich Nektar saugen.

Sehr selten werden diese größeren und stärkeren Insekten von einer *Asclepias*-Art gefangen, ohne daß sie sich am Ende doch freistrampeln können, auch wenn das manchmal ein recht harter Kampf ist. Ein weiteres Familienmitglied, *Araujia sericifera* aus den wärmeren Gegenden Südamerikas, allerdings kann mit seiner tödlich wirksamen Klammerfalle eine stattliche Anzahl von Opfern aufweisen. Auch sie gehört zur Gruppe der sogenannten »Grausamen Pflanzen«, und sie hat diesen Titel wahrhaftig verdient. Die Pflanze hat Büschel von zarten weißen Blüten, die für Nachtschwärmer und Motten sehr verführerisch sind; diese landen nicht auf den Blüten, sondern schwirren über ihnen und strecken ihre langen Saugzungen in die Kronenkelche der Blüten, um den Nektar zu trinken. Das Ergebnis ist, daß die Nachtfalter nicht am Bein gepackt werden, sondern an der Zunge, um die sich die an den Pollinien befestigten Bänder mit hartem Griff schließen. Wenn der Schwärmer stark genug ist, gelingt es ihm vielleicht, sich aus der Umklammerung der Blüte zu befreien, wobei die Bandbügel und die Pollinien fest an seiner Zunge haften. Wenn er schwach ist, flattert er möglicherweise dort die ganze Nacht hindurch, bis die Sonne die Blüten zwingt, sich etwas weiter zu öffnen, so daß er mit dem Pollen an der

Zunge entkommen kann. Oft jedoch ist der Schwärmer zu schwach oder zu erschöpft für die Anstrengung der Flucht, die Flügelschläge werden immer schwächer, und schließlich stirbt er, mit der Zunge an der »Mörderblume« hängend.

Eine weitere Art der gleichen Familie namens *Ceropegia*, die Leuchterblume, verfeinert die Klemmfalle durch einen noch raffinierteren Mechanismus und macht eine Grubenfalle daraus. Der Kelch der Blüte ist verlängert, die Lappen sind oben miteinander verbunden, so daß das Ganze den Eindruck einer recht eleganten Laterne erweckt. Aus den Korolla-Lappen strömt ein für uns schwacher, aber für bestimmte Fliegen und andere Insekten stark verlockender Duft; bei manchen Arten ist die Blütenspitze mit schimmernden Haaren besetzt, die wie schwärmende Insekten aussehen und die Anziehung noch verstärken. Geruch und Anblick verführen die Fliegen dazu, in die Blüte vorzudringen, deren Röhre direkt unterhalb der Laterne mit winzigen glatten abwärtsweisenden Härchen ausgerüstet und mit einem schlüpfrigen Öl bedeckt ist. Die Fliegen rutschen aus und schlittern durch die Röhre in eine darunterliegende runde Kammer. Im Gegensatz zu den bisher untersuchten Fallen, bei denen Stärke und Geschicklichkeit der Besucher darüber entscheiden, ob sie entrinnen oder nicht, läßt die von der *Ceropegia* gestellte Falle ihnen nicht die geringste Chance, aus eigener Anstrengung freizukommen; die Insekten können noch so sehr versuchen, die Wände ihres Gefängnisses hinaufzuklettern, die ölige Flüssigkeit läßt sie stets wieder auf den Boden der Kammer hinabrutschen. Ein paar Tage später, wann es ihr eben recht erscheint, welkt die Röhre der Blüte in eine horizontale Lage ab, die Haare im Inneren schrumpfen zusammen, und die Insekten, die eventuell überlebt haben, können ihrem Martyrium entkommen.

Man hat herausgefunden, daß mehrere Arten dieser Leuchterblumen nur weibliche Fliegen und Mücken anlokken; die abgesonderten Düfte scheinen in Zusammenhang mit der Phase der Eiablage im weiblichen Geschlechtszyklus zu stehen. Eine Fliege setzt sich auf die duftverströmende Laterne, kriecht hinein, weil das dunkle Innere sie anzieht, rutscht die Röhre hinunter und findet sich in einer Kammer mit dunklen Wänden wieder, die nur von einem Ring halbdurchsichtiger »Fenster« rings um die Geschlechtsorgane der Pflanze durchbrochen sind, die ein wenig schwaches Licht einfallen lassen. Das zutiefst bestürzte Insekt kriecht auf das Licht zu, weil es glaubt, einen Weg nach draußen gefunden zu haben, klettert den zentralen Stempel der Blüte empor und stellt überrascht und erfreut fest, daß hier Nektarbecher warten. Nachdem es sich satt getrunken hat, zieht es den Kopf zurück, und prompt werden die Pollinien an ihm festgeklemmt; hat es bereits Pollinien von einem früheren Besuch in einer anderen Blüte an sich, so werden diese von einer Rille erfaßt und weggerissen, wobei sie gegen das Stigma gedrückt werden. Nachdem das Insekt seine Aufgabe als Bestäuber ahnungslos erfüllt hat, bleibt es manchmal bis zu vier, fünf Tagen in der Blüte eingesperrt, bis diese abfällt, die Haare im Innern verschrumpeln und die Fliege entfliehen kann – falls sie noch lebt. Und sobald sie sich von dieser Erfahrung erholt hat, läßt sie sich, nicht klüger geworden, von einer frischen jungen Blüte verführen und tappt erneut in die Falle.

Es gibt noch viele andere Typen von Fallen stellenden Blüten, die höchst geschickte Kerkermeister und Sklavenhalter sind. Hier sind besonders die verschiedenen Aronstab-Gewächse zu nennen.

Diese locken Fliegen und Käfer an, die auf Mist, Aas und anderer sich zersetzender Materie leben; zu diesem Zweck produzieren sie die gleiche Art Gestank, die auch für den

Phallus impudicus und die übrigen Stinkmorcheln charakteristisch ist. Der widerlichste von allen Gerüchen, so wird behauptet, sei der von *Amorphophallus titanum* (was etwa »deformierter Riesenpenis« bedeutet), einem riesigen Aronstab-Gewächs aus den Tropen mit großen unterirdischen Knollen, aus denen ein phallusartiger Dorn, *spadix* genannt, nach oben treibt, der so hoch wie ein großer Mann werden kann. Diese gewaltige Erektion verbreitet einen Übelkeit erregenden Gestank von Exkrementen, verwesendem Fleisch und, so lauten jedenfalls die Beschreibungen, zusätzlichen Gerüchen von verfaulenden Fischen und verbranntem Zucker. Die Hauptkunden dieses Superstinkers sind große Käfer, die auf der Suche nach der nichtvorhandenen verfaulenden Materie, die ihnen der Gestank verspricht, in eine Kammer am Boden der geriffelten vasenförmigen Blütenscheide abstürzen. Die Käfer versuchen zu entkommen, indem sie den phallischen Blütenkorb emporklettern, doch dieser besitzt einen überhängenden Rand mit so scharfer Kante, daß sie erneut wieder in die Falle stürzen.

Die vielleicht bekannteste Pflanze mit einer Blütenfalle ist *Arum maculatum*, der Gefleckte Aronstab, die am gründlichsten studierte Spezies jedoch ist *Arum nigrum*, der Schwarze Aronstab Südeuropas. Das violettschwarze Blatt, der Blütenkolben, ist an der Basis heller und bildet dort eine Hohlkammer. Der hohe Spadix trägt unten weibliche Blüten, dann einen Ring von Stacheln und darüber den restlichen erigierten Pseudopenis. Dank eines außergewöhnlichen Mechanismus, bei dem Kohlenhydrate rasch verbrannt werden, bildet sich beträchtliche Hitze, durch die der Exkrementgestank stark gesteigert wird. Schmeißfliegen kriechen, von der Aussicht auf eine warme Mahlzeit verlockt, eifrig ins Innere; die ölig-glatten Wände bieten keinen Halt, und die Fliegen fallen direkt in die unten liegenden Kammer. Sitzen sie erst in der Falle, können sie nicht mehr entkommen, und zwar ebenso wegen der glitschigen Oberfläche der Wände wie wegen der Stacheln, die ihnen den Weg versperren. Die weiblichen Blüten am Fuß des Spadix enthalten Flüssigkeitströpfchen, die die Fliegen auflecken, und so gelangen sie zu den Stigmata, die einen ganzen Tag lang empfängnisbereit bleiben. Am nächsten Morgen öffnen sich die männlichen Antheren und bepudern die gefangenen Insekten mit Pollen. Die Hitze in der Pflanze sinkt, die Wandoberflächen haben ihre Glitschigkeit verloren, die Stachelborsten sind verschrumpft, und die Insekten können nach oben klettern und sich in die Freiheit retten. Ein anderer in der Nähe stehender Aronstab, gerade aufgeblüht und in seinem weiblichen Stadium, sendet vielleicht gerade mächtige Düfte von frischem, dampfendem Mist aus. Die Fliegen lassen sich wieder verlocken, gehen in die Falle und übertragen so ihren Pollenpuder auf die empfängnisbereiten weiblichen Blüten.

Um den Verwesungsgestank noch zu steigern, vermögen einige Angehörige dieser Familie beträchtliche Hitzegrade zu produzieren. Die *Schizocasia portei* von den Philippinen etwa brachte es auf 43 Grad Celsius, die Temperatur höchsten Fiebers. Der Stinkkohl, *Symplocarpus foetidus*, der in gemäßigten nördlichen Erdregionen wächst, kann Schnee schmelzen und einen so starken, widerlichen Geruch verbreiten, daß er Insekten über beträchtliche Entfernungen anzulocken vermag.

Pflanzen verwenden noch viele weitere Arten von Fallen, von denen wir einige später noch kennenlernen werden. Beenden wir dieses Kapitel mit einer versöhnlicheren, weniger sadistischen Note, indem wir sagen, daß manche dieser Fallen auf Blüten zurückgehen könnten, die gar nicht daran dachten, ihre Gäste einzukerkern, sondern ihnen vielmehr nur einen geschützten Ort für ihre Fortpflanzung anboten. Wir haben bereits gesehen, daß Fliegenweibchen dazu bewegt werden können, Eier in Blumen zu legen, die nach verdorbenem Fleisch riechen. Einige Blüten stellen nun einen brauchbaren Platz für ein früheres Stadium im Geschlechtsleben der Insekten bereit, nämlich für den Geschlechtsakt selbst. Das allen bekannte Heidekraut (*Calluna vulgaris*) besitzt Blütchen, die immerhin groß genug sind, um den winzigen Blasenfüßen Schutz und Unterkunft zu gewähren, die man oft in ihnen findet. Die männlichen Blasenfüße sind flugunfähig, außerdem sind sie viel seltener als die Weibchen. Also müssen diese die Initiative ergreifen. Auf der Suche nach möglichen Sexualpartnern fliegen die Weibchen von Blüte zu Blüte, landen auf den vorgeschobenen Stigmata, und, wenn sie Pollen am Körper tragen, befruchten sie die Blüten. Die Erikablüten scheinen von diesen Winzlingen regelmäßig zum Stelldichein und als Brautlager verwendet zu werden.

Viele andere Blumen bieten ein ruhiges, gut geschütztes und bequemes Plätzchen, an dem die Besucher einander lieben können. Jemand hat einmal gesagt, es sei nahezu unmöglich, an einem sonnigen Tag auch nur ein paar Blütenstände zu finden, in denen nicht gerade Insektenpärchen mit der Kopulation beschäftigt wären. In manchen unwirtlichen Regionen, wo es wenig andere Schutzmöglichkeiten gibt, werden Blumen regelmäßig als »Balz«plätze verwendet. Ein Beispiel dafür ist der *Lithops*, einer der Angehörigen der »Lebenden Steine« aus der Familie der Mittagsblumengewächse, der seine Blätter vor Räubern schützt, indem er sie so ausformt, daß sie fast genauso aussehen wie die Kieselsteine, die den Boden in seinem angestammten Habitat im südlichen Afrika bedecken. Aus einem Spalt in dem paarigen Sukkulentenblatt treten die sternförmigen Blüten hervor, und diese sind der ideale Ort für die Rendezvous, bei denen Insekten ihre Partner finden, ihre Werbung anbringen und sich begatten können.

Die Erkenntnis, daß Blütenpflanzen ein Eheanbahnungsbüro für Insekten auf Partnersuche betreiben und gleichzeitig auch noch das Séparée für das gegenseitig sexuelle Bekanntwerden zur Verfügung stellen können, tauchte in der Erforschung der Befruchtungsvorgänge erst sehr spät auf, und es bleibt auf diesem Gebiet noch viel zu entdecken. Einige äußerst interessante Beobachtungen machte der deutsche Botaniker Hermann Müller in den Alpen. Ihm fiel auf, daß zahlreiche Schmetterlinge sich immer wieder von Pflanzenblüten mit einer Färbung, die ihrer eigenen ähnlich ist, angezogen fühlten. Diese Beispiele eines scheinbaren Autoerotizismus sind seiner Meinung nach in Wirklichkeit der Ausdruck von Farbpräferenzen bei der Partnerwahl, eine Vorliebe, die sich dann auf die Wahl der Blüten übertragen habe.

Vielleicht begann der ganze Entwicklungsprozeß, der schließlich dazu führte, daß Blüten wie die Bienen-Orchis Insekten-Mimikry betreiben, vor unendlicher Zeit, als irgendein Insekt bei der vergeblichen Suche nach einem Sexualpartner frustriert wurde und schließlich seine Aufmerksamkeit auf die Blüte übertrug.

IX

Der Voyeur am Mikroskop

Genau zu der Zeit, da man in England Sir Thomas Millingtons Entdeckung der Sexualität der Pflanzen veröffentlichte, wurden auf der anderen Seite der Nordsee sensationelle neue Erkenntnisse über die Geschlechtlichkeit bei Tieren gewonnen. Der große niederländische Naturforscher Antoni van Leeuwenhoek (1632–1723), der Begründer der Mikrobiologie, hatte einen Tropfen frischer Samenflüssigkeit unter den von ihm selbst entwickelten Linsen untersucht. Einige Monate früher hatte Stephan Hamm den gleichen Versuch unternommen, doch es waren die von Leeuwenhoek 1677 mit Illustrationen veröffentlichten Erkenntnisse, die die Gelehrten jener Zeit in Aufregung versetzten. Unter dem Mikroskop hatten sich in dem winzigen Samentropfen große Menge wimmelnder, schwimmender kaulquappenähnlicher Körperchen mit rundem Kopf und langen Geißelschwänzen gezeigt.

Zum erstenmal hatte man die männlichen Samenzellen, die Spermien, gesehen. Es sollte allerdings noch sehr lange dauern, bis es möglich wurde, die Natur dieser Spermien und die Rolle zu begreifen, die sie bei der Befruchtung spielen. Wir haben schon mehrmals darauf hingewiesen, daß die Orthodoxie Neuentdeckungen nicht gern sieht; wenn man diese nicht als sündhaft brandmarken oder ignorieren kann, dann versucht man eben, sie in das etablierte Lehrgebäude irgendwie einzubauen. Genau dies geschah auch im Fall der Spermien, der Samenzellen.

Das allgemein gültige Dogma vor der Minderwertigkeit des Weibes, das durch zahlreiche Zeugnisse in der Bibel und schließlich durch die Behauptung des Apostels Paulus untermauert wurde, daß der Mann nicht für das Weib, sondern das Weib für den Mann geschaffen worden sei, erhielt stets kräftige Unterstützung durch die Verwendung des Wortes »Samen« für zwei völlig verschiedene Dinge. Neben dem Korn, aus dem Pflanzen wachsen, bezeichnete es in der Bibel die menschlichen Nachkommen selbst. Das heißt: Der Same des Mannes waren seine Kinder – gewissermaßen ohne weitere »Zutaten«.

Da man Pflanzen für geschlechtslos und Frauen für nichts anderes als Gebärende hielt, galt es als erwiesen, daß der Samen der Pflanzen der Samenflüssigkeit des Mannes entspreche. Man nahm an, der Samen enthalte *en miniature* das neue Leben bis ins kleinste Detail und brauche nur an einem geeigneten Ort ausgesät zu werden. Dazu war der weibliche Körper bestimmt. Seine Funktion sei, gleich der des Mutterbodens, Schutz und Nahrung zu bieten, dann wachse der Samen von allein weiter. Von dieser irrigen Vorstellung waren die Glaubensstarken so überzeugt, daß es einigen »Gelehrten« sogar gelang, unter dem Mikroskop »Beweise« für ihre Ansicht zu finden. Sie waren einfach darauf konditioniert, das zu entdecken, was sie zu entdekken erwarteten, anstatt zu sehen, was ist, und überredeten sich und andere, daß die durch die Mikroskoplinsen sichtbar werdenden Samenfäden vollentwickelte Einzelwesen seien, winzig zwar, jedoch vollständig. Es bildete sich eine Schule sogenannter *Homunkulisten*. Diese behaupteten, in einem Samentropfen winzige Männlein und Weiblein erkennen zu können. Sie zeichneten sogar Illustrationen (man kann sie noch heute in alten Büchern und Manuskripten bewundern), auf denen ein vergrößertes Bild eines winzigen *homunculus* zu sehen ist, der mit niedergewendetem Kopf, gefalteten Armen und gekreuzten Beinen in einer durchsichtigen Blase hockt, die den Kopf des Spermiums darstellt.

Diese homunkulistische Überzeugung war fast ein ganzes Jahrhundert lang vorherrschend. Sie wurde von konservativen Geistern mit der bei ihnen vorhersehbaren Mischung aus blindem Glauben an ihre geheiligten Schriften und der strikten Weigerung, das Beweismaterial zu untersuchen, kräftig unterstützt. Als aber die Mikroskope verbessert wurden und man stärkere Vergrößerungen erhielt, wurde es zunehmend schwieriger, die Behauptungen der Homunkulisten aufrechtzuerhalten. Am längsten und eifrigsten hielten jene Tiefgläubigen an der Absurdität fest, die sich weigerten, Sperma unter dem Mikroskop auch nur anzusehen, weil es durch Selbstbefriedigung gewonnen worden sei; und Masturbation war eine Sünde. Auch heute noch lehnen die geistigen Nachfahren dieser Leute die künstliche Befruchtung aus eben den gleichen moralischen Gründen entschieden ab.

Aber nicht einmal die verbohrteste religiöse Überzeugung vermag sich ewig gegen die Realität zu behaupten. Sechsundzwanzig Jahre waren vergangen, seit William Harvey 1651 seinen *Traktat über die Fortpflanzung* veröffentlichte, in dem er die Behauptung aufstellte, daß jegliches Leben ein »Ei« als Ursprung habe; dann kam Leeuwenhoeks Entdeckung der Samenzellen. Weitere zweiundachtzig Jahre vergingen, ehe der Anatom Caspar Friedrich Wolff in seiner Doktorarbeit an der Universität Halle, 1759 unter dem Titel *Theoria Generationis* (»Zeugungstheorie«) veröffentlicht, schließlich die gesamte Homunkulustheorie vom Tisch fegte. Aus seinen Untersuchungen an Hühnerembryonen unter dem Mikroskop konnte er zweierlei nachweisen: erstens, daß der Nachwuchs keineswegs vorfabriziert sei, sondern sich aus »Kügelchen« bilde, und zweitens, daß beide Elternteile an seiner Zeugung beteiligt seien.

Das Wort, das man dann für diese »Kügelchen« allgemein verwendete, aus denen sich Lebewesen zusammensetzen, war »Zellen«. Es kommt nicht aus dem Tierreich, sondern aus dem der Pflanzen und wurde 1665 erstmalig von dem britischen Wissenschaftler Robert Hooke verwendet, als er die mikroskopischen Höhlungen in Kork als »aus kleinen Kammern oder Zellen« bestehend darstellte. Heute ist der Begriff »Zelle« der allgemein verwendete Ausdruck für eine Einheit lebendiger Materie, nicht nur der pflanzlichen. Allerdings trifft der Begriff nicht genau zu, denn da er vom lateinischen *cella* (»Zimmer«) kommt, paßt er recht wenig zur Darstellung von tierischem Gewebe, das ja nicht die bienenwabenartige Struktur aufweist, die Hooke bei bestimmten Pflanzenstrukturen vorfand. Doch obwohl das Wort zuerst für Pflanzen verwendet wurde, machte man sich erst, als die Geschlechtszellen von Tieren identifiziert und ihr Verhalten beschrieben worden war, an die genaue Untersuchung der Befruchtung bei Pflanzen.

Es klingt heute kaum glaubhaft, daß nach Leeuwenhoeks Entdeckung der männlichen Samenzelle unter dem Mikroskop rund 150 Jahre vergehen mußten, bevor ein anderer Forscher erstmalig eine weibliche Eizelle untersuchte. Der baltische Biologe Karl Ernst von Baer (1792–1876) untersuchte die Eierstöcke einer Hündin und beschrieb seine Entdeckung 1827 in seiner Schrift *De Ovi Mammalium et Hominis Genesi* (»Über das Ei bei Säugetieren und beim Menschen«): »Ich vermochte deutlich einen gelblichweißen Fleck zu erkennen. Aus Neugier öffnete ich einen der Follikel und hob das winzige Objekt auf die Spitze meines Skalpells. Ich konnte es sehr deutlich sehen. Als ich es unter dem Mikroskop untersuchte, war ich baß erstaunt: Ich sah ein *ovulum* (eine Eizelle), und zwar so deutlich, daß nicht einmal ein Blinder es hätte abstreiten können.«

Dieser endgültige optische Beweis für die Richtigkeit der Entdeckung, die Wolff 67 Jahre früher an Hühnerembryonen gemacht hatte, bewirkte endlich, daß die Frauen von Stund an als gleichberechtigt an der Fortpflanzung betrachtet wurden und nicht mehr nur als ein bloßes »Gefäß« zur Aufbewahrung des Samens. Man kann sagen, daß damit ein Wendepunkt in den Beziehungen zwischen den Geschlechtern stattgefunden hat. Die durch das Mikroskop bewiesene Gleichheit spielte ohne Zweifel eine Rolle in dem Prozeß, durch den sich die Männchen unserer Art allmählich dazu bewegen ließen, die uralten Ansprüche auf biologische Überlegenheit wenigstens zu modifizeren – wenn schon nicht aufzugeben.

Und auch für die Erforschung von Tier- und Pflanzenreich hatte die Entdeckung der Eizelle unter dem Mikroskop bedeutende Folgen. Bis dahin war man aufgrund er allgemeinen Anschauung von der Überlegenheit des Mannes »sicher« gewesen, daß, in Parallele zum menschlichen Sperma, die Pollenkörper der Pflanzen, genau wie die menschlichen Samenzellen einen *homunculus*, also die ganze junge Pflanze *en miniature* enthielten. Heute jedoch, wo man unter dem Mikroskop den ganzen Ablauf der Befruchtung und des Fruchtwachstums bei Pflanzen bis ins kleinste Detail untersuchen kann, ist sogar die Schlußfolgerung erlaubt, daß das weibliche Element insgesamt mehr zur Entwicklung des neuen Lebens beiträgt und damit dem männlichen Element eigentlich überlegen sein muß.

Wir sahen, wie die männliche Mikrospore, das Pollenkorn, auf dem Stigma, der weiblichen Narbe, keimt, dann einen Pollenschlauch in das weibliche Zellgewebe vortreibt, durch den die männlichen Fortpflanzungszellen wandern und die Befruchtung bewirken. Wir müssen uns nun damit befassen, wie Pollen produziert wird. Bei typischen Blütenpflanzen besteht der »Pollensack« am Ende des Staubgefäßes aus vier Lappen, die als *Mikrosporangien* bezeichnet werden. Diese bestehen aus vielfach geteiltem Gewebe, das eine große Anzahl von Zellen bildet. Aus diesen entwickeln sich runde, voneinander abgegrenzte *Mikrosporen*-Mutterzellen, meist als Pollen-Mutterzellen bezeichnet. Wenn die Anthere anschwillt, teilt sich jede dieser »Mutterzellen« zweimal und bildet eine *Tetrade* von vier Pollenkörnern (Mikrosporen). Bei der zweiten Teilung wird die Chromosomenzahl halbiert. Dieser Prozeß, die bereits im dritten Kapitel erwähnte *Maiose*, bewirkt, daß jede Mikropore nur den halbierten Chromosomensatz aufweist, anstatt der doppelten Chromosomenanordnung, wie sie in den anderen Pflanzenzellen vorhanden ist. Dieser Doppelsatz in gewöhnlichen Zellen wird als *diploid* bezeichnet und meistens abgekürzt als *2n* bezeichnet, während der halbierte Chromosomensatz in den Geschlechtszellen durch *n* ausgedrückt wird. Man nennt diese Zellen dann *haploid*.

Bevor das Pollenkorn reift, teilt sich der Zellkern in seinem Inneren in zwei Teile, von denen einer der Zellkern der »Pollenschlauch-Zelle« wird, der andere, eine etwas verlängerte Zelle, bildet die »Keimzelle«. Diese teilt sich erneut in den meisten Fällen und bildet zwei Spermien, entweder ehe der Pollen austritt oder später, wenn er das Stigma erreicht und zu keimen begonnen hat. Diese winzige Menge von Gewebe innerhalb der Pollenwand, einschließlich der Spermien und der Pollenschlauch-Zelle, stellt in extrem reduzierter Form die ganze männliche gametophytische Generation dar, und – wie viele Botaniker sagen würden – die einzige wirklich männlich-sexuelle Phase im Leben einer Pflanze.

Betrachten wir nun den weiblichen Geschlechtsapparat, um zum sehen, wie seine Entwicklung zu der der männlichen Organe paßt, damit die Befruchtung eintreten kann. Im Fruchtknoten einer typischen Blütenpflanze sind die *ovula*, die sich später, nach der Befruchtung, zu Samen entwickeln, zunächst winzige Auswüchse. Ihr Inneres, das *Megasporangium*, besteht während ihres Wachstums aus einer Kernmasse von Zellen, dem *nucellus*, und ist von einer oder mehreren Schichten schützender Zellen umgeben, den *Integumenten*, die später die Samenhülle bilden. Eine winzige Öffnung, als *Mikropyle* bezeichnet, die unter dem Mikroskop erstaunlich einer weiblichen Uterusöffnung ähnlich sieht, befindet sich an der Stelle, an der die äußeren Zellschichten die Ovula nicht ganz umschließen. Und wie der Gebärmutterhals, dem er ähnelt, bietet die Mikropyle ebenfalls eine enge Röhre, durch die die Samenzellen zur Befruchtung des Eis wandern. Jedenfalls tun sie das in den meisten Fällen. Doch in der Natur gibt es den Begriff des »normalen« Sex nicht. Also gibt es auch Fälle, in denen die Pollenröhre oder der Pollenschlauch sich von hinten annähern und von dorther eindringen, um den Samen in das andere Ende des Ovulums zu ergießen.

Im Innern des Nucellus bildet sich eine einzelne größere Zelle, die *Megasporen*-Mutterzelle. Wenn diese Zelle ausgereift ist, teilt sie sich zweimal und bildet vier Megasporen. Und genau wie bei der vergleichbaren Zellteilung der Mikrosporen-Mutterzelle, die vier Pollenkörner bildet, wird auch hier durch Meiose die Chromosomenzahl halbiert, und jede Spore verfügt nur über *n*-Chromosomen. Im Unterschied zu den Pollenkörnern allerdings überleben nicht alle Megasporen. In den meisten Fällen verwelken und verschwinden drei von vieren in frühkindlichem Alter. Das vierte überlebt und hat keine Nahrungskonkurrenz. Sie wächst sich schnell zu einem ovalen Gebilde aus, das man als Embryo-Sack bezeichnet. Während dieser weiterwächst, spaltet sich der Kern in zwei Teile, diese dann in vier, und die vier in acht Zellkerne. Während des weiteren Größenwachstums driften die acht Zellkerne in zwei Gruppen zu je vier auseinander. Dann bewegt sich ein Zellkern aus jeder Gruppe zur Mitte, dort berühren sich die beiden, »umarmen« einander, vereinigen sich schließlich und bilden den *Fusionskern*.

Die drei restlichen Nuklei am geschlossenen Ende des Ovulums (man nennt sie *Antipodale*) haben wenig zu tun, und in den meisten Ovula verschwinden sie bald. Doch die drei am Eingang, an der Mikropyle, bilden Zellen: Die mittlere entwickelt sich zur Eizelle, ihre zwei Nachbarinnen zu beiden Seiten zu den sogenannten *Synergiden*. Bis diese Entwicklung abgeschlossen ist, hat das Ei seinen Reifungsprozeß beendet und ist zur Befruchtung bereit.

Es dauerte eine gewisse Zeit, bis die Wissenschaft durch mikroskopische Untersuchungen dieser langen und komplizieren Entwicklungsphase innerhalb des Ovulums die mögliche Funktion der Synergiden zu beiden Seiten »des Muttermundes« enträtselte. Da ja nur die Eizelle sich mit dem männlichen Gameten vereinigt, um ein neues Lebewesen zu bilden, was konnte also die Ausbildung zweier zusätzlicher und überflüssiger weiblicher Zellen bezwekken, die anscheinend weiter nichts taten, als herumzutrödeln und neugierig der Vermählung ihrer Schwester zuzuschauen? Handelte es sich da um ein ausgeklügeltes Ritual wie bei Hochzeitszeremonien unter Menschen? Und wenn, warum? Nach ausgedehnten Beobachtungen zur Verschmelzung zwischen Ei- und Samenzelle glauben Pflanzenbiologen heute die Antwort gefunden zu haben. Die zwei anscheinend überflüssigen Schwesterzellen sind keine bloßen Zuschauerinnen, sondern erfüllen eine wesentliche Funktion bei der Paarung: Sie leiten nämlich die männliche Geschlechtszelle zwischen sich hindurch und stellen so sicher, daß sie ihre Schwester erreicht und nicht irgendwo unterwegs »hängenbleibt«. Manche Forscher führen an, daß diese Aufgabe nicht immer anständig ausgeführt wird. Es soll vorkommen, daß eine der synergiden Zellen sich mit der männlichen Samenzelle paart, anstatt der Eizelle die Chance zu lassen. Man könnte sagen, der Bräutigam habe sich in diesem Fall mit einer der Brautjungfern, statt mit der Braut, eingelassen.

Wir wissen, daß das Pollenkorn nach der Ankunft auf dem Stigma keimt, eine Pollenröhre austreibt, die durch den Griffel in den Fruchtknoten bis zur Öffnung des Ovulums vordringt. Im Normalfall wandert der Zellkern des Pollenschlauchs zunächst selbst durch den Pollenschlauch, danach folgen die zwei männlichen Gameten, deren Bau wir bereits kennen. Wenn der Schlauch sich in und durch die Mikropyle gezwängt hat und bis zum Embryo-Sack vorgedrungen ist, platzt er an der Spitze auf, und die zwei Gameten werden freigesetzt. Diese haben eine längliche Gestalt und sind oft spiralig verdreht, so daß der Eindruck entsteht, als bewegten sie sich aktiv fort – was an die schwimmenden männlichen Zellen erinnert, die ihre primitiven Vorfahren waren. Einer der Gameten verbindet sich mit der Eizelle und bildet die Zygote, die dann zum Samenkorn wird und später, falls alles gutgeht, zur neuen Pflanze. Der zweite Gamet verbindet sich mit dem Fusionskern, der sich aus dem Zusammenschluß zweier Nuklei während der Entstehung des Embryo-Sacks bildete.

Da sowohl der männliche wie der weibliche Gamet während der Entwicklung eine Meiose durchmachten – also die Chromosomen auf die haploide Zahl n reduziert sind –, verdoppelt sich durch ihre geschlechtliche Verbindung die Chromosomenzahl wieder auf die diploide Zahl von $2n$. Also besitzt dann die Zygote wieder die gleiche Zahl von

Chromosomen wie die gewöhnlichen Körperzellen ihrer Elternpflanzen. Der andere männliche Gamet dagegen ist zwei zu eins unterlegen, wenn er sich mit dem Fusionskern vereinigt, denn dieser Fusionskern entstand durch eine, man könnte fast sagen homosexuelle, Verschmelzung zweier weiblicher Nuklei, die haploid waren und nun einen 2 *n*-Chromosomensatz besitzen. Das Hinzutreten des männlichen Gameten mit *n*-Chromosomen führt zu einer Dreierbeziehung, wobei zwei »Weibchen« sich mit einem »Männchen« zu einem *triploiden* Kern mit 3*n*-Chromosomen verbinden. Dieser wird der *primäre endosperme Nukleus*, aus dem sich das Nahrungsgewebe, das *Endosperm*, entwikkelt, das den Zellsack ausfüllt und von dem die Zygote lebt, während sie sich zum Samen auswächst, der der Embryo der neuen Pflanzen sein wird.

Nach der Verschmelzung mit den männlichen Gameten vergrößern sich das Endosperm und das befruchtete Ei in einem als *Mitose* bezeichneten Prozeß, bei dem sich die neue Zelle teilt, darauf ihre Tochterzellen, sobald sie ausgewachsen sind, ebenfalls, und dies setzt sich weiter so fort. Im Gegensatz zur Meiose erfahren diese Zellen keine Chromosomenreduktion; die aus dem befruchteten Ei entstehenden Zellen enthalten 2*n*-Chromosomen, die aus dem endospermen Nukleus 3*n*-Chromosomen. Es nahm viele Jahre mühsamer Forschungsarbeit in Anspruch, den gesamten Ablauf während und nach der Befruchtung zu erkennen. Doch heute wissen wir, daß die weiblichen Geschlechtsorgane neben ihrer traditionellen Rolle als Gefäß für den Nachwuchs auch noch den Beitrag von drei funktional wichtigen Fortpflanzungskernen liefern, gegenüber den nur zwei männlichen aus dem männlichen Geschlechtsorgan. Unter dem Mikroskop hat sich deutlich erwiesen, daß das weibliche Element nicht nur ebenso wichtig wie das männliche ist, sondern sogar noch wichtiger. Der eben dargestellte Befruchtungsablauf kennt natürlich zahlreiche Varianten, besonders was die Chromosomenzahl des Endosperms betrifft, doch scheint das Prinzip der weiblichen Überlegenheit in jedem Fall zuzutreffen.

Viele Begriffe, die wir für die Fortpflanzungsorgane bei Pflanzen verwenden, sind identisch mit jenen, die wir bei Tieren benutzen. Das ist weiter nicht erstaunlich, denn es waren nicht nur die Fortpflanzungssysteme der Tiere (insbesondere des Tieres Mensch) früher erforscht als die der Pflanzen, sondern es gibt auch einige sehr überraschende Ähnlichkeiten zwischen beiden Systemen. Das Wort *Plazenta* etwa, der »Mutterkuchen«, wie man das Gewebe bezeichnet, das einen Fetus im Mutterleib umgibt und ernährt und bei der Geburt des Babys als Nachgeburt abgestoßen wird, verwenden wir gleichfalls für jenen Teil der Fruchtknotenwand, auf dem die Ovula der Pflanzen sitzen. Botaniker betrachten die Anordnung der Plazenta, die sogenannte *Plazentation*, als eine sehr wichtige Unterscheidungsmöglichkeit zwischen Pflanzenfamilien.

Das Ei sitzt auf der Plazenta an einem *funiculus* (lat.: »dünnes Seil«) genannten Stengel, der die gleiche Funktion erfüllt wie die Nabelschnur bei tierischen und menschlichen Babys, nämlich Nahrung aus der Plazenta dem sich entwickelten Embryo zuzuführen. Die Ähnlichkeit ist dermaßen groß, daß zahlreiche frühere Botaniker den Funiculus als »Nabelstrang« bezeichneten (ebenso wie einige den Fruchtknoten als »Uterus« etikettierten). Um die Ähnlichkeit zur menschlichen und tierischen Anatomie vollständig zu machen: Der Funiculus bricht ab, wenn der Samen reif ist, und hinterläßt eine kleine Narbe (*hilum*), die man an größeren Samenkörnern mit bloßem Auge deutlich erkennen kann, etwa bei Bohnen. Diese Narbe ist das genaue Gegenstück zu unserem menschlichen Nabel, an dem einst die Nabelschnur mündete. Manche Botaniker nannten das Hilum früher ebenfalls »Nabel«.

Wenn die Samenkörner reif sind, müssen sie verbreitet werden, damit sie an eine Stelle gelangen, die für Keimung und Wachstum günstig ist. Die Verbreitungsmethoden für die Samen sind ebenso vielfältig wie die Methoden des Transports von Pollen zu den weiblichen Organen der Blüten, und es werden die gleichen Zwischenträger eingesetzt: Wind, Wasser und Tiere. Der Lufttransport wird dabei wohl am häufigsten verwendet. Samenkörner und Früchte haben oft Auswüchse, vermittels derer sie beträchtliche Strecken vom Wind getragen werden können, ehe sie zu Boden fallen. Man denke an die winzigen Fallschirmfrüchte des Löwenzahns (*Taraxacum*) und des Lattichs (*Lactuca*), an die gefiederten Griffel der Clematis und Anemone, an die Hubschrauberflügel des Ahorns, der Linde oder der Esche. Manche Samen sind so klein und leicht, daß sie unter günstigen Bedingungen vom Wind verweht werden können, ohne daß sie besondere Einrichtungen benötigen, um sich in der Luft zu halten. Einige Hülsen und Samenkapseln brechen auf und verstreuen die Samenkörner nach außen. Eine elegante und hocherfolgreiche Verbreitungsform ist die der Mohnkapsel, die wie ein Pfefferstreuer dicht unter der Kappe einen Ring kleiner Löcher aufweist. Im Wind schaukelt der Stengel der Pflanze hin und her, und die Mohnsamen werden aus dem Streukopf kreisförmig herausgeschüttelt.

Auch das Wasser verbreitet die Samen vieler Pflanzen, so etwa die großen Kokosnüsse. Sie haben eine fast undurchdringliche Schale. Oder die kleinen Samen des Riedgrases, die sich in wasserabstoßenden Schutzhüllen schwimmfähig halten. Viele Samen lassen sich ein Stück weit, sozusagen per Anhalter, von Tieren (und Menschen) mitnehmen, indem sie Borsten, Widerhaken, Dornen und Stacheln verwenden, mit denen sie sich an Fell oder Kleidung festhaken. Manche Samen werden freiwillig mitgenommen, weil sie eßbar oder in eßbaren Früchten eingebettet sind. Das Tier verliert vielleicht einige oder spuckt einige Samen aus. Eichhörnchen tragen Nüsse fort, und was nicht sofort verzehrt wird, wird im Boden als Nahrungsvorrat vergraben. Aufgrund dieser Gewohnheit erwarb sich das Eichhörnchen den vollkommen unzutreffenden Ruf, daß es ein intelligentes, sparsames Geschöpf sei, das stets für den nächsten Tag vorsorge. Aber in Wirklichkeit verfügt es nur über ein ziemlich spärliches Erinnerungsvermögen und vergißt recht oft, wo es seine Nüsse vergraben hat. Darum keimen viele davon, da sie genau in der rechte Tiefe »gepflanzt« wurden, und wachsen zu Nußbäumen heran.

Manche Samenkörner besitzen große Widerstandskraft gegen Verdauungssäfte und passieren die Eingeweide von Tieren unbeschädigt, bleiben erhalten und können keimen. So sind beispielsweise prachtvolle Tomatenpflanzen in der Nähe von Kläranlagen zu finden. Andere Pflanzen brauchen weder Wind noch Wasser, noch tierische Transportmittel, um ihre Samen zu verbreiten, weil sie Mechanismen erfanden, diese selbst zu verstreuen. Manchmal sind diese Mechanismen explosiv, so etwa bei Angehörigen der Familie der Schmetterlingsblütler wie dem Stechginster (*Ulex europaeus*), dessen Schoten sich nach der Reifung einfach aufspalten und verdrehen und die Samenkörner in die Gegend verschießen. Dann gibt es das Springkraut »Rührmichnichtan« (*Impatiens noli-tangere*), das seine reifen Früchte bei der kleinsten Berührung mit solcher Heftigkeit ringsum verschleudert, daß es sogar schmerzt, wenn man getroffen wird. Aber den stärksten »Knall« vollbringt wohl der Sandbüchsenbaum (*Hura crepitans*), ein tropisches Mitglied der Wolfsmilchgewächse, bei dem nach der Explosion der Samenkapsel die Körner mit solcher Geschwindigkeit durch die Gegend wirbeln, daß man Augenschäden davontragen kann, wenn man unglücklicherweise in der Nähe ist.

Ein interessantes Beispiel für einen Doppelmechanismus von Schleudertechnik und Tiertransport zur Verbreitung des Samens fanden wir in einer neueren Forschungsarbeit über eine nordafrikanische Veilchenart. Dort findet die Samenverschickung in zwei Stadien statt. Im ersten, dem »ballistischen« Stadium, werden die Samen wie aus einem Gewehrlauf mit ziemlicher Kraft abgeschossen und verteilen sich ringsum. Dann werden sie von Ameisen entdeckt, die sie eifrig in ihren Bau schleppen. Auf der Außenhaut der Samenkörner befinden sich besondere Nahrungssubstanzen, die den Ameisen als unerhört köstlich vorkommen. Doch wenn sie die äußeren Zellen der Samen abgenagt haben, haben sie weiter keine Verwendung für die Körner. Sie schleppen sie aus ihren Nestern heraus und lassen sie in der Umgebung niederfallen. Wenn die Bedingungen günstig sind, beginnen die Samen dann sehr bald zu keimen. Bemerkenswert ist dabei, daß Körner, die von den Ameisen nicht »behandelt« worden sind, sehr viel länger brauchen, um zu keimen, wenn sie dies überhaupt tun. Des Rätsels Lösung fand man durch eine vergleichende Untersuchung der Samen: Wenn die Ameisen die Nahrungspartikel abfressen, beißen sie auch einen Teil der harten Samenschale weg, und dies bewirkt, daß die Schale nun sehr viel leichter von Wasser durchdrungen wird, das den Embryo im Innern zum Schwellen bringt; und dieser kann seinerseits bei Keimen sehr viel leichter durch die Schale dringen.

Eine der merkwürdigsten Vertriebsmethoden für Samen ist diejenige mit Hilfe von Elefanten. Die Pflanze, die diesen Trick anwendet, ist *Rafflesia arnoldii*, eine in Südostasien auf den Wurzeln von Dschungelbäumen schmarotzende Art, die die größten Blüten der Welt produziert: Sie erreichen einen Durchmesser von einem Meter. Die Pflanze besitzt weder einen normalen Stengel noch normale Blätter, sondern lebt sozusagen im Untergrund, bis ihre riesige bräunliche, übelriechende Blüte durch die Erde stößt und sich auf dem Boden breitmacht. Nach der Bestäubung durch Fliegen und Käfer entwickelt sich die fleischige Frucht. Nun steht die Pflanze vor dem Problem, wie die Samen in dieser Frucht tief genug unter die Erde gebracht werden können, um an die Wurzeln der Bäume zu gelangen, von denen sie sich ernährt. Die Elefanten liefern die Lösung. Sie sind die einzigen Tiere, die schwer genug sind, daß ihre Füße tief genug im Erdreich versinken. Sie trampeln auf den breiigen Früchten herum, die Samenkörner kleben an ihren Füßen fest. Und wenn der Früchtebrei getrocknet ist und die Samenkörner abzufallen beginnen, sind die Elefanten längst in einen anderen Bereich des Urwalds gezogen, wo sie dann die Samenkörner genau in der richtigen Tiefe »pflanzen«.

Bisher haben wir in diesem Kapitel Befruchtung, Schwangerschaft und Verbreitung des Nachwuchses bei Pflanzen behandelt. Wir werden mit einem Beispiel schließen, das nicht nur Befruchtung und Schwangerschaft, sondern auch eine Art Geburtenkontrolle zeigt. Es geht hier um die außergewöhnliche Lebensgeschichte einer Palmlilien-Art, *Yucca glauca,* die im Südwesten der USA und in Mexiko wild wächst. Ihre glockenförmigen gelblich-weißen Blüten können sich unmöglich selbst befruchten, weil die Antheren und das Stigma einander nie berühren können. Die Blüten sind daher restlos von einer kleinen Motte, der *Tegiticula yuccasella,* abhängig, um befruchtet zu werden, die hinwiederum mit dem Nahrungsnachschub für ihren Nachwuchs vollkommen von der Yucca abhängt. Während ihres gesamten Erwachsenenlebens frißt die Yuccamotte überhaupt nicht. Die Weibchen dringen in die Yuccablüten ein, wenn diese sich abends öffnen, und sammeln den Pollen von den Antheren. Sie rollen ihn, eine klebrige, kittähnliche Masse, zu einem Ball, den sie dann unter dem »Kinn« transportieren und immer weiter vergrößern. Wenn der Pollenball weit dicker ist als der Kopf der Motte, klettert sie auf die weiblichen Geschlechtsorgane der Blüte, steckt ihre Legeröhre durch die Zellwand des Fruchtknotens und setzt ein Ei ab. Danach klettert sie auf die Narbe und deponiert dort einen Teil ihres Pollenballs. Als nächstes legt sie ein weiteres Ei in den Fruchtknoten, packt wieder ein Stück ihres Pollenballs auf das Stigma und wiederholt das Ganze so lange, bis ihr Pollenvorrat, ihr Eivorrat und schließlich sie selbst erschöpft sind; dann stirbt sie.

Wenn die Larven aus dem Ei schlüpfen, beginnen sie im Fruchtknoten die Samen zu verzehren, die sich nun aus den pflanzlichen Ovula entwickeln. Mehrere der Samen werden von den Mottenlarven gefressen, aber da es im Fruchtknoten genug davon gibt, richtet dies keinen großen Schaden an. Ja, eigentlich läßt es den Übrigbleibenden mehr Entwicklungsspielraum bei weniger Konkurrenz: ein Musterbeispiel für die Vorteile, die es mit sich bringt, wenn der Nachwuchs durch praktische Geburtenkontrolle vermindert wird.

Nachdem sie sich mit Samengewebe vollgefressen haben, nagen sich die Larven durch die Wand des Fruchtknotens hindurch einen Weg in die Freiheit und entrinnen so ihrem Kindergarten. Dann spinnen sie einen seidigen Faden, an dem sie sich auf den Boden niederlassen. Dort graben sie sich ein und verpuppen sich. In diesem Zustand bleiben sie den ganzen Winter über. Wird der Erdboden wärmer, fangen sie an, sich zu bewegen, und im Sommer treten sie dann als erwachsene Motten auf dem Kampfplatz des Lebens – kurz bevor die Pflanze wieder zu blühen beginnt. Die Mottenmännchen durchleben eine kurze, schwindelerregende Periode, während der sie die weiblichen Motten »jagen« und befruchten. Dann sterben sie vor Erschöpfung. Und wenn die Blüten der Yucca sich öffnen, können die Mottenweibchen von neuem ihre Eier ablegen, und der Zyklus beginnt von vorn.

Auf dem Gebiet der Sexualität von Pflanzen bietet die Yucca das bemerkenswerteste Beispiel einer sehr präzisen Befruchtung, die ein Insekt nicht bei Gelegenheit der Nahrungssammlung durchführt, sondern um einen Nahrungsvorrat für den Nachwuchs anzulegen, den es nie sehen wird.

X

Von Jungfrauen und ihren Nachkommen

Obwohl es ihm Tierreich Beispiele für Jungfernzeugung (*Parthenogenese*) gibt, scheint sie doch mehr oder weniger auf die allerprimitivsten Organismen beschränkt zu sein. Das bestbekannte Beispiel ist das der Blattlaus oder *Aphis*, jener Pest unserer Gartenpfianzen. Weibliche Läuse bringen Generationen junger Schädlinge hervor, ohne vorher befruchtet worden zu sein, und dies erscheint als ein recht vernünftiges Arrangement, wenn es zu wenige oder keine Männchen zur Paarung gibt. Doch folgen auf eine jungfräulich geborene Generation mehrere geschlechtlich erzeugte Aphiden-Generationen, die durch normale Begattung entstehen. Sexualität ist also ein notwendiger Bestandteil des Lebenszyklus von Blattläusen, die durch den Austausch von Genen die Variationsfähigkeit ihrer Arten erhalten.

Bei vielen höheren tierischen Organismen, die man für parthenogenetisch gehalten hatte, stellte sich später heraus, daß sie sich geschlechtlich fortpflanzen. Beispielsweise setzen mehrere lebendgebärende Tropenfische – wie der beliebte Aquariumfisch Guppy – die Produktion von Nachwuchs noch lange dann fort, wenn sich kein Männchen mehr in ihrem Wasserbehälter befindet. Allerdings stellt man dann meist fest, daß irgendwann in der Vergangenheit eine Kopulation stattgefunden hat und daß das Weibchen seither eine »Samenbank« mit sich herumträgt, aus der es für den Rest seines Lebens alle Eier befruchten kann.

Bei höheren Tieren scheint es keine authentischen Fälle

von Parthenogenese zu geben. Sicher, die Menschen kreierten verschiedene Religionen, in der die Jungfrauengeburt eine zentrale Glaubensvorstellung bildet, doch handelt es sich dabei ihrer Meinung nach ohnehin nicht um die gewöhnliche Form der Fortpflanzung, sondern um eine sehr seltene – in manchen Fällen um eine, die sich nur ein einziges Mal ereignet. Außerdem ist diese Glaubensvorstellung keine biologische, sondern eine theologische Konstruktion und gründet sich auf die Annahme, daß, wenn die Menschheit insgesamt sündhaft sei, die einzige Möglichkeit für ein göttliches Wesen, in der Mitte zu erscheinen, darin bestehe, daß ein solcher Gott eine menschliche Frau direkt befruchtet und sie als »Gefäß« für seinen Samen wählt.

Im Reich der Pflanzen allerdings ist Parthenogenese weit verbreitet. Bei manchen Pflanzenarten ist sie eine normale, bei anderen die einzige Fortpflanzungsmethode. Der biologische Begriff für diese ungeschlechtliche Vermehrung lautet *Apomixis* (wörtlich: »ohne Begattung«). Sie kann auf unterschiedlichste Art und Weise stattfinden.

Faßt man den Begriff sehr weit, dann kann die Apomixis von einfacher vegetativer Vermehrung, bei der nicht einmal unbedingt Blüten beteiligt sein müssen, bis zur vollen Produktion von Blüten, Früchten und Samen ohne geschlechtliche Vereinigung reichen. Allerdings ist in manchen Fällen ein gewisses sexuelles Stimulans, ein gewisses Vorspiel für den Prozeß nötig. Die einfachste Methode vegetativer Vermehrung ist die Ausbreitung einer Pflanze, wie sie bei vielen Kräuterbüscheln, die Gartenränder einfassen, vorkommen; hierbei erfolgt gelegentlich ein Absterben der inneren Pflanzenteile, so daß sich die neuen Pflanzen außerhalb der ursprünglichen Gruppe bilden. Die zweiteinfachste Methode besteht darin, Ausläufer mit neuen Pflanzen auszusenden, entweder über dem Boden, wie bei der Erdbeere, oder unterirdisch, wie bei der Gemeinen Quecke (*Agropyron repens*), diesem schädlichen Unkraut, das seine Triebe durch härtesten Boden, ja, sogar durch Steine treibt und unterwegs immer neue Pflanzen ans Licht schickt.

Etwas eingeschränkter umfaßt der Begriff »Apomixis« auch die Produktion getrennter Organe, sogenannter *Propagulen* oder *Frusteln*, die von der Mutterpflanze getrennt und eine Zeitlang in einem Zustand reduzierter Belebtheit verweilen können, bis man sie auspflanzt, wonach sie aus dem in ihnen aufgespeicherten Gewebe Wurzeln und Stengel treiben und zu neuen Pflanzen werden können. Die bekanntesten Beispiele dafür sind: Zwiebeln, etwa die unserer Tulpen, die eigentlich fette Knospen sind; ferner Kormophyten wie bei Krokussen, bei denen die Ableger eigentlich verändertes Wurzelgewebe sind; oder Knollen wie bei der Kartoffel. Kleine abgewandelte Zwiebeln (*Bulbillen*) findet man bei einigen Pflanzen, so den Laucharten, beim Scharbockskraut (*Ranunculus ficaria*), einem Unkraut, das sich sehr leicht ausbreitet, da die in großen Mengen hervorgebrachten winzigen Zwiebelchen unter die Erde wandern, wenn man sie an der Oberfläche liegen läßt. Mehrere Gräser, oft als *vivipar* (»lebend gebärend«) bezeichnet, treiben am Oberende der Stengel sehr kleine Bulbillen; eine typische Art dafür ist der vivipare Wiesenschwingel (*Festuca vivipara*). Wenn dessen Zwiebeln reif sind, brechen sie vom Stengel und können dann vom Wind oder im Fell von Tieren wie Samenkörner fortgetragen werden, denen sie übrigens recht ähnlich sehen.

Viele Botaniker wollen die Apomixis allerdings auf jene Fälle beschränkt wissen, bei denen echte Samen und Embryos ohne vorherige sexuelle Verbindung entstehen. Man nennt diese Pflanzen *agamospermisch*, was bedeutet, daß sie

»Samen ohne Hochzeit produzieren«. Dieser Vorgang kann auf vielfältige Weise vonstatten gehen. Einmal kann er davon herrühren, daß der entsprechende Teil des Ovulums die Reduktion auf die nötige Zahl von Chromosomen nicht geleistet hat. Das Stadium, in dem dieser Vorgang, die Meiose, normalerweise stattfindet, ist dann bereits überschritten; also bleibt die Chromosomenzahl $2n$, und es können sich diploide Embryonen zu Samenkörnern entwickeln, ohne daß eine Befruchtung stattgefunden hätte. Man kann solche Embryos nicht regelrecht als Zygoten bezeichnen, da sie ja nicht aus der Verschmelzung der weiblichen und männlichen Gameten hervorgingen. Manchmal entstehen sämtliche Samen einer Pflanze auf diese Weise; dann sind sie natürlich alle mit der Mutterpflanze genetisch identisch, da ihnen die Chromosomenreduktion oder die Neuverteilung von Genen fehlt. Manchmal auch bringt die gleiche Pflanze einen Teil der Samen ungeschlechtlich, einen anderen geschlechtlich hervor, so daß bei letzteren also die Meiose *und* die Befruchtung stattgefunden haben.

Wie zu erwarten ist, zeigen sich bei der Apomixis in gewisser Weise die gleichen Ergebnisse wie bei der Inzucht, das heißt, bei der Selbstbefruchtung, bei der die weiblichen Organe entweder Pollen aus der gleichen Blüte oder von einer Blüte der gleichen Pflanze oder von einer Pflanze des gleichen Klons empfangen. In allen drei Fällen sieht der Nachwuchs den Eltern ähnlich, weil er dieselbe genetische Struktur hat wie sie. Allerdings deuten allerneueste Forschungen darauf hin, daß der genetische Status, den diese zwei verschiedenen Prozesse, Apomixis und Selbstbefruchtung, hervorbringen, in Wahrheit ganz unterschiedlich sein kann. Da die Selbstbefruchtung ein geschlechtlicher Vorgang ist, macht sie den Genaustausch während der Chromosomenreduktion und der Gametenverschmelzung möglich. Nach vielen Generationen derartiger Selbstbefruchtung tendieren die Nachkommen dazu, homozygotisch zu werden – das heißt, jedes Chromosomenpaar ähnelt sich in seinen Genen. Die Angehörigen einer jeden Generation werden untereinander und mit den Eltern identisch. Inzest macht Variationen unmöglich. Da jedoch die Fortpflanzungsmethode weiterhin geschlechtlich bleibt, besteht immerhin die Möglichkeit einer Kreuzpollination durch eine fremde Pflanze. Wenn dies, wie selten auch immer, geschieht, treten Varianten auf; doch die nachfolgenden Generationen, die wieder durch Selbstbefruchtung entstehen, gehen dann erneut in Richtung auf Uniformität.

Eine weitere, ziemlich erfolgreiche Methode bei gewissen Pflanzenarten ist die: Es werden einige Blüten getrieben, die von Insekten kreuzbestäubt werden, wodurch Variationen entstehen, und andere Blüten, die sich selbst bestäuben und so die Kontinuität (und Uniformität) erhalten. Eine dieser Arten ist das Duftende Veilchen (*Viola odorata*) mit seinen zwei völlig verschiedenen Blütensorten. Eine von ihnen ist auffallend, duftend und ist für Bienen anziehend, die sie eifrig besuchen und die Kreuzbestäubung bewirken. Dies sind die Veilchenblüten, die auch für uns Menschen angenehm sind. Aber zusätzlich produziert die Pflanze zu gewissen Zeiten auch noch kleine Blüten, die geschlossen bleiben und von den meisten Menschen überhaupt nicht entdeckt werden. Diese *kleistogamen* Blüten (griech.: »Heirat hinter verschlossener Tür«) befruchten sich in geschlossenem Zustand selbst. Stempel und Staubgefäße sind kurz und berühren einander fast; die Pollenkörner keimen bereits, während sie noch auf den Antheren sitzen, und wenn sie fortgeschleudert werden, brauchen sie nur eine kurze Strecke bis zur Narbe zu überwinden, durch den kurzen Stempel bis in den Fruchtknoten vorzudringen und die Befruchtung auszulösen. Solche kleistogamen Blüten scheinen gewöhnlich unter ungünstigen Bedingungen aufzutauchen, wenn es nur wenige oder keine bestäubenden Insekten gibt. An ihnen erweist sich, wie sparsam die Natur zuweilen mit ihren Ressourcen umgeht: Wozu sich Mühe und Kosten schaffen, attraktive Blüten zu treiben, wenn keine brauchbaren Freier in der Nähe sind? Auch andere Gattungen, etwa der Waldsauerklee (*Oxalis acetosella*), wenden diese Methode an.

Verschiedene Arten haben Blüten, die zwar nicht ständig kleistogam sind, es aber im Notfall werden können. Unter günstigen Umständen sind sie für Insektenbesucher geöffnet; sie bleiben aber geschlossen, wenn es kalt, windig, naß oder sonstwie so unangenehm ist, daß der Kunde sich wahrscheinlich lieber zu Hause verkriecht, als sich herauszuwagen. Die Geschlechtsorgane der Blüte wachsen während dieser Zeit weiter und dehnen sich aus, und wenn die Blumenblätter über lange Zeit geschlossen bleiben, werden die weiblichen und die männlichen Teile gegeneinandergepreßt. Vertragen sie sich, tritt die Befruchtung ein.

Es ist vielleicht zweifelhaft, ob man für eine derartige Selbstbefruchtung das Wort »jungfräulich« verwenden kann, da ja ein Geschlechtsakt stattfindet, wenn auch die Blüten sozusagen »mit sich selber schlafen«. Wenden wir uns deshalb wieder der Apomixis zu, bei der Sex überhaupt nicht auftritt und die Jungfräulichkeit bewahrt bleibt – sofern wir Jungfräulichkeit im üblichen Sinn als den völligen Mangel an sexueller Erfahrung verstehen wollen.

Die Nachfahren aus einer Selbstbefruchtung unterscheiden sich von jenen aus einer Apomixis dadurch, daß sie meist homozygotisch sind, die letzteren heterozygotisch: Die Chromosomen jedes Paares unterscheiden sich in ihren Genen voneinander. Und sie werden sich weiterhin unterscheiden, weil ihnen die sexuelle Vermischung versagt ist, die zur Uniformität der selbstbefruchteten Blumen führt. Es gibt Beweise dafür, daß viele apomiktische Pflanzen als Hybriden verschiedener Arten auftraten und damit eine gemischte Genstruktur besaßen. Aufgrund dieser Mischkonstitution stellten sie sozusagen die »Maulesel« des Pflanzenreichs dar: Sie sind völlig steril und haben keine Aussichten, auf geschlechtlichen Weg je Nachwuchs zeugen zu können. Dieser Hybridcharakter wurde an einigen Arten nachgewiesen, so an den apomiktischen Ebereschen (*Sorbus*-Arten), und manche Botaniker sind der Ansicht, daß die meisten, wenn nicht alle derartigen Apomikten (um ihr Namenskürzel zu verwenden) als Hybriden auf die gleiche Weise entstanden seien.

Wegen dieser gemischten genetischen Struktur haben viele Apomikten eine sehr große Zahl von sogenannten »Mikrospezies«: Abkömmlinge, die zwar mit ihren Eltern identisch sind (da sie ja tatsächlich ein Teil von ihnen sind), die sich aber dennoch in winzigen Einzelheiten von ihnen und voneinander unterscheiden, etwa durch geringe Variationen in Behaarung und Blattform. Derartige Mikrospezies liefern Botanikern die prachtvolle Gelegenheit, immer neue Variationen zu entdecken, die sie dann als neue Spezies *smithii* oder *meyerii* mit ihrem eigenen Namen behängen dürfen. Von den obligaten Apomikten (Arten, die sexuell völlig impotent sind und sich durch Apomixie fortpflanzen *müssen*) gibt es Beispiele in der Korbblütler-Familie, in der man hunderte verschiedener Mikrospezies identifizierte und auf diese Weise benannte, etwa in der Gattung Löwenzahn (*Taraxacum*) und bei den Habichtskräutern (*Hieracium*).

Man könnte sich fragen, warum solche Arten, die sich nicht mit geschlechtlicher Vermehrung befassen, überhaupt große und attraktive Blüten produzieren, die Bienen und andere Insekten anziehen. Wozu soll das gut sein, wenn dabei kein sexueller Gewinn herausspringt? Die Antwort ist anscheinend, daß diese Apomikten teilweise aus Arten entstanden sind, die sich früher einmal geschlechtlich fortpflanzten, bei denen aber die männlichen Organe ihre Potenz verloren haben und überflüssig geworden sind. Ein Beispiel dafür ist der Frauenmantel (*Alchemilla*), bei dem die Stamina teilweise nur noch rudimentär vorhanden, teilweise völlig verschwunden sind, während die Antheren, sofern vorhanden, entweder keinen Pollen enthalten oder so unregelmäßige Pollenkörner, daß sie impotent sind. Es gibt jedoch noch einen anderen Erklärungsversuch dafür, warum einige dieser Apomikten Blüten zum Anlokken von Insekten haben könnten: Wenn ein Insekt sich in einer Löwenzahnblüte verlustiert, dann vernachlässigt es andere Blütenarten in der Umgebung, die seine Aufmerksamkeiten zu Befruchtungszwecken brauchen könnten. Indem also der Löwenzahn die Insekten an sich lockt, verringert er für sich den Konkurrenzdruck und erweitert möglicherweise sein Verbreitungsgebiet.

Oft verläuft der Prozeß der Apomixie selbstgesteuert: Der Samen entwickelt sich ohne äußere Stimulierung. In manchen Fällen aber – und das ist recht bemerkenswert – kann er nicht einsetzen, ohne daß eine Stimulierung durch Pollen stattfand. Ein »Vorspiel« dieser Art, auch wenn es nicht zu einem vollständigen Geschlechtsakt führt, ist nötig, um die Produktion der Embryos in Gang zu setzen. Manchmal scheint die Anregung nur darin zu bestehen, daß der Pollenschlauch in den Stempel eindringt; manchmal scheint die Verschmelzung des zweiten männlichen Spermiums mit dem endospermen Kern Bedingung für die Auslösung des Fortpflanzungsprozesses zu sein. Eine solche Methode, die sexuell beginnt, aber dann nicht bis zum Ende geht, nennt man *Pseudogamie* (»Schwindelheirat«).

Neben den obligaten gibt es auch einige fakultative Apomikten, das heißt, diese Pflanzen können die Geschlechtlichkeit wählen, sie können es aber auch bleiben lassen. Fingerkraut-Arten – z. B. *Potentilla argentea* und *P. verna*, das Silber- und das Frühlings-Fingerkraut – besitzen Blüten, die sexuell noch funktionstüchtig sind und gelegentlich eine neue Kreuzung hervorbringen; diese kann sich dann, sofern sie überlebensfähig ist, apomiktisch fortpflanzen. Auf diese Art holen sich die Fingerkräuter das Beste aus beiden Welten, aus der geschlechtlichen und aus der ungeschlechtlichen.

XI

Allerlei Liebeszauber

Lange bevor man entdeckte, daß Pflanzen ein Geschlechtsleben besitzen, setzten Menschen sie bereits für ihre eigenen sexuellen Bedürfnisse ein, und dies tun sie noch heute. Die Düfte und Farben der Blumen sind von der menschlichen Spezies für die Stimulierung ihrer Sexualität als so wesentlich empfunden worden, daß sie noch heute ihre Bedeutung bei Fruchtbarkeitsriten, Hochzeitszeremonien und im Liebesleben der primitivsten wie den höchstentwickelten Gesellschaften besitzen. Enorme Mengen von Blüten werden jährlich gezüchtet, aus denen die Parfümhersteller die wohlriechenden Öle und Essenzen entnehmen, destillieren und anschließend mit anderen Ingredienzen ihrer Produkte vermischten. Zu Reklamezwecken behaupten sie dann, ihre Duftwässerchen erregten ein so starkes erotisches Begehren, daß er/sie oder sie/ihn ganz einfach lieben *muß*. Die aphrodisierende Wirkung der Blütendüfte wurden in diesem Buch bereits mehrmals erwähnt. Obwohl die Düfte ursprünglich entwickelt wurden, um Insekten anzulocken, schienen sie nicht nur bei Tieren, sondern auch bei Menschen auf jenen für die sexuelle Erregung äußerst wichtigen Sinn, den Geruchssinn, einzuwirken. Und so haben wahrscheinlich schon bei den frühesten Menschen pflanzliche Düfte in die geschlechtlichen Erfahrungen mit hineingespielt.

Wir haben gesehen, daß viele Blütendüfte Insekten anlocken, indem sie deren eigenen Geschlechtsgeruch imitieren. Die Menschen, zumindest in modernen Industriegesellschaften, haben nur noch wenige oder gar keine eigenen Geschlechtsdüfte mehr: Die Abstumpfung unserer Geruchsnerven, die Luftverschmutzung und die künstlich erzeugten Schuldgefühle gegenüber Sex und Körpergeruch haben uns der natürlichen erotischen Stimulierung durch die Nase beraubt. Aber das ist natürlich gut fürs Geschäft. Die gleichen Firmen, die durch den Verkauf ihrer Deodorantien profitieren, scheffeln auch Geld, indem sie Parfüms vertreiben, die den durch die Deodorantien verursachten Mangel wieder beheben sollen. Doch wenn unsere ursprünglichen körperlichen Eigengerüche vollkommen unterdrückt werden, sind Blütendüfte allein nicht stark genug, uns sexuell zu stimulieren; also verwendet man für die »aufregenderen« – und teureren – Parfüms auch Gerüche, die Tiere zur sexuellen Stimulation verwenden.

Moschus, das Sekret aus einer zusätzlichen Geschlechtsdrüse des Moschushirschen, soll durch seinen intensiven Duft eigentlich nur das weibliche Tier dazu animieren, »ihn« als sexy zu empfinden. Anscheinend funktioniert es aber auch bei Menschen; denn es gilt seit dem Altertum und heute mehr noch als je zuvor als kostbarer aphrodisiakischer Duftstoff. Sein Preis auf dem Weltmarkt ist viermal so hoch wie der des Goldes. Auch die Geschlechtsdüfte anderer Tiere werden auf ähnliche Weise eingesetzt, so die der Zibetkatze, die man in Fallen fängt, in Käfige steckt, die kaum Bewegungsfreiheit erlauben, und dann alle paar Tage neckt und aufregt, bis sie aus den Geschlechtsdrüsen eine intensiv riechende Substanz absondert, die man unter ihrem Schwanz abschabt und an die Parfümhersteller verkauft. Sämtliche dieser tierischen Sekrete sind zu kräftig (und zu teuer), als daß man sie pur verwenden könnte: Also mischt man sie mit den sanfteren

Pflanzendüften zu jenen Produkten, die beim Menschen sexuelles Verlangen erregen und die Erfüllung dieses Verlangen fordern sollen.

Neben dem Duft spielte durch alle Zeitalter auch die äußere Erscheinung der Pflanzen eine bedeutende Rolle bei den sexuellen Bräuchen und Techniken der Menschen. Ihre – eingebildeten oder echten – Wirkungen als Anreger zur Liebesleidenschaft (oder doch wenigstens zur Duldsamkeit auf seiten des ersehnten Objekts) wurden in Pflanzenbüchern, medizinischen Werken und Schriften über Magie seit uralten Zeiten beschrieben. Jede Kultur besitzt ihren eigenen Vorrat an entsprechenden Gebräuchen auf diesem Gebiet: von praktischen Anleitungen darüber, welche Pflanzen oder Pflanzenextrakte ein Mann benutzen sollte, um eine Erektion zu erreichen, bis hin zu Anweisungen, wie ein Mädchen durch Einsatz der richtigen Kräuter in Verbindung mit magischen Sprüchen einen jungen Mann veranlassen könne, sich auf der Stelle in sie zu verlieben.

Einer der wichtigsten Glaubensartikel über die Kraft der Pflanzen als Helfer in Liebesnöten leitete sich aus der sogenannten *Signaturenlehre* her. Diese schon in vorgeschichtlicher Zeit und in der Antike verbreitete Lehre besagte, daß die äußere Erscheinungsform einer Pflanze einen Hinweis auf ihre Arzneiwirkung liefere. Da die Windungen der Walnüsse denen des menschlichen Gehirns ähneln, glaubte man beispielsweise, diese seien ein sicheres Mittel gegen Gehirnerkrankungen. Die Ähnlichkeit der Blätter des Lungenkrauts mit der menschlichen Lunge »bewies«, daß sie ein sicheres Heilmittel bei Erkrankung der Atmungswege ist. Da es nicht schwierig ist, Ähnlichkeiten zwischen Teilen von Pflanzen und menschlichen Geschlechtsorganen zu entdecken, glaubte man aufgrund der Signaturenlehre, daß solche Pflanzen dazu bestimmt seien, sexuelle Leistungen zu fördern.

Einer der frühesten Hinweise auf diese Lehre findet sich im Alten Testament. Das *Erste Buch Mose* erzählt, daß »Liebesäpfel«, zur Zeit der Weizenernte gepflückt, Jakobs Frauen Lea und Rahel zu dem erwünschten Kindersegen verhalfen. Die Überlieferung hat die scheinbar zu großer Fruchtbarkeit verhelfende Pflanze mit der Mandragora (*M. officinarum*) identifiziert, deren Wurzel uns als Alraune bekannt ist und in der Alchemie bis zu Beginn des vorigen Jahrhunderts eine bedeutende Rolle bei allem möglichen magischen Hokus-pokus spielte. Das Gewächs ist eine nahe Verwandte der Tollkirsche (*Atropa belladonna*), und ihre Früchte bewirken nach dem Verzehr wahrscheinlich einen tiefen Betäubungsschlaf, wenn nicht Schlimmeres, kaum aber geschlechtliche Aktivität. Zu Shakespeares Zeiten galt die Mandragora offenbar als sicheres Schlafmittel, denn es heißt im *Othello*: »Mohnsaft nicht noch Mandragora noch alle Schlummersäfte der Natur verhelfen je dir wieder zu dem süßen Schlaf, den du noch gestern hattest.«

Der Grund für den Glauben an die potenzfördernde Wirkung der Alraune liegt in der gegabelten Form ihrer Wurzel, die erstaunlich der menschlichen Leistengegend ähnelt. Kräutersammler aus vergangener Zeit behaupteten, es gebe davon zwei Arten, eine männliche und eine weibliche; die männliche habe einen zapfenförmigen Auswuchs zwischen den »Beinen«, die weibliche einen Spalt.

Der Glaube an die Ähnlichkeit zwischen Alraunen und dem menschlichen Körper war so stark, daß man sich auch andere Entsprechungen einredete. Man war überzeugt, die Wurzeln würden – sofern man sie nicht mit äußerster Behutsamkeit ausgrabe – schreien und den Sammler zum Wahnsinn treiben. Während des Mittelalters glaubte man, es sei nötig, in der Hochzeitsnacht am Brautbett ein einigermaßen erotisch wirkendes Stück Alraunwurzel am Kopfende aufzuhängen, wenn die Ehe glücklich und fruchtbar werden solle. Auf den Jahrmärkten erzielten die bestgeformten Stücke hohe Preise, und skrupellose Händler pflegten Teile ganz anderer Wurzeln (etwa der Gemeinen Zaunrübe) zu verhökern, die so geschickt zurechtgeschnitzt waren, daß sie der echten Alraune ähnelten.

Noch viele andere Pflanzen, die Geschlechtsorganen ähneln, wurden gleichermaßen verwendet, um den Geschlechtsakt günstig zu beeinflussen und ein befriedigendes Ergebnis zu garantieren. Über die »Satyrion-Wurzel« – nach den stets zur Lust bereiten Satyrn Griechenlands benannt – schrieb Paracelsus, sie sei »wie die männlichen Schamteile geformt«. Als sexueller Talisman stand sie in hohem Ansehen. Es handelte sich um die Wurzel einer Orchisart, und von Orchideen glaubte man ganz allgemein, sie besäßen spezielle Wirkungsmöglichkeiten, das Verlangen zu erregen, die Leistung zu steigern und nachlassende Kräfte wieder aufzuwecken. *Orchis* ist das griechische Wort für »Hoden«, und es wurde gewählt, weil viele Angehörige dieser Pflanzenfamilie über ein paar rundliche Knollen verfügen, die dem menschlichen Hoden recht ähnlich sehen. Da nun die Signaturenlehre besagte, daß diese Ähnlichkeit nicht zufällig, sondern ein Hinweis auf sexuelle Eigenschaften sei, grub man die Knollen aus und aß sie entweder ganz oder geschnitten oder zerstampft, um die Manneskraft zu steigern bzw. wiederzugewinnen. Weil die Orchis-Pflanzen so geheimnisvoll wie aus dem Nichts erscheinen – sie entstehen aus der Verbindung zwischen einem Miniatursamen und einem unsichtbaren Pilz –, sahen sich die früheren Botaniker veranlaßt, ihnen magische Ursprünge zuzuschreiben. Man behauptete, sie entsprängen dem Samen von Bullen und dem anderer Tiere, der während der Begattung auf den Boden verspritzt wurde, und natürlich trug diese Vorstellung gewaltig zur Stärkung des Glaubens an ihre Kräfte bei: Was von einem erregten Stier vergossen worden war und sich dann in eine Pflanze mit hodenähnlichen Teilen verwandelte, mußte einfach Potenz verleihen. Erst vor knapp einem Jahrhundert entdeckte man die wahre ungewöhnliche Fortpflanzungsweise der Orchisarten; und mancherorts glaubt man noch immer, sie besäßen eine übernatürliche sexuelle Wirkung.

Die Karotte wurde einst wegen ihrer Form für ein Mittel gehalten, das dem Mann Potenz und Standfestigkeit verleihen könne. Heute sagen uns die Wissenschaftler, daß die Wurzel Vitamine und andere Bestandteile enthält, durch die wir im Dunkeln besser sehen können; während der Kräutersammler, ihre Vorgänger, da sie an die Doktrin der Signaturenlehre glaubten, mehr damit Reklame machten, was uns die Karotte angeblich im Dunkeln besser zu tun erlaubt. Sogar die Stinkmorchel wurde, wegen der verblüffenden Ähnlichkeit mit einem erigierten Penis, als Symbol für sexuelle Potenz angesehen. Und der abscheuliche Geruch hielt manche Frauen nicht davon ab, mit seiner Hilfe ihre Unfruchtbarkeit überwinden zu wollen. Es erscheint uns heute als absurd, daß man Pflanzen nur aufgrund ihrer Gestalt magische und medizinische Kräfte zuschrieb. Aber vielleicht lag ihre wichtigste Funktion darin, daß ihre Ähnlichkeit mit Geschlechtsorganen den Menschen damals die Gelegenheit bot, über Sex zu sprechen; sie bekamen auf diese Weise ein »Konversationsthema« geliefert, das Hemmungen beseitigte und nicht nur zum Reden über Sex, sondern auch zur Aktion führte.

Vielleicht ist es aufgefallen, daß nahezu alle Pflanzen, denen die Signaturenlehre sexuelle Eigenschaften zuschrieb, männlichen Geschlechtsorganen ähneln. Dies mag daher rühren, daß die männlichen Organe aufdringlicher und sichtbarer sind, die weiblichen eher verborgen und geheim. Allerdings gibt es in dieser Regel eine frappierend weiblich aussehende Ausnahme. Die größte einsamige Frucht der Erde ist die auf den Seychellen-Inseln heimische *Coco-de-mer*, eine Riesen-Kokosnuß, die monatelang, sogar jahrelang über den Ozean treiben und keimfähig bleiben und, wenn sie trockenes Land erreicht, zu einer Palme heranwachsen kann. Dieses enorme »Samenkorn« braucht zehn oder mehr Jahre, um zu reifen. Und es sieht der Anatomie des weiblichen Unterleibs sowohl von vorn wie von hinten erstaunlich ähnlich. Wegen dieses Aussehens erzielte die Nuß als Aphrodisiakum extrem hohe Preise; man behauptete, sie verleihe ihren Besitzern sexuelle Kräfte, um die sogar die Götter sie beneiden könnten. Die alten Bücher quellen über von Anweisungen zur Verwendung von Pflanzen als Aphrodisiaka. Bridget Boland weist in ihrem reizvollen Sammelband *Gardener's Magic* (»Des Gärtners Zauberkunst«), indem sie sich mit einigen dieser volkstümlichen Überlieferungen befaßt, auf eine frühe englische Ausgabe des angeblich aus dem Mittelalter stammenden *Buches der Geheimnisse* hin, das Albertus Magnus zugeschrieben wurde. Darin wird beschrieben, wie das »Immergrün (*Vinca minor*), wenn es zu Pulver zerstampft und mit Erdwürmern und einem Dickblattgewächs, genannt Hauswurz, vermischt ward, Liebe zwischen einem Manne und seiner Frau hervorruft, so sie es mit ihrem Mahl einnehmen«. Wie man die fetten Erdwürmer in das Pulver mischen soll, das verschweigt der Autor. Dagegen soll der letzte Bestandteil seiner Rezeptur bei gewissen Bevölkerungsgruppen auf dem Land noch immer als Hervorbringer ehelicher Seligkeit in Ehren stehen. Der botanische Name der Echten Haus- und Dachwurz ist *Sempervivum tectorum*, und in England trägt die Pflanze den altmodischen und ellenlangen Volksnamen *Welcome-home-husband-however-drunk-you-be* (»Willkommen-daheim-Mann-wie-betrunken-du-auch-bist«), weil man glaubte, daß in einem Heim, auf dessen Dach die Dachwurz wachse, der Mann stets zu Liebesdiensten imstande sei, in welchem Zustand er sich auch befinde. Von vielen anderen Pflanzen glaubte man das auch. John Gerard, ein englischer Botaniker des 16. Jahrhunderts, empfahl die fleischigen Sprossen des Alpenveilchens (*Cyclamen*) zu diesem Zweck: »Zerklopft und zu flachen Kuchen geformt, gelten sie als gute Liebesmedizin, wenn innerlich verwendet.« Und die alten Kräuterbücher stecken voller Rezepte über Gerichte, denen »erogene« Pflanzen heimlich beigefügt werden müssen, »auf daß die Liebesteile erhitzet werden«, sobald man die Speise seinem Liebesobjekt verabreicht hat. Möglicherweise enthalten viele dieser aphrodisierenden Mittel Bestandteile, die auch ein moderner Pharmakologe als stimulierend oder irritierend für die Geschlechtsorgane bezeichnen würde. Andere Pflanzen galten ausschließlich wegen ihres optischen Sex-Appeals als potenzfördernd. Die phallische Gestalt des Spargels etwa verlieh diesem Edelgemüse einen hohen Rang unter den Aphrodisiaka. So schrieb Nicholas Culpepper im 17. Jahrhundert, wenn Spargel in Wein gekocht und am Morgen verzehrt werde, »erreget er körperliche Lust in Mann und Weib«. Und der Weißen Taubnessel (*Lamium album*) schreibt man außergewöhnliche erotische Kräfte zu, weil die Stamina in der Blüte Seite an Seite liegen – wie ein menschliches Paar im Bett. Wollte man Venus, die Göttin der Liebe, ins Brautgemach laden, dann mußte der Fußboden zunächst mit Binsen ausgelegt werden, über die man dann süßduftende Kräuter verstreute, Thymian und Majoran, Waldmeister und Melisse, Minze, Eisenkraut und Baldrian – und im Frühling Veilchen. Wenn die wilden Heckenrosen blühten, konnte man sicher sein, daß eine Handvoll frisch gepflückter Blütenblätter, die unter dem Bett verteilt wurden, eine Frau willig machten. Und ein paar Ginsterblüten, einstmals dem Kriegsgott Mars heilig, sorgten dafür, daß der Mann sich als

Draufgänger aufführte. Das Bett selbst mußte natürlich mit Labkraut (*Galium verum*) bestreut werden, dessen trocknende dunkle Stengel den köstlichen Geruch frischgemähten Heus verbreiten. Heute wissen wir, daß dieser Geruch von einer chemischen Substanz namens Kumarin herrührt, die, bedenkt man, zu welcher Lust Liebende bekanntlich durch das Heu animiert werden, offenbar eine echt aphrodisierende Wirkung ausübt.

Die Bettlaken, so schreiben die alten Kräuterbücher vor, sollten zu Ehren der Venus mit Majoran parfümiert werden und die Kissen mit Eisenkraut (*Verbena officinalis*) gefüllt – allerdings sei dessen Duft so stark und durchdringend, erklärt uns Bridget Boland, daß heutzutage ein Zweiglein völlig ausreichend sei, wenn man die Wirkung in einem modernen Schlafzimmer ausprobieren wolle. Schließlich wurde nachdrücklich empfohlen, eine große Schüssel mit einem Gemisch zartduftender Kräuter und Gewürze auf dem Nachttisch zu plazieren. Wenn man von Zeit zu Zeit mit dem Ringfinger den Inhalt der Schüssel umrühre (freilich wird nicht gesagt, ob dabei ein Ehering auf dem Finger stecken muß), sollen die Kräuter ihre Düfte verströmen und so die rechte »Liebesstimmung herbeiführen«.

In einer Zeit, in der funktionssichere Empfängnisverhütungsmittel noch nicht entwickelt waren und die gebräuchlichen groben Methoden, die es gab, nicht nur wirkungslos blieben, sondern in vielen Fällen als ungesetzlich oder sündhaft oder beides zugleich erklärt wurden, bestand immer die Gefahr, daß ein erfolgreiches Aphrodisiakum auch das Risiko einer unerwünschten Schwangerschaft erhöhte. Viele Rezepturen zur Erregung von sexuellem Verlangen oder zur Potenzsteigerung enthielten darum auch Beimischungen, die vor den Konsequenzen der Lust schützen sollten. Die meisten dieser Vorläufer der Pille waren ebenso harmlos wie wirkungslos. Nach ihrem wirkungslosen Gebrauch war dann der Erwerb sehr viel kostspieligerer Mixturen notwendig, die zu einem Schwangerschaftsabbruch verhelfen sollten. Diese enthielten oft gefährliche Substanzen, wie Ergotin, das Gift aus dem Mutterkorn, und wurden zuweilen mit tödlichem Erfolg angewendet. Doch trotz gelegentlicher »Unfälle«, die auf Unwissenheit und Habgier zurückzuführen waren, ist nicht zu übersehen, daß die Menschen durch ihre Kenntnisse über diese besonderen Eigenschaften der Pflanzen auch ihr Wissen über ihre eigene Sexualität erweitern konnten. Vielleicht beruhten ja in einer Vielzahl von Fällen diese Eigenschaften mehr auf Einbildung als auf Realität – aber wenn der Glaube an die Kräfte von Pflanzen, und sei er noch so irrational, Liebenden Vertrauen in ihre eigenen Kräfte verlieh, dann verbesserte sich zweifellos ihre sexuelle »Leistung«. Heute würden wir sagen: aus psychologischen Gründen. Neben Zauberformeln und Zaubertränken, die Verlangen bewirken sollten, gab es andere, die Lustgefühle unterdrücken sollten. Diese »Anti-Aphrodisiaka« waren bei Männern sehr begehrt, die in den Krieg oder auf einen Kreuzzug zogen und ihre Ehefrauen und Geliebten zurücklassen mußten. Es war ja recht schön und gut, sie in Keuschheitsgürtel einzuschließen, um zu verhindern, daß sie untreu wurden, aber um wieviel sicherer und billiger war es, ihr Liebessehnen vermittels eines Anti-Liebestranks aus Kräuterextrakten gänzlich zu beseitigen. Die erstaunlichsten Mixturen wurden zu diesem Zweck zusammengebraut: Hennablüten, Malven und faule Eier mit einer Prise von Zwiebeln... Es ist durchaus vorstellbar, daß solche Tränklein sich als bemerkenswert lusthemmend erwiesen, einfach weil sie so abstoßend rochen. In zölibatären religiösen Gemeinschaften war man unablässig auf der Suche nach Mitteln, die den Geschlechtstrieb unterdrücken sollten. So stellten die Mönche und Nonnen in ihren Klöstern höchst raffinierte Vorschriften für die Herstellung von Anti-Aphrodisiaka auf. Die berühmte Benediktinerin Hildegard von Bingen war im 12. Jahrhundert eine ebenso eifrige Bekämpferin des Übels, das die Alraunwurzel in ihren Augen darstellte, wie es unsere zeitgenössischen Reinheitsapostel angesichts der Sündhaftigkeit moderner sexueller Hilfsmittel sind. Hildegard stellte eine Liste von Tränken und Mixturen zusammen, die das geschlechtliche Verlangen unterdrücken und Gedanken der Fleischeslust abwehren sollten; sie empfahl beispielsweise, Ginstersprossen und Storchschnabelwurzeln zu verwenden, die zu einem Brei verrieben und auf dem Körper verteilt werden mußten.

In unserer Zeit scheint die Verwendung von Pflanzen zur sexuellen Anregung, mehr noch zur sexuellen Dämpfung, in den Hintergrund gerückt zu sein – mit der Ausnahme der Parfüms, deren Produktion sich, wie eingangs erwähnt, zu einem enormen und höchst profitträchtigen Industriezweig entwickelte. Der »Einsatz« von Blumen in der Liebeswerbung scheint allerdings in allen Kulturen der Erde Tradition zu bleiben. Die »Sprache der Blumen«, die Liebende früher häufig für Botschaften verwendet haben – Botschaften der Zärtlichkeit, der Ablehnung, des Kummers und der Hoffnung –, hat eine lange Geschichte und beruht auf einem hochkomplizierten System von Regeln und Vorschriften. In den altorientalischen Sprachen gab es umfangreiche »Wörterbücher« der Blumensprache, *Selam* genannt. Bei uns ist sie seit der Zeit der Romantik, als sie von Verliebten und Sentimentalen noch ganz geläufig gesprochen wurde, immer mehr in Vergessenheit geraten. Wir wissen gerade noch von der Bedeutung der Rose und der roten Nelke, der Myrte, der Lilie, des Maßliebchens und Vergißmeinnichts, während der große Bedeutungskatalog der Blumen, den Jacob Grimm im vorigen Jahrhundert in der Sammlung *Altdeutsche Wälder* zusammengetragen hat, längst klassische Literatur ist – und entsprechend vergessen. Das ist nicht zuletzt deshalb schade, weil es eine Sprache der Liebe war, die halb versteckt und dabei absolut ehrlich viel – oder gar alles – über das innere Verhältnis der Menschen zueinander und das der Menschen zu den Pflanzen verriet.

XII

Pflanzenliebe auf neuen Wegen

Der Einsatz von künstlichen Anregungsmitteln hat sich für die Pflanzen als ein ebenso großer Segen erwiesen wie für Menschen – und er wurde aus den gleichen Gründen erforderlich: um dem Mangel an Partnern oder um deren Handikaps zu begegnen.

Vielen Gemüsesorten, die in Glashäusern gezogen werden, ist die normale Befriedigung ihrer sexuellen Bedürfnisse nicht erlaubt, denn sie leben ein künstlich abgeschirmtes Leben ohne Insektenbesucher und Wind. Selbst Blumen, die zur Selbstbefruchtung in der Lage wären, können nicht immer ohne äußere Hilfe den Pollen von den männlichen auf die weiblichen Organe übertragen. Deshalb geben sich gerade kommerzielle Züchter von Treibhausblumen so große Mühe, Insekten fernzuhalten, denn sobald eine Blüte einmal befruchtet ist, verblaßt und verwelkt sie rasch und konzentriert sich auf ihren Nachwuchs, anstatt sich um ihre Schönheit zu kümmern.

Tomatenzüchter haben genau das umgekehrte Problem: Sie wollen, daß die Blüten befruchtet werden und so rasch wie möglich verwelken, damit sich die Frucht ohne Verzögerung entwickeln kann. Als sie feststellten, daß viele Blüten an Tomatenpflanzen im Treibhaus oft keine befriedigende Frucht ansetzten, versuchten die Züchter Methoden zu entwickeln, um den Ertrag zu verbessern. Bestimmte Kunstgriffe ergaben recht gute Resultate, und es wurde allgemein üblich, zwischen den Stauden hindurchzugehen und sie heftig zu schütteln, um die Ausschüttung der Pollen zu fördern. Dieser »Handbetrieb« wird vielerorts noch immer praktiziert, doch ist er anstrengend und führt nicht unbedingt zu guten Ergebnissen. Erst die Entwicklung des elektrischen Vibrators – man bezeichnet ihn als »künstliche Biene« – hat die Sachlage bedeutend verbessert; die neuesten Modelle ergeben bei richtiger Anwendung sehr befriedigende Resultate. Eine Weile nach seiner Erfindung war der Vibrator zwar in Ungnade gefallen, weil man behauptete, er verbreite Krankheiten, doch seit einer Verbesserung seiner Technik ist er wieder zu Ehren gekommen.

Zweifellos wird es in Zukunft noch viele andere Instrumente geben, die als sexuelle Hilfsmittel bei Pflanzen verwendet werden können, und im Verlauf dieses Kapitels werden wir uns auch damit befassen, wie sich durch den Einfluß des Menschen, beabsichtigt oder unbeabsichtigt, das Geschlechtsleben der Pflanzen verändert. Zunächst wollen wir aber einige Wege, auf denen die Evolution der Pflanzen zu verlaufen scheint, kennenlernen, ohne Berücksichtigung der Methoden, mit denen wir sie ausnutzen und manipulieren.

Ein höchst bemerkenswertes und aufregendes Beispiel für das mögliche Entstehen einer ganz neuen Spezies direkt unter unseren Augen ergab sich während der Untersuchungen, die R. M. Straw an *Pentastemon*-Pflanzen, einer Angehörigen der Rachenblütler-Familie (*Scrophulariaceae*), durchführte. Gärtner kennen sie unter dem Namen Bartfaden. Es gibt ungefähr 150 in den USA und Mexiko heimische Arten; Größe und Färbung und Gestalt der Blüten wechseln von Art zu Art stark, je nach dem Geschmack und den Gewohnheiten der verschiedenen Bestäuber, die sie anlocken. Eine der spektakulärsten Arten ist *Pentastemon centranthifolius*, dessen Blüten leuchtend karminrot sind –

eine für Kolibris unwiderstehliche Farbe. Die Blüten sind ferner eng und röhrenförmig, was gut zu den langen Schnäbeln der Kolibris paßt, und sie besitzen keine Blütenlippe als Landeplatz, da ja diese Vögel in der Luft schwirren, während sie sich am Nektar gütlich tun.

Ganz anders gebaut ist *Pentastemon palmeri*, dessen sahnegelben Blüten mit einer Spur von Rosa sehr weit geöffnet sind, um es den großen Bienen leichter zu machen, ins Innere zu klettern. Die untere Blütenlippe, breit und kräftig, bietet eine gute Landeplattform. Der Stengel ist dick und stabil, so daß er das Gewicht der anfliegenden schwergewichtigen Besucher abfangen kann. Während Straw die Verwandtschaftsgrade innerhalb der *Pentastemon*-Arten untersuchte, stieß er auf eine dritte Spezies, *Pentastemon spectabilis*, die in mancherlei Hinsicht eine Zwischenform zwischen den beiden anderen zu sein scheint: Ihre Blüten sind purpurlila, besitzen einen tiefen Kelch, der weder eng genug ist für die Schnäbel der Kolibris noch weit genug, damit eine größere Biene sich hineinzwängen könnte. Diese dritte Art erweckt den Eindruck, als wäre sie eine Hybridform der zwei anderen, doch bemerkenswert ist dabei, daß sie weder von Kolibris besucht wird, für die sowohl die Farbe als auch die Blütenarchitektur uninteressant sind, noch von Bienen, die nicht ins Innere vordringen können, sondern von einer Wespenart, die kleiner als die Biene ist, bequem in die Blüte schlüpfen kann und so zum »ständigen« Bestäubungspartner des *Pentastemon spectabilis* wurde.

Aus evolutionärer Sicht ist der interessanteste Aspekt dabei folgender: Wenn Kolibris die Hybride besuchten, würden sie sie vermutlich auf die rote, engblütige Elternblume rückkreuzen, die sie bevorzugen; und wenn Bienen zu Besuch kämen, dürften sie dazu tendieren, die Pflanze mit der weißen, breitblütigen Elternart rückzukreuzen, die normalerweise ihr Partner ist. In beiden Fällen würden die neuen Eigenschaften der Hybridform aussterben, und die alten, wohl etablierten Charakteristika der Elterngeneration würden wieder auftreten. Doch durch einen Glücksfall fand die Hybride einen neuen Bestäuber in Form dieser Wespe, die sich ausschließlich für sie interessiert und der die Elterngenerationen völlig gleichgültig sind, weil sie nicht mit ihnen zurechtkäme. Damit ist sichergestellt, daß Zwischenkreuzungen nur unter den Hybridformen geschehen, nicht zwischen ihnen und der Elterngeneration.

Das Ergebnis ist dann, daß die besten Züge der Hybriden durch natürliche Auswahl erhalten und verstärkt, die negativen Eigenschaften dagegen ausgeschaltet werden, so daß sich innerhalb weniger Generationen eine neue Art mit einheitlichen genetischen Merkmalen herausbildet. Alle Veränderungen, die die Blüten für die Wespe attraktiver machen, werden beibehalten und verbessert; alles, was die Wespenkunden abstößt, wird »ausgemendelt«, abgelegt, und geht verloren. Wenn der Prozeß erfolgreich verläuft, kann es geschehen, daß die Wespen sich so stark mit den neuen Blütenformen »verheiratet« fühlen, daß sie die alten, die sie zuvor besuchten, einfach ignorieren. Der Idealzustand, vom Standpunkt der Pflanze aus gesehen, ist dann der, daß sie einem ganz bestimmten Bestäuber so viel Befriedigung bieten kann, daß dieser niemals das Bedürfnis verspürt, sich anderwärts zu bedienen. Wissenschaftler bezeichnen ein solches Treueverhältnis zwischen einer Art von Bestäubern und einer Pflanzenart als *Monotropie,* was etwa bedeutet: »in eine Richtung gewendet«. Im Verlauf der Evolution brachte diese Art Beziehung jenen Pflanzen, die sie aufbauen konnten, den Vorteil, daß sie ihre Zeit nicht an Überträger von unbrauchbarem Pollen verschwenden mußten. Ein monotropes Geschöpf ist also aus physischen, physiologischen oder anderen Gründen außerstande, Kontakte mit anderen Pflanzen außer eben dieser einen aufzunehmen. Es ist völlig an sie gebunden.

Andere Bestäuber verfügen über ein gewisses Maß an persönlicher Freiheit und wenden sich je nach Laune der einen oder anderen Blumengattung zu. Sie sind *polytrop,* das heißt, sie können viele unterschiedliche Pflanzenarten mit ganz unterschiedlichen Blütentypen besuchen. Andere sind *oligotrop,* was bedeutet, daß sie auf bestimmte Gruppen miteinander verwandter Pflanzen beschränkt sind. Danach versteht es sich von selbst, daß ein Bestäuber wie jene Wespe, die die neue Hybride *Pentastemon spectabilis* zu besuchen begann, keineswegs monotrop veranlagt sein kann. Sie muß entweder polytrop oder oligotrop sein. Vom Standpunkt der Pflanze aus dürfte letzteres vorzuziehen sein, weil es leichter ist, einen Kunden mit beschränkten Geschmacksrichtungen und Gewohnheiten zum »Stammkunden« zu machen, als einen Flaneur, der überall einkehrt.

Ein Insekt, das über eine gewisse persönliche Entscheidungsfreiheit verfügt, könnte diese dazu benutzen, freiwillig einer bestimmten Pflanzenart treu zu werden, deren Blüten aus irgendwelchen physischen oder psychologischen Gründen ihm sehr angenehm sind. Manchmal probiert ein Insekt auch mehrere verschiedene »Wirtshäuser« aus, ehe es sich entschließt, bei einem zu bleiben. In anderen Fällen trifft es überhaupt keine Wahl, obwohl es theoretisch dazu in der Lage wäre, sondern läßt sich auf eine Beziehung mit der erstbesten Blütenart ein, mit der es Kontakt hat.

Wenn ein junges Insekt das Nest verläßt und sich auf seinen »Jungfernflug« begibt, hat es eine ganze Menge zu lernen. Der Instinkt treibt es an, eine Blüte in Besitz zu nehmen, aber seine ersten Versuche fallen meist etwas unbeholfen aus. Bei diesen Kontaktaufnahmen verführen nämlich nur oberflächliche Attraktionen wie Färbung, Gestalt und Duft einer Blüte das Insekt dazu, sein Glück bei einer bestimmten Blumenart auszuprobieren. Später scheinen ihm diese äußeren Reize nicht mehr so wichtig zu sein. Experimente mit Bienen haben bewiesen, daß die Arbeiterinnen, sobald sie die nötige Erfahrung erworben haben, die Blüte ihrer Wahl auch dann noch aufsuchen, wenn deren Blütenblätter entfernt worden sind und ihr Duft durch eine andere Geruchskomponente verdeckt wurde. Sie haben gelernt, dem schönen Schein zu mißtrauen, und sind vielmehr auf eine prompt funktionierende, hausbakkene Befriedigung ihres Verlangens aus. Anders gesagt: Wenn ein jungfräuliches Insekt mit seinem ersten Blumenpartner eine mehr oder weniger zufriedenstellende Begegnung hatte, meist in der Nähe seiner Geburtsstätte, dann wird es bald seine Unbeholfenheit verlieren und die nötigen Techniken erlernen, um das zu bekommen, was es braucht – ohne allzu großes Getue und möglichst mühelos. Man könnte sagen, der junge Freier hat sich mit dem Mädchen von nebenan zufriedengegeben und alle hochfliegenden Wunschträume von ferneren Zielen aufgegeben.

In beiden Fällen – ob das Insekt nun mehrere Abenteuer oder gar keines hatte, ehe es sich entschließt, einer einzigen Blütenart treu zu bleiben und allen anderen abzuschwören – sprechen die Wissenschaftler von *konstantem* Verhalten. Wesentlich an diesem konstanten Verhalten ist, daß es seitens des Befruchters eine Sache der freien Wahl ist – oder doch sein sollte. In Fällen, in denen es nicht klar ist, ob die Bindungstreue wirklich monotrop ist oder ob sie einer ansonsten nach Lust und Laune wählenden Kreatur aufgezwungen ist, weil ihr keine anderen Blüten zur Verfügung stehen, verwendet die Wissenschaft das Wort *Treue* für ein derartiges Verhalten. Im Fall der Wespen, die zu beständigen Partnern des *Pentastemon spectabilis* wurden, wissen wir nicht, bis zu welchem Grad – falls überhaupt – eine freie Wahlmöglichkeit bestand, also wäre hier wohl der Begriff »Treue« angebracht.

Das Entstehen neuer Arten aus Hybriden, die sich ihre eigenen Bestäuber suchen, wird in zunehmendem Maß wissenschaftlich untersucht. Man hat bereits eine weitere Art von *Pentastemon* entdeckt, von der man annimmt, daß sie sich auf ähnliche Weise wie *spectabilis*, nur später entwickelt habe. In diesem Fall scheint sich die von Wespen bestäubte Art ihrerseits mit der von Vögeln befruchteten Variante gekreuzt zu haben, und unter den Nachkömmlingen gab es eine Form, die weder für Wespen noch für Kolibris, noch für die dicken Bienen brauchbar oder attraktiv war. Dagegen war sie haargenau richtig für eine kleine Bienenart, die infolgedessen ihr getreuer Bestäuber wurde. Zweifellos wird man noch viele Beispiele für diese hochentwickelte Konstanz zwischen einer Blumenart und einem Bestäuberkunden finden. Wie wir gesehen haben, bieten sich dadurch beträchtliche Leistungsvorteile, aber die Sache ist auch nicht gefahrlos. Wenn eine Pflanze völlig von einem Insekt abhängig ist und dieses Insekt aus irgendwelchen Gründen nicht zur Verfügung steht, kann sich die Pflanze nicht geschlechtlich vermehren. Es sei denn, sie vermag sich wie die Bienen-Orchis selbst zu befruchten. In vielen anderen Fällen, in denen eine Selbstbestäubung nicht möglich ist (entweder weil die männlichen und weiblichen Geschlechtsorgane einander nicht berühren können oder weil eine Unverträglichkeit gegenüber den eigenen Pollen besteht), ist die Pflanze zum Aussterben verurteilt.

Wir modernen Menschen haben diese Gefahr beträchtlich erhöht, indem wir starke Insektenvertilgungsmittel verwenden, von denen viele unkontrolliert eingesetzt werden, wodurch ebenso leicht harmlose Pflanzenbestäuber wie Schädlinge vernichtet werden. Schon jetzt sind zahlreiche der schönen Wildblumen, die früher in Kornfeldern und um sie herum wuchsen, ausgerottet, weil die Feldfrucht mit Chemikalien besprüht wird. Überdies wird vermehrt von Herbiziden Gebrauch gemacht, um unerwünschte Pflanzen abzutöten. Man verwendet dabei Wachstumshormone in solcher Konzentration, daß statt eines gesunden Wachstums monströse Zellwucherungen auftreten, die die Pflanzen zu lebensunfähigen Krüppeln machen. Unseligerweise vernichten alle diese Sprühmittel außer lästigem Unkraut auch viele der schönsten Blumenarten, jene, die am meisten auf geschlechtliche Kontakte angewiesen sind und deren Attraktivität wie alle Ausprägungen der Schönheit auf sexueller Anziehungskraft beruht. Die Pflanzen, die Insektizide und Herbizide noch am ehesten überstehen, sind die am wenigsten attraktiven, und sie pflanzen sich entweder geschlechtslos fort, oder sind promiskuitiv und verlassen sich auf eine Vielzahl von Insekten, denen es gelingt, die Sprühgifte zu überleben.

Die Bemühungen des Menschen, Pflanzen für seinen eigenen Zwecke zu kontrollieren und zu manipulieren, verwandeln unsere Felder und Gärten. Da Sexualität zu Variationen führt, ist sie vielen Produzenten von Feldfrüchten unerwünscht, denn man will ja ein perfektes Standardprodukt anbieten, das keine Schwankungen und keine Veränderungen aufweist und so für den Massenabsatz geeignet ist. Manchmal schalten die Züchter dabei die Sexualität vollkommen aus, in anderen Fällen kontrollieren sie sie strikt durch Methoden ähnlich der künstlichen Befruchtung.

Ein Beispiel für die erste Methode ist die Technik der Zellkulturen. Wir wissen, daß alles Leben als eine Einzelzelle beginnt, die sich bei höheren Organismen immer weiter teilt und zu einem Zellenkomplex von eventuell vielen

Millionen Einzelzellen entwickelt, von denen jede sich auf eine besondere Funktion spezialisiert. Wenn man eine beliebige Zelle herauslöst, die noch jung ist und sich noch nicht spezialisieren konnte, dann müßte sie sich eigentlich vermehren und zu einem vollkommen neuen Organismus entwickeln können. Und so ist es auch. Jede Pflanze mit besonders guten, erwünschten Eigenschaften kann heute ungeschlechtlich vermehrt werden und bringt Millionen absolut identischer Abbilder ihrer selbst hervor.

Noch vor wenigen Jahren kostete der Erwerb einer besonders seltenen Orchis – noch dazu wenn sie eine Goldmedaille oder einen ersten Preis gewonnen hatte – einen Liebhaber und Sammler ein kleines Vermögen, da es viele Jahre dauert, bis man eine neue Pflanze auf natürlichem Wege gezüchtet hatte. Heute ist es möglich, genaue Kopien dieser Orchis in Massenproduktion herzustellen, im Labor und relativ billig. Unter streng keimfreien Bedingungen werden Mikroskopschnitte durchgeführt und eine kleine Gewebsmenge, die aus wenigen Zellen besteht, von einer Orchis-Pflanze mit dem Skalpell abgetrennt. Die Zellprobe wird in eine Nährlösung gesetzt, die eine Mischung verschiedener Chemikalien enthält, und unter künstliches Licht gestellt. In kurzer Zeit vermehrt sich diese winzige Zellgruppe und wird grün. Wenn das Testgefäß nicht bewegt wird, führen das Licht und die Schwerkraft zu einer Differenzierung der Zellmasse, wobei die oberen Zellen einen Trieb bilden, die unteren sich in der Nährlösung zu Wurzeln umformen. Läßt man den Prozeß sich ungestört weiterentwickeln, entsteht nur *eine* neue Pflanze. Also haben berufsmäßige Pflanzenzüchter eine Technik entwikkelt, bei der das Testgefäß ständig in Bewegung bleibt. Es ist auf einem rotierenden Rad befestigt, das sich in einem regelmäßigen Umlauf befindet. Da die Zellmasse nicht mehr festzustellen vermag, was oben und unten ist, kann sie keine Basis und keine Wachstumsspitze bilden und sich daher auch nicht in Triebe und Wurzeln aufspalten. Das einzige, was sie tun kann, ist weiter und weiter zu wachsen. Nach mehreren Wochen wird die Teströhre geöffnet und die inzwischen klumpige Masse in winzige Teilchen zerschnitten, die alle wieder in einzelnen Testtuben mit Nährlösung angesetzt werden. Durch fortwährende Wiederholung dieses Verfahrens können Hunderte, Tausende, ja Millionen Einheiten neuen Zellgewebes hergestellt werden. Und alle stammen von einer einzigen Pflanze. Wenn ihre Zahl endlich ausreicht, werden die Zellgruppen erneut in Testgefäße gesteckt, nur bleiben die Behälter diesmal unbewegt. Die Schwerkraft macht sich bemerkbar, und die Zellklumpen beginnen sich in abwärts gerichtete Wurzeln und aufwärts wachsende Triebe zu differenzieren. Bald treten auch Blätter aus, und nach einigen Monaten laufen Tausende dieser massenproduzierten, untereinander völlig identischen Pflanzen vom Fließband und sind verkaufsbereit.

Es besteht kein Grund, warum diese Technik der *klonischen Reproduktion* nicht bei jeglichem lebenden Organismus, sei er pflanzlich oder tierisch, anwendbar sein sollte. Es wird bereits damit experimentiert, Zellgewebe zu gewinnen, mit dem man eines Tages eine unbegrenzte Zahl völlig identischer Kühe »herstellen« kann, deren Zellmaterial von einer einzigen Kuh mit besonders hohem Milchertrag auf chirurgischem Weg gewonnen wurde... Oder Millionen Hennen aus einer Rekord-Eierlegerin »herauszuholen«, die zu diesem Zweck keineswegs auf die sexuellen Aufmerksamkeiten eines Hahnes angewiesen wäre. Theoretisch müßte es möglich sein, auf die gleiche Weise auch menschliche Wesen hervorzubringen, indem man nämlich einige Zellen eines nach seinen besonderen Eigenschaften ausgewählten Menschen extrahiert und diese Zellen dann in künstlichen Mutterleibern unter sorgfältig kontrollierten Umständen »reifen« läßt. Ein besonders gut lenkbares Individuum könnte man mit dieser Methode züchten, eines, das intelligent genug ist, jeden Befehl zu verstehen und auszuführen, aber zu wenig intelligent und zu phantasielos, um sich über sein Tun Gedanken zu machen. Durch Klonierung könnte ein Diktator sich eine Armee identischer Soldaten schaffen, die absolut gehorsam sind und ohne Todesfurcht. Die Vernichtung eines dieser Individuen wäre ohnehin bedeutungslos, weil die Überlebenden ja Teile ein und desselben Organismus und beliebig reproduzierbar wären. Dann wäre die Sexualität aus der Welt verschwunden und mit ihr die individuelle Verschiedenheit.

Aber das ist nur ein Alptraum, wie unsere Zukunft vielleicht aussehen könnte, und auf jeden Fall übersteigen solche Vorstellungen den Rahmen dieses Buches. Nur, in der Pflanzenwelt – und darum geht es uns hier – wird die Technik der Zellkulturen bei vielen Nahrungspflanzen, die wirtschaftlich von Bedeutung sind, bereits heute erfolgreich eingesetzt. Ein interessantes Beispiel liefert der Spargel. Bis vor nicht allzu langer Zeit wurden alle Spargelpflanzen auf geschlechtlichem Weg fortgepflanzt, und das Saatgut war von sehr unterschiedlicher Qualität. Um die Geschichte noch zu erschweren: Diese Pflanzen leben getrenntgeschlechtlich. Wahrscheinlich wegen der phallischen Erscheinungsform des Spargels gab man sich lange der Überzeugung hin, daß die männliche *Asparagus*-Pflanze der weiblichen überlegen sei. Das amerikanische Gartenbaulexikon *Standard Cyclopedia of Horticulture* bezeichnet die männlichen Spargelpflanzen im Unterschied zu den weiblichen als »lebenskräftiger und mit mehr guten Trieben versehen«; außerdem erwähnt das gelehrte Werk, wie schwierig es sei, »die weniger erwünschten weiblichen Pflanzen« auszusondern. Die Beweise für eine derartige Überlegenheit des männlichen Spargels werden jedoch seltsamerweise nicht beigebracht. Anscheinend handelt es sich um eine traditionelle Vorstellung in der Nachfolge der Signaturenlehre, und dergleichen braucht ja wenig faktisches Beweismaterial. Wenn man sich aber Spargeltriebe anschaut, stellt man fest, daß die weiblichen unter ihnen genausogut in der Lage sind, phallische Spargel zu produzieren wie die männlichen. Und heute werden aus kommerziellen Gründen vermittels der Zellkulturen-Technik die begehrtesten Exemplare aus Pflanzen beiderlei Geschlechts in hoher Zahl produziert, und niemand kümmert sich mehr um das Vorurteil von der Überlegenheit der männlichen Pflanzen.

Soviel über die künstliche Reproduktion von Pflanzen. Eine weitere Manipulationsmethode durch genau kontrollierte geschlechtliche Techniken, vergleichbar der künstlichen Befruchtung bei Haustieren, erzeugt die sogenannten *F1-Hybriden*. Der Begriff bedeutet »Erste Filialgeneration« und bezieht sich auf die Zucht von Hybridsaat durch die Kreuzung zweier reiner Pflanzenstämme. Auf diesem Weg erhält man besser wachsende und kräftigere Pflanzen, die sowohl die übliche Widerstandsfähigkeit der Hybriden als auch eine extreme Uniformität aufweisen. F1-Hybriden kommen zustande, indem man die Elterngenerationen – seit vielen Generationen durch Inzucht erreichte Arten – völlig isoliert voneinander hält und sie, sobald sie geschlechtsreif sind, zwangsweise verkuppelt, oftmals durch Handbestäubung. Diese Zwangsehe zwischen zwei Inzucht-Linien führt zu robusten Bastarden, die weitaus lebenskräftiger sind als die Eltern. Doch erlaubt man diesen Hybriden nicht die Fortpflanzung, so daß sie niemals eigenen Nachwuchs haben. Vielmehr werden die reinen Linien der Eltern weiter in Inzucht fortgepflanzt, und die Zwangsheirat zwischen ihnen wird in jeder Periode neu vollzogen.

Wegen der zusätzlichen Kosten, die sich ergeben, wenn

man die genetische Reinheit der elterlichen Inzucht-Linie bewahren will, sind F 1-Saaten teurer als die gewöhnlichen. Was jedoch diese Kosten am meisten in die Höhe treibt, ist die Handbestäubung – ein Verfahren, das im Vergleich zu den kostenlosen Dienstleistungen der Insekten unerhört viel Aufwand und Geld erfordert. Um den Ertrag von Saatgut zu erhöhen und die Kosten zu senken, ist man dazu übergegangen, in großem Maßstab die zwei Elternlinien auf einem Feld gemeinsam auszusäen und die Bestäubung den Insekten zu überlassen, besonders den Bienen. Oft setzt man zu diesem Zweck ganze Bienenkolonien in die Felder. Um hybride Saat hervorzubringen, muß eine Kreuzung *zwischen* den zwei elterlichen Linien erreicht und deshalb die Bestäubung *innerhalb* einer Linie vermieden werden. Deshalb werden mit sich selbst unverträgliche Elterngenerationen eingesetzt. Ein Gemüse, bei dem dieser Trick angewendet wird, ist der Rosenkohl, bei dem F 1-Hybriden bessere und einheitlichere Erträge zeitigen. Allerdings gibt es dabei ein unerwartetes Problem: Bienen können sehr genau die kleinen Unterschiede in den Elternlinien erkennen und beweisen eine ärgerliche Treue, so daß sie, anstatt die zwei Linien zu kreuzen, sich an die Blüten der einen oder der anderen halten. Die Lösung wäre vielleicht, daß man Schmeißfliegen züchtet und losläßt, die weniger heikel sind, wahrscheinlich keinen Unterschied zwischen den zwei Elternlinien machen würden und keinerlei Neigung zur Treue besitzen.

Um derartige Hybriden zu produzieren, müssen die Elternpflanzen bei der Vereinigung zueinander passen, sonst können sie keinen Nachwuchs produzieren. In Fällen, in denen die Eltern sich nicht vertragen und in denen man dennoch den Eindruck hat, daß ihr gemeinsamer Nachwuchs gewinnbringend kultiviert werden könnte, setzt man ganz neue Techniken ein, um ihre Unverträglichkeit zu überwinden. Manchmal bewirkt schon eine künstliche Umgebung, daß zwei sonst unverträgliche Linien sich zusammentun, was sie unter natürlichen Gegebenheiten niemals tun würden. In anderen Fällen weicht die Unverträglichkeit, wenn die Blüten eine gewisse Zeit lang geöffnet sind, so daß man ältere Blüten paaren kann, die in ihrer Jugend nichts miteinander zu tun haben wollten. Manchmal ist auch das Gegenteil der Fall: Die Abwehr erzeugenden Substanzen erscheinen erst, wenn die Blühperiode begonnen hat. In solchen Fällen kann die Befruchtung der Knospe vor dem Öffnen Erfolg haben. Schließlich lassen sich auch Hormone dazu benutzen, die Widerstände zu brechen.

In einigen Fällen ist es Pflanzenzüchtern gelungen, die Geschlechtsmerkmale des Nachwuchses aus solchen Zwangsehen zu verändern, so daß sie willkürlich männliche oder weibliche Nachkommen hervorbringen können. Eines der interessantesten Beispiele für moderne Genmanipulationen liefert die Gurke. Niemand hat bisher Gurken wildwachsend gesehen. Man weiß also nicht, woher die Pflanze stammt. Man weiß nur, daß sie seit undenklichen Zeiten kultiviert wird und daß während dieser langen Entwicklungszeit sich die am meisten begehrten Sorten zur *Parthenokarpie* heranbildeten, das heißt, sie konnten Früchte bringen, ohne befruchtet zu sein. Diese Gurkenfrüchte sind leicht süß und saftig und enthalten keine Samenkörner. Die männlichen und weiblichen Blüten sind getrennt und voneinander deutlich verschieden, obschon sie auf einer Pflanze auftreten; die männlichen Blüten verstäuben Massen goldgelben Pollens, die weiblichen treiben eine winzige Frucht, die sich verlängert und anschwillt, gleichgültig ob eine geschlechtliche Vereinigung stattgefunden hat oder nicht. Die männlichen Elemente sind hier nur ein Ärgernis. Wenn man ihnen erlaubt, die weiblichen Blüten zu befruchten, dann wird die Frucht hart und bitter, das Fruchtfleisch wird zäh und steckt voller Samen. Bis vor kurzem mußten also Gurkenbauer Vorsichtsmaßregeln treffen, um unerwünschte Besamungen zu vermeiden. Entweder beschützten sie die weiblichen Blüten vor Insekten und Wind, oder sie knipsten, wo dies nicht möglich war, tagtäglich alle männlichen Blüten ab, ehe diese sich öffneten und die weiblichen Blüten mit der unerwünschten Schwangerschaft bedrohten. Die Gurkenzüchter sind jetzt des Problems Herr geworden, indem sie F 1-Hybriden entwickelten, die nur weibliche Gurkenblüten produzieren. Es gibt keine männlichen mehr, die sich da einmischen könnten, und harte und bittere Gurken gehören der Vergangenheit an.

Bisher befaßten wir uns mit solchen Eingriffen des Menschen in pflanzliches Leben, die uns Nutzen gebracht haben. Unüberlegtes Vorgehen kann indessen zu völlig unbeabsichtigten Folgen führen – etwa wenn Lebensbeziehungen zerstört werden, die seit uralten Zeiten bestanden.

Das drastische Beispiel dafür ist wohl die Wechselbeziehung zwischen dem Vogel Dodo, aus der Familie der Riesentauben, und dem Baum, dessen Lebenspartner er früher war. Die *Calvaria major* ist wahrscheinlich der seltenste Baum der Erde. Er wächst nur auf Mauritius, der kleinen Insel im Indischen Ozean. Und das merkwürdigste Tier dort war der komisch aussehende, plumpe Dodo, ungefähr von der Größe eines Schwans. Da er ein friedfertiger Vogel war, flugunfähig und ohne Verteidigungswaffen, wurde er von den Eingeborenen erbarmungslos gejagt. Sein Fleisch war allerdings so ungenießbar, daß die niederländischen Eroberer die Tier als *walgvogels* bezeichneten, das heißt soviel wie »ekelhafte Vögel«. Gejagt wurde das Tier also nicht zum Zweck der Ernährung, sondern als »Sport«.

Der letzte Dodo wurde 1681 zu Tode gehetzt; die Art ist seitdem ausgestorben. Und von diesem Jahr an hat man nicht mehr erlebt, daß die Samenkapseln der *Calvaria* keimten. Nur etwa zwölf alte Exemplare des Baumes haben bis heute überlebt. Da sie alle bereits vorhanden waren, ehe der Vogel Dodo ausgerottet wurde, müssen auch die jüngsten unter ihnen mindestens 300 Jahre alt sein. Jahrelang rätselten Naturforscher herum, wie die Beziehung zwischen dem Vogel und dem Baum gewesen sein mochte. Die altehrwürdigen Bäume setzten noch immer Frucht an, aber aus irgendwelchen Gründen blieben die Samen anscheinend unfruchtbar. Und da niemand je einen Dodo hat fliegen sehen, wie hätte er jemals die Blüten bestäuben können? Er war ja wohl kaum den Baum hinaufgeklettert, denn dazu war er viel zu schwer und unbeholfen. Sofern nicht jemand des Rätsels Lösung fand, war es unmöglich, neue Bäume zu ziehen, um die alten, absterbenden zu ersetzen. Bald würden also die *Calvaria*-Bäume ebenso radikal ausgerottet sein wie der Vogel Dodo.

Vor kurzem fand sich des Rätsels Lösung. Dr. Stanley Temple von der Universität von Wisconsin hat herausgefunden, daß die noch immer produzierten Samen keineswegs unfruchtbar sind. Denn die Rolle, die der Vogel Dodo für den Baum spielte, gewann nicht während der Befruchtung, sondern zu einem späteren Zeitpunkt des Fortpflanzungsprozesses Bedeutung: Der Vogel war kein »Geschlechtspartner«, sondern eher so etwas wie eine »Hebamme« für die *Calvaria*-Bäume. Und das Problem lag nicht im Samenkorn, sondern in der dicken Fruchtschale, die die Samen umgab. Sie war so fest, daß der Keimling im Inneren sie nicht durchbrechen konnte. Also mußte die Geburt künstlich ausgelöst werden, sonst würde der Keim nach einiger Zeit schrumpfen und in seinem steinharten »Mutterleib« absterben.

Nach seinen Beobachtungen stellte Dr. Temple die These auf, daß die *Calvaria* im Verlauf ihres Entwicklungsprozesses von dem Vogel Dodo abhängig geworden sei, weil er die harten Schalen ihrer Früchte »bearbeitete«, bis sie so dünn waren, daß der Keimling sie im richtigen Stadium seiner Entwicklung durchbrechen konnte. Wenn die Früchte vom Baum fielen, nahmen die Dodovögel sie vom Boden auf, kauten mit ihren breiten Schnäbeln darauf herum und verschlangen sie. Die Fruchtkerne blieben dann mehrere Tage lang im verdauungskräftigen Magen des Vogels und wurden dabei immer weiter abgeschrundet, so daß die Fruchtschale immer brüchiger wurde.

Es muß sich dabei um einen recht zufallsbedingten Prozeß gehandelt haben, denn die Magensäfte des Dodo waren möglicherweise scharf genug, viele der Samenkerne aufzulösen; woraufhin deren Inhalt in den Verdauungstrakt des Vogels wanderte und dort absorbiert wurde. Dr. Temple argumentiert nun, daß eine gewisse Zahl von Samen der *Calvaria* diesem Zermürbungsprozeß entgangen sein könnte. Ihre Kugelform dürfte sie äußerst widerstandsfähig gegen Druck gemacht haben. Und diese unbeschädigten Kerne seien dann durch die Eingeweide des Dodo gewandert und irgendwann mit den Exkrementen des Vogels ausgeschieden worden. Und während dieses Ablaufs seien die Schalen so aufgeweicht worden, daß der Samen keimen konnte.

Um seine Theorie zu überprüfen, fütterte Dr. Temple Truthühner mit frischen *Calvaria*-Samen. Er fand, dieser Vogel sei wohl dem ausgestorbenen Dodo am verwandtesten, was Größe und Verdauungskapazität des Magens betraf. Wie in dem wissenschaftlichen Magazin *Science* berichtet wurde, waren die Ergebnisse dieses Versuchs sehr ermutigend. Die Samenkerne blieben ziemlich lange in den Mägen der Truthühner. In Einzelfällen bis zu sechs Tagen.

Von insgesamt 17 Samenkernen wurden nur 7 von den Vögeln verdaut. Die restlichen 10 wurden entweder ausgewürgt oder mit den Exkrementen abgegeben. Als Dr. Temple die Samenkerne untersuchte, fand er, erwartungsgemäß, daß die Kerngehäuse zermürbt waren. Er pflanzte alle 10 Samen aus, und 3 von ihnen keimten. Seitdem hat der *Calvaria*-Baum dank seiner neuen Zieheltern doch noch eine Überlebenschance.

XIII

Kapriolen im Garten der Lüste

Die gravierendsten Sexualprobleme, denen Pflanzen sich konfrontiert sehen, sind vorzeitiger Samenerguß (*Ejaculatio praecox*), Frigidität und Untreue. Vorzeitiger Samenerguß ist genau das, was das Wort besagt: Aussendung der Samen durch die männlichen Organe, ehe die weiblichen für sie bereit sind. Erst die Erfindung der Geschlechtlichkeit brachte dieses Problem mit sich, denn bei der ungeschlechtlichen Vermehrung ergeben sich nicht die gleichen Schwierigkeiten. Wenn keine Geschlechter vorhanden sind, braucht keines auf das andere zu warten, die Sporen können sich sofort zu neuen Pflanzen entwickeln, wo immer sie auf den richtigen Nährboden fallen.

Für die sich geschlechtlich vermehrenden Pflanzen ist das Leben nicht ganz so einfach. Die männliche Mikrospore, das Pollenkorn, muß nicht nur genau den richtigen Punkt auf den weiblichen Geschlechtsorganen der Pflanzen erreichen, auf dem Stigma, das möglicherweise knapp einen Millimeter im Durchmesser groß ist, sondern dies muß auch noch genau zum richtigen Zeitpunkt geschehen, wenn nämlich das Stigma geschlechtsreif und empfangsbereit ist. Wir haben gesehen, daß im Normalfall der männliche Teil der Blüte sich vor dem weiblichen entwickelt; deshalb ist die *Protandrie* so weit verbreitet, bei der der Pollen ausgestreut wird, ehe die Narbe für ihn bereit ist. Das ist gut und schön, wenn es andere Blüten in der Nähe gibt, die das männliche Stadium bereits überwunden und in das weibliche eingetreten sind, denn damit wird ja eine echte Kreuzbefruchtung mit allen ihren Vorzügen erreicht. Da jedoch auch bei dieser Methode ein Zwischenträger nötig ist – Wind, Wasser, Insekten oder andere Geschöpfe müssen in Aktion treten –, haben sich bestimmte Mechanismen entwickelt, die Pollenaussendung so lange zu verzögern, bis die richtigen Umstände eingetreten sind. Beispielsweise geben die männlichen Organe nicht allen Pollen auf einmal ab, sondern halten einen Teil zurück und sind auf diese Weise zu mehr als nur einer einmaligen sexuellen Leistung fähig.

Wenn Männer an *Ejaculatio praecox* leiden, rührt das daher, daß ihre Geschlechtsorgane zu reizempfindlich sind. Man empfiehlt ihnen darum, sich zu entspannen und vielleicht sogar, eine der Cremes oder eines der Sprays zu verwenden, die es heute zur sexuellen Reizminderung gibt, so daß der Orgasmus hinausgezögert wird. Bei Blüten findet oft ein umgekehrter Prozeß statt: Um den Pollen zu bewahren und vor Verschwendung zu schützen, sind die männlichen Organe nicht weniger, sondern stärker reizempfindlich. Ein gutes Beispiel liefert die Kornblume (*Centaurea cyanus*), die über eine wunderschöne Blumenkrone mit großen leuchtend blauen äußeren Blütchen und kleineren, zartvioletten inneren verfügt. Die äußeren Blüten sind völlig unfruchtbar und haben nur verkümmerte Geschlechtsorgane. Sie dienen nur dazu, die Aufmerksamkeit von Insekten zu erwecken. Die inneren Blütchen sind hingegen bisexuell und promiskuitiv; sie locken einen gemischten Kundenstamm, meist von Fliegen und Bienen, an. Die männlichen Organe mit dem Pollen sind zu einer dunkellila Anthere zusammengeschlossen, an deren Spitze eine Tülle sitzt, die erigiert über den Rest des Organs hinausragt. Aber anders als beim Penis des Menschen ist hier nicht die Spitze reizempfindlich, sondern der darunterliegende Schaft, der sich aus getrennten runden Filamenten zusammensetzt. Diese Fasern sind extrem kitzelig, und wenn sie stimuliert werden, richten sie sich plötzlich auf und krümmen sich wieder zusammen, werden mehrere Millimeter kürzer und ziehen damit auch die Antherenröhre nach unten. Innerhalb dieser Röhre sitzt, an der Basis von den sensorisch empfindlichen Filamenten umgeben, die Narbe, und knapp unter ihrer Spitze liegt ein Ring von steifen Haaren, die fast wie die Rundbürste eines Schornsteinfegers aussehen.

Wird nun eine Biene oder ein anderes Insekt von den leuchtenden äußeren Blütchen angelockt und stellt es fest, daß diese nichts Besonderes anzubieten haben, so kriechen sie in die weniger auffälligen inneren Blüten und stellen fest, daß diese auf dem Grund Nektar enthalten. Um an diesen heranzukommen, muß die Biene bzw. das Insekt die Zunge durch das Blütchen drängen und dabei zwangsläufig eines oder mehrere der kitzeligen Filamente berühren, die sich sofort zusammenkrümmen. Die Antherenröhre zieht sich zurück, die Haarbüschel am Stempel »bürsten« eine gewisse Pollenmenge nach außen und befestigen sie auf dem Insektenkörper. Die Narbe auf dem Stempel ist dann noch immer in jungfräulichem Zustand, denn ihre beiden Lappen sind fest geschlossen. Wenn danach das Insekt zu einer anderen Kornblumenblüte weiterwandert, bei der die beiden Lappen des Stempels geöffnet, also geschlechtsreif sind, tritt eine Kreuzbestäubung ein.

Nach einer Weile biegen sich die erregten Filamente wieder und erreichen erneut ihre ursprüngliche Länge, und die Antherenröhre umhüllt wieder die Spitze des Stempels. Das kann sich mehrere Male wiederholen, wenn andere Kunden sich einstellen und die männlichen Organe erregen. Allerdings wird die dann abgegebene

Pollenmenge niemals so groß sein wie beim erstenmal, und sie wird immer geringer werden, bis schließlich kein Pollen mehr übrig ist. Und dann verwandelt sich das Blütchen, das seine Rolle als Mann ausgespielt hat, in ein Weibchen. Der Griffel verlängert sich und tritt durch den Antherentubus aus, die Lappen der Narbe öffnen sich und sondern die nötigen Sekrete ab, um den Pollen von anderen Blütchen zu sich zu laden.

Viele Pflanzenfamilien haben Mitglieder, die sich verschiedener Mittel bedienen, um zu verhindern, daß ihr Pollen verschwendet wird, wenn keine Pollenträger zur Verfügung stehen. Manchmal sind das keineswegs die sanft-bescheidenen Vertriebsmethoden, die den Pollen in abgemessenen Quantitäten und über einen längeren Zeitraum hinweg liefern, sondern recht heftige und gewaltsame Absatzwege. Die Kanonierblumen (*Pilea*), die zur Familie der Brennesseln (*Urticaceae*) gehören, schießen, sobald sie bereit sind, bei der geringsten Berührung ganze Pollenwolken ab. Mehrere Schmetterlingsblütler, so die wertvolle Futterpflanze Luzerne (*Medicago sativa*), verfügen über spiralförmig aufgespulte Geschlechtsorgane, die während ihres Wachstums eine große Spannung entwickeln. Wenn sich ein Insekt einen Weg in die Blüte zu bahnen versucht, wird ein Mechanismus ausgelöst, der den Pollen abrupt freisetzt und den Kunden am ganzen Leib mit Pollen bestäubt. Eine Säulenblumenart, *Stylidium graminifolium*, trägt spitzige rosafarbene Blüten, in denen in einer »Säule« die männlichen und die weiblichen Organe vereinigt sind. Sobald ein Besucher den »Auslösemechanismus« berührt, wird mit höchster Präzision und großer Schnelligkeit Pollen auf ihn abgefeuert.

Zuweilen allerdings gelangen manche hermaphroditischen Blüten, trotz aller Vorsichtsmaßnahmen gegen den vorzeitigen Samenerguß, in das Stadium der Weiblichkeit und warten auf die Begattung, wenn alle männlichen Organe bereits ihren Pollen abgeschossen haben und vertrocknet sind. Das kommt besonders oft am Ende der Blütezeit bei Familien wie den Doldengewächsen (*Umbelliferae*) vor. Viele Angehörigen dieser Familien verlieren die Staubgefäße, nachdem sie ihre letzten Pollenkörner verschossen haben. Andere, wie die Wohlriechende Myrrhe (*Myrrhis odorata*), haben dieses Problem überwunden, indem sie gegen Ende der Blütenperiode ausschließlich männliche Blüten treiben, die nur dazu dienen, den sexuellen Bedürfnissen der übriggebliebenen weiblichen Blüten gerecht zu werden und sie mit frischem Pollen zu versorgen, damit sie nicht unbegattet verwelken müssen.

Aber alle diese Versuche, die Pollenausschüttung zu verhindern, bevor ein brauchbarer Kunde sich einstellt, schaffen ein weiteres Problem: Je länger der Pollen aufgespart werden muß, ehe er abgegeben wird, desto sorgfältiger muß er auch beschützt werden. Wir haben bei der Kornblume gesehen, daß sie ihren Pollen »versteckt« und nur in kleinen Dosierungen abgibt, und das ist eine gute Methode, Verschwendung zu verhindern. Das Verstecken des Pollens ist auch eine Möglichkeit, sich gegen Diebe abzusichern, die stets darauf aus sind, Blütenstaub mitzunehmen, ohne als Gegenleistung die Bestäubung durchzuführen. Wenn der Pollen an einem sicheren Platz verstaut ist, bietet dies obendrein eine gewisse Sicherheit gegen den Wind, der für insektenbestäubte Pflanzen ein sehr großes Risiko bedeuten kann. Vor allem aber braucht Pollen Schutz vor Feuchtigkeit, denn die könnte ihn rasch keimunfähig machen.

Manche Blüten begegnen diesen Problemen, indem sie sich bei schlechtem Wetter ganz einfach schließen. Das hat den Vorzug, daß nicht nur die Feuchtigkeit ferngehalten wird, sondern daß der Pollen (und der Nektar, falls es welchen gibt) auch geschützt bleibt, wenn der passende Bestäuberkunde gerade nicht aktiv ist.

Damit sind wir bereits bei dem zweiten der schwereren Geschlechtsprobleme der Pflanzen – dem der Frigidität. Für eine zufriedenstellende Geschlechtsbeziehung müssen nicht nur die männlichen und weiblichen Organe gleichzeitig »bereit« sein, sie müssen auch die gleiche Temperatur haben, wenn die Geschlechtsbegegnung erfolgreich sein soll. Deshalb tauchen in kühleren Klimaten während der Wintersaison so wenige Blüten auf: Nicht nur fehlt es an bestäubenden Insekten, sondern niedrige Temperaturen sind grundsätzlich nicht dazu geeignet, Sexualität zwischen Pflanzen zu fördern – ebensowenig wie zwischen den Menschen. Aus diesem Grund strecken nur wenige Pflanzen ihre Blüten an die Luft, ehe der Frühling wirklich eingetreten und die Gefahr stärkerer Fröste vorüber ist.

Das dritte Sexualproblem bei Blütenpflanzen betrifft die Untreue. Viele sind, wie wir bereits gesehen haben, promiskuitiv und geben sich jedem beliebigen Zufallskunden hin, der gerade vorbeikommt und den es nicht weiter interessiert, auf welche Weise die Blüte bestäubt werden will. Zu diesem Typus gehören die allerprimitivsten Blütenträger. Sie haben offene, schüsselförmige Blüten und verbergen ihre Lockmittel keineswegs: Der Pollen, der Nektar (sofern vorhanden) werden offen zur Schau gestellt. Und ziemlich große Mengen davon werden von primitiven Kreaturen wie Wanzen und Käfern verzehrt, die keineswegs daran denken, für ihre Zeche durch Pollination zu bezahlen. In erster Linie aber liegt das Problem mit solchen Kunden darin, daß die Blüten durch den eventuell mitgebrachten Pollen von anderen Blüten, die diese Insekten zuvor aufgesucht hatten, nicht bestäubt werden können, weil der Pollen von einer ganz anderen Pflanzenart stammt. Keine Pflanzengattung kann erfolgreich von anderen Pollen als dem er eigenen oder einer sehr verwandten Art befruchtet werden.

Und weil die Bestäubung durch Fremdpollen höchst unwillkommen ist – nicht nur weil eine Befruchtung nicht eintreten kann, sondern weil diese nutzlosen Pollenkörner auch auf dem Stigma wertvollen Platz wegnehmen, der von den »passenden« Pollenkörnern besetzt werden sollte –, entwickelten sich viele der fortschrittlicheren Pflanzenfamilien von der Promiskuität fort in Richtung Treue. Wir haben ein Extrembeispiel bereits erwähnt, die Bienen-Orchis, deren Blüte durch die Imitation des Aussehens und des Duftes einer weiblichen Biene nur die entsprechenden männlichen Bienen anlockt und so unerwünschte Insektenkunden aller Art vermeiden kann. Auch alle anderen Täuschungsmanöver der Blumen, von denen wir einige behandelt haben, zielen auf das gleiche ab: eine spezielle Beziehung zu etablieren und den Kunden zu hindern, sich anderweitig und außerhalb dieser besonderen Beziehung Befriedigung zu suchen. Andere Blütenkonkurrentinnen sollen ausgeschaltet werden.

Betrügerische Tricks sind nur eines der probaten Mittel, mit denen Blumen Bestäuber an sich zu binden versuchen. Einen wichtigen evolutionären Schritt bedeutete darüber hinaus die Entwicklung der Blüten zu immer präziseren mechanischen Instrumenten, die nur von Spezialisten unter den Insekten bedient werden können. Die Treuebeziehungen zwischen verschiedenen Bienenarten und Pflanzen wurden bis ins Detail untersucht, weil hier wirtschaftliche Gründe eine Rolle spielen. Aber auch sonst gibt es viele Blumentypen, die exakt den Geschmacksrichtungen, Bedürfnissen und Fähigkeiten ganz unterschiedlicher Geschöpfe entsprechen. Man unterscheidet Käferblumen, Fliegenblumen, Honigbienenblumen, Hummelblumen, Schmetterlingsblumen und Schwärmerblumen, und sie alle besitzen besondere Merkmale, die darauf abzielen, ihren bevorzugten Kunden nur ja zu gefallen und sie zu befriedigen, damit sie nicht etwa anderswo herumstreichen.

Es gibt, besonders in tropischen Gegenden, auch Blüten, die von Wirbeltieren wie Vögeln und Fledermäusen aufgesucht werden. Da die meisten frühen Untersuchungen über Bestäubung in gemäßigter Klimazonen durchgeführt wurden, wo solche Besuche kaum vorkommen, übersah man meist derartige »Sonderfreundschaften« oder schenkte Berichten über sie keinen Glauben. Und viele Entdeckungen auf diesem aufregenden Gebiet wurden erst vor kurzer Zeit gemacht. Man sagt, daß »Vogelblüten« gewöhnlich herabhängen und in der Farbe lebhaft und besonders durch Rottöne gekennzeichnet sind, da Vögel ziemlich die gleiche Sehbreite besitzen wie Menschen; ferner stellen sie keine Landebahn zur Verfügung, weil die meisten der in Frage kommenden Vögel – etwa Kolibris – in der Luft schweben wie Hubschrauber. In manchen Fällen wird den Vogelbesuchern, wenn sie einen festen Halt benötigen, allerdings eine besondere Sitzstange angeboten, wie etwa von der Paradiesvogelblume (*Strelitzia reginae*). Die Wände der Blütenblätter solcher Pflanzen sind fest, um harten Schnäbeln widerstehen zu können; die Blüten sind geruchlos, weil Vögel kaum über einen Geruchssinn verfügen; der Nektar fließt überreichlich, weil Vögel große Mengen brauchen, und er kommt oft aus Sporen, die den langen Schnäbeln und Zungen angepaßt sind. Nektar-Leitlinien sind nicht vonnöten, da Vögel intelligent genug sind, um den Eingang zu einer Blüte ohne »Radarhilfe« zu finden. Doch selbst angesichts solch ausgesuchter Raffinessen, mit denen Blumen Vögel anlocken und zu treuen Bedienern machen wollen, gibt es doch immer wieder einige unter ihnen, die fremdgehen. Es gibt Berichte, daß in Südamerika ein großer Falter (*Castnia eudesmia*) beständig Vögel von seiner Nahrungspflanze *Puya alpestris* vertreiben muß. Aber die Fälle, in denen ein Kolibri Schwärmer von seinen Lieblingsblüten verjagt, sind noch zahlreicher.

Es ist offenbar unumgänglich, daß ein Geschöpf, sobald es mit einer bestimmten Blume ein enges und getreues Verhältnis eingegangen ist, diese Treue in Besitzgier verwandelt. Und wie bei allen sexuellen Beziehungen führt auch hier Besitzdenken zu Eifersucht. Man vertreibt nicht nur Rivalen, sondern bringt sie gar um, sofern sie ihre Werbebemühungen nicht aufgeben. Bei Kämpfen zwischen Faltern und Vögeln über den Besitz einer Blüte liegen die Vorteile natürlich eindeutig auf der Seite der Vögel. Die langen Schnäbel, die sich so entwickelten, daß sie den Nektar aus dem Blütengrund saugen können, sind scharf genug, um den weichen Leib eines Falters zu durchbohren. Bei dem Duell der beiden Rivalen führt also der eine den Degen, während der andere unbewaffnet ist.

Man glaubt heute, daß die Bestäubung durch Vögel eine ziemlich »moderne« Entwicklung ist, die sich herausbildete, als Vögel auf Beutejagd mehr oder weniger zufällig Blüten aufsuchten. Viele Vögel sind durchaus in der Lage, Insekten im Flug zu fangen, doch ein auf einer Blüte hokkendes Insekt liefert ein besseres Ziel. Vielleicht hat vor langer Zeit ein Vogel, der sich ein nektarsaugendes Insekt einverleibte, festgestellt, wie gut so ein Nektar schmeckt, und wurde danach süchtig. Und Vögel mit langen Schnäbeln hätten demnach die besten Chancen besessen, an den Nektar in tiefkelchigen Blüten zu gelangen, so daß sich über einen langen Zeitraum hin die typischen langschnäbeligen, Nektar saugenden Vögel entwickelt haben müßten, von denen viele als Mischkost weiterhin Insekten verzehren.

Andere Bestäuber unter den Vögeln waren vielleicht einst Fruchtesser, bis ihnen die Geduld ausging. Sie warteten nicht mehr darauf, bis die Früchte reiften, sondern begannen statt dessen, die Blüten zu verzehren, um an den süßen Nektar im Inneren zu gelangen. Vom Standpunkt der Pflanzen aus war dies ein abscheulich destruktives Verhalten, das – hätte man es fortwähren lassen – zu einer ernsten Minderung ihres Fortpflanzungspotentials geführt hätte. Man nimmt jedoch an, daß einige besonders geschickte und sanftmütige Vögel mit dünnen, genau richtig gekrümmten Schnäbeln an den Nektar gelangen konnten, ohne den Blüten allzuviel Schaden zuzufügen: Sie blieben sexuell intakt und konnten befruchtet werden. Also gediehen diese Pflanzen und vermehrten sich, und die Freundschaft zwischen einen speziellen Pflanzentyp und einem speziellen Vogeltyp entwickelte sich zu einer immer engeren und intimeren Verbindung, wobei jeder von dem anderen profitierte, bis ihr Verhältnis zu völliger Abhängigkeit führte: Der Vogel war auf die Nahrung durch die Pflanze, die Pflanze auf die Bestäubung durch den Vogel angewiesen.

Manche Pflanzen vermeiden die Beschädigung ihrer Blüten dadurch, daß sie Vögeln etwas anderes zum Picken anbieten, etwas, das in der Nähe des Blütenapparats liegt, so daß dieser, ohne Schaden zu nehmen, befruchtet werden kann. Solch eine Pflanze ist die *Freycinetia funicularis*, eine Angehörige der Schraubenbaum-Gewächse (*Pandanaceae*), deren fleischige Blütenhochblätter von Singvögeln, die man »Bülbüls« (persisch: »Nachtigall«) nennt, eifrig verzehrt werden. Während sich die Vögel verlustieren, befruchten sie die leuchtend roten, duftlosen Blüten. Es gibt sogar einen Baum (*Boerlagiodendron*), der angeblich Tauben mittels imitierter Früchte, die in Wirklichkeit sterile Blüten sind, unter die fruchtbaren Blüten lockt. Die Tauben gewinnen dabei recht wenig Befriedigung, aber die Blüten werden bestäubt.

In anderen Fällen glaubt man, daß Vögel in tropischen oder subtropischen Klimaten das Wasser in Blättern und

Blüten von Pflanzen gesucht haben, um ihren Durst zu stillen, und sie die Flüssigkeit in den Blüten mehr nach ihrem Geschmack gefunden haben. Die Vögel suchten nach der Quelle des Süßen und bohrten sich dabei tiefer in die Blüten, bis sie den Nektar fanden. Da Vögel über ein recht wirksames Kommunikationssystem verfügen, dürften die Entdekker des neuen Getränks ihren Fund bald anderen Mitgliedern ihrer Gattung mitgeteilt haben.

Manchmal allerdings ist die Beziehung zwischen Vögeln und Blüten, die sie bestäuben, keine direkte, sondern erfolgt auf dem Umweg einer komplizierten Kettenreaktion, an der auch andere Tiere beteiligt sind. Eine der erstaunlichsten Geschichten in dieser Hinsicht erzählte L. Marden 1963 im *National Geographic Magazine*. Er beschreibt, wie Fliegen sich zu den Blüten einer tropischen Orchisart, der *Stanhopea graveolens*, durch deren starken Duft hingezogen fühlen. Auf diese Fliegen wartet, im Kelch lauernd, eine Spinne. Und die Spinne ihrerseits wird die Beute eines Kolibris, der seinerseits beim Angriff auf die Spinne die Orchis bestäubt.

Man hat zahlreiche Wirbeltiere dabei beobachtet, wie sie sich bei Blüten einstellen, entweder um sie zu verzehren oder um ihren Nektar zu trinken: Eichhörnchen, Haselmäuse und sogar einen kleinen Verwandten der Känguruhs, die in West-Australien lebenden Honigbeutler, die durch eine vorstrebende Schnauze und eine besonders lange Zunge befähigt sind, Nektar aus engen, röhrenförmigen Blüten zu saugen. Auf Hawaii gibt es sogar eine Rattenart (*Rattus hawaiiensis*), deren Vertreter regelmäßig die Blüten eines Baumes, der *Freycinetia arborea*, bei ihren nächtlichen Gelagen an den saftigen Blütenhochblättern bestäuben.

Pflanzen, die sich Fledermäuse als Bestäuber halten, haben ebenfalls recht merkwürdige Eigenschaften. Da Fledermäuse farbenblind sind, begnügen sich die Blüten mit einem trüben Gelbbraun oder einem cremigen Weiß, so daß sie in schwachem Licht gerade noch erkennbar sind. Fledermäuse wiederum sondern einen schalen Körpergeruch ab, der aus bestimmten Drüsen strömt und der für sie sexuell stimulierend und gesellschaftsfördernd ist. Also geben die typischen Fledermaus-Blüten nachts einen starken Duft ab, den einige Forscher als schalen Verwesungsgeruch, andere als schweißig bezeichnen. Da die Tiere außergewöhnlich freßgierig sind, produzieren die Blüten große Mengen von Nektar und Pollen, und sie müssen von kräftiger Struktur sein, um den großen und schweren Besuchern offenen Zugang zu bieten. Damit diese sich mit ihren Krallen anklammern können, wachsen die Blüten oft direkt aus den Hauptzweigen, die guten Halt bieten. Oder sie hängen an langen, blattfreien Trieben, um das Echolotsystem der Fledermäuse nicht durch Laubwerk zu stören. Für Fledermäuse eingerichtete Blüten sind so eigenartig, daß nur ganz wenige andere Geschöpfe sich zu ihnen hingezogen fühlen oder sie bedienen können. Also ergibt sich die Treue zwischen Pflanze und Bestäuber fast von selbst.

Wir wollen zum Schluß noch den vielleicht seltsamsten Fall anführen, der bislang gefunden wurde. Auch bei ihm geht es um die Treue zwischen einem bestäubenden Tier und einer Pflanze. Diese Pflanze ist der Feigenbaum, dessen Bestäubungsmechanismus dermaßen umständlich ist, daß erst während der letzten Jahre, nach mühseligen Untersuchungen, Einzelheiten erforscht werden konnten.

Die saftige »Frucht«, die wir als Feige bezeichnen, ist in Wirklichkeit ein sehr stark verwandelter Blütenstand auf einem Boden, der außen fleischig, innen aber hohl ist und den man als *syconium* oder Scheinfrucht bezeichnet. Auf der Oberfläche der Höhlung sitzen winzige Blütchen von dreierlei Geschlecht: männlich, weiblich und »neutral«. Die männlichen Blüten haben nur drei Stamina und sonst fast nichts; die weiblichen Blüten bestehen aus einem Fruchtboden und einem langen Stempel darüber; und die geschlechtsneutralen ähneln den weiblichen Blüten, nur besitzen sie einen kürzeren Griffel. Der einzige Zugang zur Feige ist eine winzige Öffnung am anderen Ende des Stengels, und sie ist nur so groß, daß das bestäubende Insekt sich gerade hindurchzwängen kann. Dieses Insekt ist eine sehr kleine Gallwespe, deren Weibchen durch das enge Loch kriechen und ihre Eier in den geschlechtsneutralen Blüten ablegen, indem sie ihre Legeröhre durch den kurzen Griffel in den darunterliegenden Fruchtboden treiben. Durch die längeren Griffel der weiblichen Blüten könnte die Legeröhre nicht bis zum Boden gelangen, das heißt, die Gallwespeneier würden nicht bis in den Fruchtboden vordringen können. Wenn die Wespenweibchen ihre Eier abgesetzt haben, sind sie weiter von keinem Nutzen und sterben ab. Nach angemessener Frist sind die Eier in den geschlechtsneutralen Fruchtböden ausgebrütet. Männliche Wespen, die keine Flügel besitzen, schlüpfen zuerst. Sie kriechen eine Zeitlang herum, dann machen sie sich an die jungen Weibchen heran, die noch in den Fruchtböden sitzen, und befruchten sie, bevor diese eine Chance zur Flucht haben. Nach einem kurzen, sehr anstrengenden Sexualleben sterben die männlichen Wespen ab. Die geschwängerten Wespenweibchen entschlüpfen nun ihren Blütenbrutöfen, die sich zu Galläpfeln vergrößert haben, zwängen sich durch die winzige Öffnung nach draußen und werden dabei von Pollen überpudert, den die gerade reif gewordenen männlichen Blüten innerhalb der Ausstiegsschleuse abgeben. Danach erzwingen sich die Weibchen den Weg in die nächste »Feige«, wobei sie sich oft die Flügel verletzen, wiederholen dort den Eiablageprozeß ihrer Mütter, kriechen über die weiblichen Blüten und bestäuben sie. Nach der Eiablage sterben die Wespen einsam und im Dunkeln innerhalb der Feige. Freiheit und frische Luft haben sie nur für ganz kurze Zeit kennengelernt – zwischen dem Augenblick, da sie als geschwängertes unreifes Tier aus einem Syconium ausstiegen und in ein anderes als künftige Mutter und Eierlegerin vordrangen.

So etwa könnte eine höchst vereinfachte Beschreibung des Geschlechtslebens der Feige lauten. Aber es gibt viele verschiedene Arten und Unterarten, und jede hat ihre besondere Gallwespe für die Befruchtung, die jeweils nach einer speziellen Variante der beschriebenen Grundmethode durchgeführt wird. Es wird berichtet, daß manche Wespenweibchen, anstatt sich nur von Pollen bestäuben zu lassen, ihn sogar sammeln und in besonderen Taschen an ihrem Körper horten, ehe sie ihre Geburtsfeige verlassen und in jene Feige eindringen, die ihr Sarg sein wird.

Über den Lebenszyklus der Feigen bleibt noch vieles zu erforschen. Bislang hält man die Pseudofrucht wegen ihrer Gestalt, ihres Aufbaus und der kleinen versteckten Öffnung mancherorts, in Übereinstimmung mit der Signaturenlehre, noch immer für ein Symbol weiblicher Sexualität. In einem Gedicht, das D. H. Lawrence den Feigen gewidmet hat, heißt es:

> Alle Frucht hat ihr Geheimnis.
> Die Feige ist eine sehr verschlossene Frucht.
> Sieht man, wie sie aufrecht wächst,
> Denkt man sogleich,
> Das ist symbolisch.
> Sie wirkt ganz männlich.
>
> Doch wenn man sie genießt,
> gibt man den Römern recht:
> Die Frucht ist weiblich.

Personen- und Pflanzenregister